U0904420

浙江经贸职业技术学院院级重点教材

成本核算

主　编：冯江涛
副主编：赵　筠
刘　蕾
胡　帆

浙江工商大学出版社

前　言

本书以我国颁布的《中华人民共和国会计法》、《中华人民共和国企业会计准则》、《中华人民共和国企业会计制度》及成本核算的有关规定为依据，紧密结合我国企业成本核算的实际，系统地阐述了成本核算的基本理论与方法。在本书编写过程中，我们吸引了会计实践及教学的各种有益经验，并以工业企业为主要对象，对成本核算的相关内容作了重点介绍。针对会计教学过程中长期存在的各门专业课程内容相互交叉的问题，我们对书中的有关内容做了一定的调整。在编写过程中，我们力求做到突出重点、便于教学、简明实用、通俗易懂和理论联系实际。

整本教材由 13 个项目 36 个任务构成，全面覆盖企业成本核算工作岗位的工作内容。每个项目均精心编写、导入案例，激发学生进行思考，从而有进一步探索学习的兴趣。项目以“知识延伸”模块结束，能让学生接触最新最近的学科发展动态，开拓视野。教材内穿插着“学中做”模块，能让学生及时把握与巩固理论要点，为今后自学考试及职称考试做准备。“做中学”所编案例力求新颖、仿真，全部具有可操作性，能一定程度上使学生在校内达到工学结合的教育效果。

本书体现的特色：

1. 充分体现“易学、好教”的编写特色。易学：概念、内容介绍简洁易懂，结构合理，符合学生认知能力；好教：本书附录附有大量的企业成本核算原始会计资料，并配有教学用光盘及课件，有效减轻教师的工作压力。

2. 采用新颖的编写形式，穿插多样的提示模块，运用案例导读引导全篇，能有效激发学生的学习兴趣，易于学生接受。

3. 全面落实“教、学、做”相合一的最新高职教育理念。教材的每个项目都配有“学中做”与“做中学”模块。“学中做”精选历年高等教育自学考试或初级会计职称考试真题，帮助学生把握理论要点，不仅实现了对理论学习的巩固，同时还能为将来的考试做准备。“做中学”精编实训案例，让学生自己动手完成所规定的任务，有效地把理论知识融入到成本核算的实务工作当中。

4.本教材每个项目后都配有“知识延伸”模块，“知识延伸”所介绍的内容是与本项目有关内容的拓展，帮助学生了解前沿信息，实现可持续发展，也能为今后的职业迁移做一定的准备。

本书内容仅包含了工业企业尤其是制造业企业的成本核算项目，对于施工企业、交通运输业、商品流通业、房地产开发企业的成本核算未作述及，该部分内容拟在今后教材修订中完成。

本书由浙江经贸职业技术学院冯江涛老师、赵筠老师、刘蕾老师、浙江工商大学胡帆老师共同编写完成。其中冯江涛老师编写项目1、项目3－8；赵筠老师编写项目12－13；刘蕾老师编写项目10－11；胡帆老师编写项目2、项目9。因作者水平所限，书中不妥之处，敬请广大读者批评指正。

编　者

2012年2月

目　录

项目一　成本认知

案例导入

齐飞从一所厨师学校毕业后，在家人的支持和朋友的鼓励下，决定自己进行创业，开办一家食品加工厂，产品是以面包为主的糕点。根据需要，他租下了生产场地、购置了一批设备，并招聘了5名生产工人，3名销售人员。2009年9月，齐飞的食品加工厂正式开工，当月只生产一种产品，就是菠萝面包。由于企业刚开张，规模还不大，齐飞决定自己记录一下财务收支状况。9月当月齐飞的记录如下：

烤箱：25 000元

搅拌机：3 000元

烤盘等小工具设备：3 000元

场地租金：36 000元（付半年）

送货面包车一部：40 000元

面粉：7 000元

鸡蛋：1 000元

糖、油、酵母等辅料：1 000元

水电费：1 000元

生产工人工资：10 000元

销售人员工资：6 000元

对于产品菠萝包的销售价格，齐飞决定按市价的60%，即3元一只，供货给邻近的超市和便利店，以期快速打开市场。9月过去了，齐飞账面显示，销售收入总共有36 000元。面对9月份这一系列的开支与收入，齐飞到底是赚还是亏、赚多少、亏又是多少？菠萝包定价3元是不是一个合理的价格？一只菠萝包的出售，到底能给自己带来多少盈利或损失？这些都让齐飞很茫然。于是，他决定聘请一位有经验的会计师来替他把关，算算成本账。

任务一：能领会成本的概念

成本在会计学科当中是一个非常重要的概念。在会计基础的学习当中，我们都知道，会计的恒等式之一即为：收入－费用＝利润。作为一名会计人员，如要正确地核算出企业某会计期间的利润，不仅要准确确认出该会计期间的产品销售收入，同样也要准确确认出当期的费用。而我们这里所提到的产品生产成本，即与费用存在着重要的勾稽关系。

随着商品经济的不断发展，经济学科、管理学科也在不断地丰富、发展和变化当中，成本概念的内涵与外延也呈现出了一种多样化的态势。当前流行的成本概念当中包括有制造成本、变动成本、固定成本、边际成本、机会成本等十数种，而本书中所指的成本，如无特别指明，即为产品生产的制造成本。要准确把握产品制造成本的概念，有必要从其理论与现实两个角度来进行理解。

一、理论成本

成本首先是一个价值范畴，是商品价值的重要组成部分，是商品经济发展到一定阶段的产物。马克思在其政治经济学方面的一系列论著当中亦指出，商品(w)的价值，应是生产资料(c)、活劳动(v)及剩余价值(m)的总和。用公式来表达，即为 w＝c＋v＋m。公式中所提到的生产资料(c)，也被称作物化劳动，包括劳动对象与劳动手段两个部分的价值。譬如“案例导入”部分所提到的商品——面包的价值当中，应包括面粉、糖、油、鸡蛋等(劳动对象)的价值转移，也还包括烤箱、搅拌机(劳动手段)等的价值逐步转移，因为劳动手段这一概念所属的生产工具当中，往往单位价值较高，使用时间也较长，所以，它们的价值总是逐步地转移到每一件(批)商品的价值当中，这一价值转移方式与劳动对象价值转移的方式有着明显的不同。公式中所提到的活劳动(v)，指的是劳动力的价值，生产资料必然要与劳动力相结合，才能转化为商品，一般而言，劳动力的价值是以工资作为体现的。公式中所提到的剩余价值(m)，指的是劳动者用剩余劳动所创造出的新价值，是资本家剥削工人的秘密所在。

就上述公式，马克思指出：如果我们从这个商品价值中减去剩余价值 m，那么，在商品中剩下的只是一个生产要素上耗费的资本价值 c＋v 的等价物或补偿价值……商品价值的这个部分，即补偿所消耗的生产资料价值和所耗用的劳动力价格部分，只是补偿商品使资本家自身耗费的东西，所以，对资本家来说，这就是商品的成本价格。这一理论是对成本概念的高度概括，商品成本是由 c＋v 两部分所组成。这也即是我们所说的“理论成本”。如图 1-1 所示。

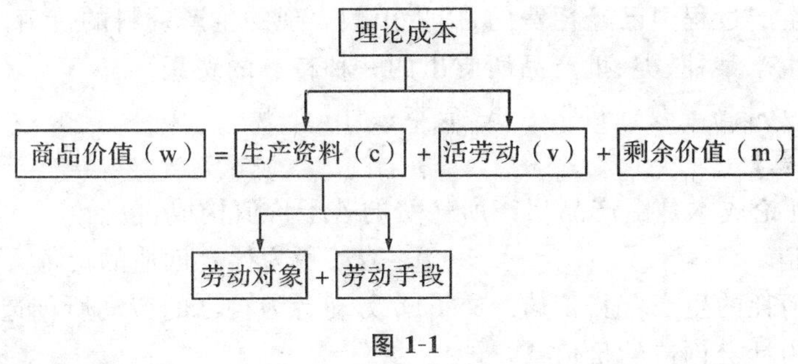

图 1-1

二、现实成本

理论成本是人们理解成本概念的基石，也是学者对成本概念进行进一步研究的根本，是立论所在。但是随着社会的不断进步、商品经济的不断发展，所带来的生产过程和经营方式也千变万化，并且仍在不断推陈出新；同时，在现实生产活动当中，国家也会以财经法规、制度、准则等形式来规定着成本的范围，而这些法规、制度、准则也处于一种动态的变化过程当中。基于此，传统的理论成本不可避免地会与现实成本存在着这样或那样的差异。

财政部颁布的《中华人民共和国企业会计制度》当中对成本定义为：成本是企业为生产产品、提供劳务而发生的各种耗费。2006 年新的《中华人民共和国企业会计准则》当中，并没有对成本进行明确的定义，当前人们对现实成本一般性的理解为：生产者为生产一定种类和数量的产品所消耗而又必须补偿的物化劳动和活劳动中必要劳动的货币表现。

【单项选择题】

1. 实际工作中的产品成本是指　　（　　）

A. 产品的生产成本

B. 产品生产的变动成本

C. 产品所耗费的全部成本

（2009 年 10 月高等教育自学考试《成本会计》真题）

2. 产品成本是指　　（　　）

A. 企业为生产一定种类、一定数量的产品所支出的各种生产费用的总和

B. 企业在一定时期内发生的，用货币额表现的生产耗费

C.企业在生产过程中已经耗费的、用货币额表现的生产资料的价值
D.企业为生产某种、类、批产品所支出的一种特有的费用
(2008 年 10 月高等教育自学考试《成本会计》真题)

【多项选择题】

1.产品的理论成本是由产品生产所耗费的若干价值构成,包括 ( )
A.剩余价值　B.劳动者为社会创造的价值
C.生产中消耗的生产资料价值　D.劳动者为自己的劳动所创造的价值
E.劳动者为社会创造的价值
(2010 年 1 月高等教育自学考试《成本会计》真题)

任务二:能划分支出、费用与成本的关系

要深刻、准确地理解成本的内涵,有必要掌握企业支出、费用与成本之间的关系。支出、费用与成本三者既存在着联系,相互之间又存在着区别。

一、支出与费用的关系

支出与费用的关系首先见下图 1-2。

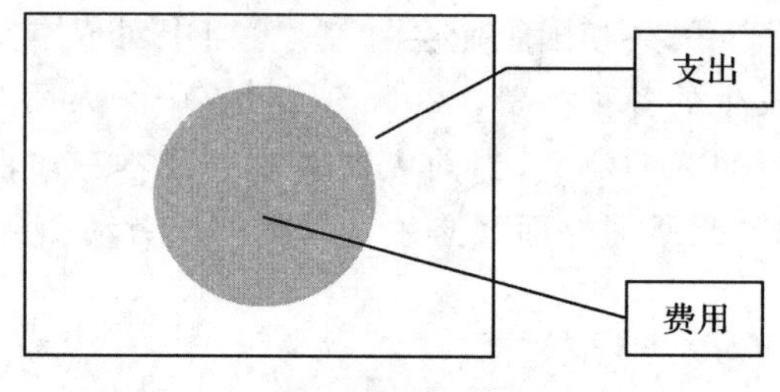

图 1-2

从图中我们可以看出二者之间的关系:费用是支出的一部分,支出包涵但不仅限于费用。费用肯定是支出,但支出不一定是费用。

支出是指企业一切的开支与耗费,它所涵盖的范围是最为宽广的。一般来讲,支出可以分为:资本性支出、收益性支出、所得税支出、营业外支出与利润分配支出。这五个内容涵盖了企业开支与耗费的方方面面,如前文“案例导入”部分齐飞所列支的 9 月份一系列开支,统统可以称之为“支出”。资本性支出是指该支出的发生与本期及其后若干个会计期间经济效益均有关的支出,如外购固定资产、无形资产、对外进行长期投资等。这种支出的发生会对 1 个以上的会计期间经济效益的核算产生影响;收益性支出是指某类支出的发生仅与发生当期经济效益有关,如生产领用原材料、生产工人工资、

企业支付的办公费用等;所得税支出是指企业在取得经营收益后,依法应向政府缴纳的税金支出;营业外支出是指与企业的生产经营活动没有直接联系的那一部分支出,如企业支出的罚款、违约金、非常损失等;利润分配支出是指企业对投资者分配利润所带来的支出,如支付股利等。

费用是指企业为销售商品、提供劳务等日常经营活动所发生的经济利益的流出。在费用的这个概念当中,需要着重理解以下两点:(1)费用应是在一种日常经营活动中产生的。比如企业生产经营当中,发生的材料领用、工资支付、所得税款支付等支出,属于日常行为,应可列在费用范围之内,而支付罚款、购买固定资产等,属于非日常活动,就应是支出而非费用;(2)费用必须要与企业销售商品、提供劳务等行为有关。比如企业因火灾而造成的损失,就应列为支出而非费用。特别要强调的是,列在费用范围内的支出,以上两个条件缺一不可。比如企业购入生产用固定资产,虽然与生产经营有关,但由于不属于日常行为,所以也应作为支出而不是费用。费用按同产品生产的关系可进一步划分为生产费用与期间费用。生产费用是指产品生产过程中发生的物化劳动和活劳动的货币表现,如产品生产过程中所发生的材料费用、燃料费用、动力费用、工人工资等耗费,它同产品生产有着直接的关系;期间费用是指与企业的经营管理活动有密切关系的耗费,而同产品的生产无直接关系,如销售费用、管理费用、财务费用等。

二、费用与成本的关系

前文述及,费用包括生产费用与期间费用两大部分,生产费用是与企业产品生产直接相关的那一部分耗用,那么,生产费用与生产成本又有什么样的关系呢?

生产费用与生产成本就像是一枚硬币的两面,是指同一事物两个不同的角度。费用是从期间这一角度来看待,而成本是以对象这一角度来看待。以前文“案例导入”部分数据为例,齐飞的工厂 9 月份,总共购买了 7 000 元面粉,假如这些面粉当月全部被领用生产成了产品菠萝包,那么,正确的表述应该为:9 月份该厂发生了材料费用为 7 000 元,这即是从 9 月份这一期间角度加以描述,也可以说:9 月份该厂产品的材料成本 7 000 元,这即是从对象的角度加以描述。当月所发生的生产费用不一定和当月产品成本对等,但是,生产费用归根到底会转化为生产成本。接上例,如果所领用的 7 000 元面粉,截至当月只使用了 6 000 元,那么剩下的 1 000 元费用,会结转下期,在以后的会计期间内,转化为生产成本。

正确地理解支出、费用与成本的关系,对于成本核算工作来讲意义非常重大。企业的业务开支纷繁复杂,厘清三者之间的界限,确定成本核算的范围,是正确进行成本核算工作的首要任务。

任务三:会确定成本项目

从前文任务二中我们已经掌握,产品成本与生产费用的关系最为密切,一定的生产成本最初都是以生产费用的形式体现出来。在当前社会,企业为生产产品所发生的生产费用的种类日益多样化,一件产品的生产所引起费用发生的种类成百甚至上千种亦不稀奇,所以为了方便记录、核算与管理,人们往往要对所发生的成本费用进行归类。一般制造业企业可将成本费用分为直接材料、燃料与动力、直接人工、制造费用、废品损失、停工损失等6大类。在这里需要说明的是,一个企业在进行成本核算过程当中,到底需要设置几个成本项目这是不一定的。因为企业生产工艺、特点、管理要求均不相同,所以这项工作也需要因地制宜地安排。一般来讲,在产品成本中比重较大的成本费用,应专设成本项目;反之,为了简化核算,所发生比重较小的成本费用,可不必单设成本项目,而与其他成本项目合并进行处理。

以下3个成本项目,是任何企业进行成本核算所必不可少的项目。

直接材料:指直接用于产品生产、构成产品实体的原材料、主要材料以及有助于形成产品形成的辅助材料等;

直接人工:指直接从事产品生产人员的工资及提取的福利费;

制造费用:指直接或间接用于产品生产、但不便于直接计入产品成本,因而没有专设成本项目的费用,如车间管理人员工资、生产设备的折旧等。

值得注意的是,成本项目的确立与设置,是与成本计算对象的确定不可分割的,而且在成本核算工作进行过程当中,成本计算对象的确定在前,成本项目的设置在后。成本计算对象是生产费用的承担者,即归集和分配生产费用的对象。当前成本计算对象一般有品种、批次、步骤3种,如何来进行确定,需要综合考虑企业生产工艺的特点、管理的要求、生产规模的大小、产品结构的复杂程度等。

【多项选择题】

1. 工业企业费用要素中的外购材料,是指企业耗用的一切从外部购进的 ( )

A. 主要材料　　B. 辅助材料

C. 气体燃料　　D. 半成品

E. 液体燃料

(2009年10月高等教育自学考试《成本会计》真题)

知识延伸

成本会计学科简介

一、成本会计学科的历史发展

成本会计先后经历了早期成本会计、近代成本会计、现代成本会计和战略成本会计四个阶段。成本会计的方式和理论体系，随着发展阶段的不同而有所不同。

1.早期成本会计阶段(1880—1920)

随着英国产业革命的完成，用机器代替了手工劳动，用工厂制代替了手工工场，会计人员为了满足企业管理上的需要，起初是在会计账簿之外，用统计的方法来计算成本。此时，成本会计出现了萌芽。从成本会计的方式来看，在早期成本会计阶段，主要是采用分批法或分步法成本会计制度；从成本会计的目的来看，计算产品成本以确定存货成本及销售成本。所以，初创阶段的成本会计也称为记录型成本会计。

2.近代成本会计阶段(1921—1945)

19世纪末20世纪初在制造业中发展起来的以泰勒为代表的科学管理，对成本会计的发展产生了深刻的影响。标准成本法的出现使成本计算方法和成本管理方法发生了巨大的变化，成本会计进入了一个新的发展阶段。近代成本会计主要采用标准成本制度和成本预测，为生产过程的成本控制提供条件。

3.现代成本会计阶段(1945—1980)

20世纪50年代起，西方国家的社会经济进入了新的发展时期。随着管理现代化，运筹学、系统工程和电子计算机等各种科学技术成就在成本会计中得到广泛应用，从而使成本会计发展到一个新的阶段，即成本会计发展重点已由如何对成本进行事中控制、事后计算和分析转移到如何预测、决策和规划成本，形成了新型的以管理为主的现代成本会计。

4.战略成本会计阶段(1981年以后)

20世纪80年代以来，随着电脑技术的进步，生产方式的改变，产品生命周期的缩短，以及全球性竞争的加剧，大大改变了产品成本结构与市场竞争模式。成本管理的视角应由单纯的生产经营过程管理和重股东财富，扩展到与顾客需求及利益直接相关的、包括产品设计和产品使用环节的产品生命周期管理，更加关注产品的顾客可察觉价值；同时要求企业更加注重内部组织管理，尽可能地消除各种增加顾客价值的内耗，以获取市场竞争优势。此时，战略相关性成本管理信息已成为成本管理系统不可缺少的部分。

二、成本会计的职能

成本会计的职能，是指成本会计作为一种管理经济的活动，在生产经营过程中所能发挥的作用。由于现代成本会计与管理紧密结合，因此，它实际上包括了成本管理的各个环节。现代成本会计的主要职能有：成本预测、成本决策、成本计划、成本控制、成本核算、成本分析和成本考核。

在成本会计的各个职能中，成本核算是最基本的职能，没有成本核算就没有成本会计。成本会计的各个职能是相互联系，互为条件的，并贯穿于企业生产经营活动的全过程，在全过程中发挥作用。

成本会计的职能随着社会经济发展和管理水平的提高在不断地扩大。

1.反映职能：最初、最基本的职能。

反映职能就是对企业生产经营过程中发生的一切耗费，运用专门的会计方法进行计量、记录、归集、分配、汇总，计算出各成本对象的总成本和单位成本。通俗地讲，这项职能就是进行实际成本的计算，把生产经营过程的实际消耗如实地反映出来，达到积聚成本的目的，并用积累的成本资料反映企业的实际生产耗费和补偿价值的情况，从而判断企业经营效果的好坏。

2.计划与预算职能：主要包括全部商品产品的成本计划、主要产品单位成本计划和生产费用预算。

3.控制职能：包括投产前的成本控制和投产后的成本控制。

4.分析、评价职能。

实训一

<table>
<tr><td>班　　级</td><td></td><td>姓　　名</td><td></td><td>学　　号</td><td></td><td>实训日期</td><td></td></tr>
<tr><td>实训项目</td><td colspan="7">分解面包成本</td></tr>
<tr><td colspan="8">实训目的：
通过观察企业产品生产流程，能正确将产品所涉及的成本要素分解出来，为正确进行成本核算打下基础。</td></tr>
<tr><td colspan="8">实训要求：
(1)绘制面包生产流程图；
(2)列出在流程图中各个生产步骤中所涉及的生产费用。</td></tr>
<tr><td colspan="8">实训结果(不够纸可另附页)</td></tr>
<tr><td>教师简评</td><td colspan="7"></td></tr>
<tr><td>评定成绩</td><td colspan="3"></td><td>指导教师</td><td></td><td>日　　期</td><td></td></tr>
</table>

实训二

<table>
<tr><td>班　　级</td><td></td><td>姓　　名</td><td></td><td>学　　号</td><td></td><td>实训日期</td><td></td></tr>
<tr><td>实训项目</td><td colspan="7">设计核算面包成本的成本项目</td></tr>
<tr><td colspan="8">实训目的：
　　能将企业产品生产过程中所发生的成本要素合理归类，使其对应在恰当的成本项目当中。</td></tr>
<tr><td colspan="8">实训要求：
　　(1)正确列出面包生产的成本项目；
　　(2)指出各成本项目当中应包含哪些费用要素。</td></tr>
<tr><td colspan="8">实训结果(不够纸可另附页))</td></tr>
<tr><td>教师简评</td><td colspan="7"></td></tr>
<tr><td>评定成绩</td><td colspan="3"></td><td>指导教师</td><td></td><td>日　　期</td><td></td></tr>
</table>

项目二　成本核算工作认知

案例导入

张与从自己喜爱的服装设计专业毕业后，在家人的支持和朋友的鼓励下，决定自己进行创业，开办一家自己的服装厂，专门生产经营自己设计出来的服装。根据需要，他选定了厂址、购置了一批设备，并招聘了数十名生产工人。2009 年 9 月，张与的制衣厂正式开工，加工自己最得意的两款作品，男女休闲装。他把当月所发生的开支记了一个流水账。当月该厂发生了开支如下：

面料：50 000 元

丝线：10 000 元

配饰：1 000 元

其他配件：2 000 元

车间用电费：2 000 元

厂部用电费：1 000 元

工人工资：30 000 元

厂长等管理人员工资：18 000 元

机器修理费：500 元

张与难住了。面对这些支出的发生，如何正确地计算在自己的两种产品成本当中，以什么作为制定价格依据，进行盈利测算呢？这些都让张与很茫然。于是，他决定聘请一位有经验的会计来替他把关，算算成本账。

任务一：会进行成本核算组织的设置

成本核算组织机构是处理成本核算工作的职能部门，是整个企业会计机构的一部分。成本核算机构设置是否适当，将会影响到成本核算工作的效率和质量。成本核算工作的组织设置大体有两种方式，即集中工作方式与分散工作方式。

如果是中小企业进行成本核算，那么组织形式可设定为集中工作方式。集中工作方式是指由厂部会计机构集中负责成本核算的各项工作，车间等其他部门中相关人员只负责登记原始记录和填制原始凭证并对它们进行初步的审核、整理和汇总，为厂部进一步工作提供资料。

如果是一家规模较大的企业需进行成本核算工作，那么最好选用分散工作方式。分散工作方式是指成本核算的各项具体工作分散由各个车间等基层单位的成本核算人员来进行，厂部的成本核算机构只负责成本数据的最后汇总以及处理那些不便于分散到车间等部门去进行的成本工作。

两种方式并无好坏之分，各有利弊，优缺点呈一种互补的态势。详见表 2-1。企业在确定成本核算的组织工作形式时，要以企业自身规模的大小和内部有关单位管理的要求作为依据，从有利于充分发挥成本核算职能及提高成本核算工作效率的角度去考虑。

表 2-1

成本组织机构	优　点	缺　点
集中工作方式	(1)有利于企业管理当局及时掌握企业有关成本的全面信息；(2)有利于集中进行成本数据处理；(3)可以减少成本核算机构的层次和成本核算人员的数量	(1)不便于直接从事生产经营活动的基层单位及时掌握成本信息；(2)不利于调动基层人员自我控制成本和费用的积极性。
分散工作方式	(1)有利于各级成本核算单位及时了解成本信息，便于控制或降低成本费用；(2)有利于建立责任中心，推行责任会计制度，促进各单位加强经营管理水平。	(1)相应地增加了成本核算的层次和人员，增加了开支；(2)不便于管理当局及时全面掌控成本信息。

成本核算工作方式确定下来以后，面临重要的问题就是配备合格的成本核算工作人员。成本核算工作的质量也主要取决于人。成本核算人员的配备要根据企业的要求选用适当水平和素质的不同层次人才。但总的要求就是胜任。胜任的成本核算工作人员能力递进如下图 2-1 所示。

任务二：能理解企业的分类与成本核算方法

由于企业生产组织类型的多样性、产品生产工艺过程的复杂性以及成本管理的不同要求，产品成本计算不那么简单。生产类型的不同特点和不同的管理要求决定着产品成本的计算对象、成本计算期和生产费用在完工产品与在产品之间的分配方法，不同的成本的计算对象、成本计算期和生产费用在完工产品与在产品之间的分配方法相互

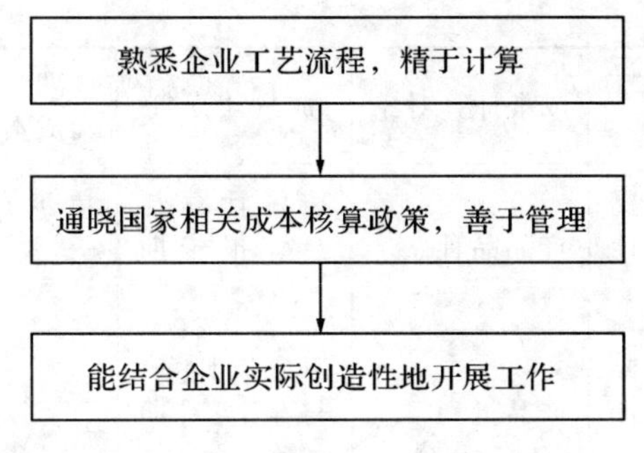

图 2-1

结合，形成了企业产品成本计算的不同方法。

企业的生产类型如下表 2-2 所示。

表 2-2

<table>
<tr><th>分类角度</th><th colspan="2">企业分类</th><th>典型企业</th></tr>
<tr><td rowspan="3">按工艺过程分类</td><td>单步骤生产</td><td></td><td>发电、采掘、燃气等</td></tr>
<tr><td rowspan="2">多步骤生产</td><td>连续加工式</td><td>棉纺织业</td></tr>
<tr><td>平行加工式</td><td>机械制造业</td></tr>
<tr><td rowspan="3">按生产组织方式</td><td>大量生产</td><td></td><td>冶金、纺织、造纸等</td></tr>
<tr><td>成批生产</td><td></td><td>服装、食品等</td></tr>
<tr><td>单件生产</td><td></td><td>造船、大型机械设备制造等</td></tr>
</table>

需要说明的是，上述两种分类不是孤立、相斥的，而是交融的，如大量成批生产既可以是单步骤生产，也可能是多步骤生产的。

企业因产品生产类型的特点和管理要求的不同，存在着三种不同的成本计算对象(指成本核算过程中为归集生产费用而确定的对象，是成本的承担者)，即产品的品种、批别和生产步骤。依据这三种不同的成本计算对象，形成了品种法、分批法和分步法 3 种基本成本计算方法。生产特点和管理要求与产品成本计算方法之间的关系如下表 2-3所示。

在实际工作中，由于产品生产情况多样性，企业管理条件差异不一。为了简化成本计算工作或较好地利用管理条件，还需采用一些其他的成本计算方法，如分类法、定额法等。

表 2-3

生产特点	管理要求	成本计算对象	成本计算期	期末在产品成本的计算	成本计算方法
大量大批单步骤生产或多步骤生产	管理上不要求分步骤计算成本	产品品种	按月计算与会计报告期一致	单步骤生产下一般不需要计算	品种法
单件小批多步骤生产	管理上不要求分步骤计算成本	产品批别	不定期计算，与生产周期一致	一般不需要计算	分批法
大量大批多步骤生产	管理上不要求分步骤计算成本	产品品种及其所经过的步骤	按月计算与会计报告期一致	需要计算	分步法

分类法是为了适应一些企业产品品种规格繁多，成本核算工作量繁重的情况而设计的一种简化成本计算方法。它的基本特点是：以产品类别为成本计算对象，将生产费用先按产品的类别进行归集，计算各类产品成本，然后再按照一定的分配标准在类内各种产品之间分配，来计算各种产品的成本。它主要适用于产品的品种规格多，但每类产品的结构、所用原材料、生产工艺过程都基本相同的企业。

定额法是在定额管理基础较好的企业，为了加强生产费用和产品成本的定额管理，加强成本控制而采用的成本计算方法。它的基本特点是：以产品的定额成本为基础，加上或减去脱离定额差异以及定额变动差异来计算产品的实际成本。它适用于管理制度比较健全、定额管理基础工作较好、产品生产定型和消耗定额合理且稳定的企业。

分类法和定额法从计算产品实际成本的角度来说，不是必不可少的，因而是计算产品成本的辅助方法，这些辅助方法必须结合基本方法使用。

【单项选择题】

1. 分批法的主要特点是　　（　　）

A. 以产品批别为成本计算对象

B. 生产费用不需要在批内完工产品与在产品之间进行分配

C. 费用归集与分配比较简便

D. 成本计算期长

(2008 年 10 月高等教育自学考试《成本会计》真题)

2. 区分品种法和分批法的主要标志是　（　）

A. 成本计算期

B. 间接费用的分配方法

C. 产品成本计算对象

D. 完工产品与在产品之间分配费用的方法

(2008 年 10 月高等教育自学考试《成本会计》真题)

3. 以下各种成本计算方法中属于辅助方法的是　（　）

A. 品种法　　B. 分批法

C. 分类法　　D. 分步法

(2008 年 1 月高等教育自学考试《成本会计》真题)

4. 工业企业应该根据生产组织类型和管理要求的不同，确定　（　）

A. 成本计算对象

B. 成本计算期

C. 间接费用的分配方法

D. 完工产品与在产品之间分配费用的方法

(2008 年 1 月高等教育自学考试《成本会计》真题)

5. 产品成本计算的分类法适用于　（　）

A. 可以按照一定的标准分类的产品

B. 品种、规格繁多的产品

C. 品种、规格繁多，而且可以按照一定标准分类的产品

D. 大量大批生产的产品

(2007 年 10 月高等教育自学考试《成本会计》真题)

【判断题】

1. 分类法和定额法是成本计算的辅助方法，可以单独应用于各种类型的生产。　（　）

(2008 年 10 月高等教育自学考试《成本会计》真题)

2. 尽管各种成本计算方法的对象不同，但是产品成本明细账的设立和登记程序是相同的。　（　）

(2007 年 10 月高等教育自学考试《成本会计》真题)

3. 采用分批法计算成本时，不存在完工产品与月末在产品之间分配费用的问题。　（　）

(2007 年 10 月高等教育自学考试《成本会计》真题)

任务三:会看会填成本核算的会计资料

要正确进行成本核算工作,首要的会计资料就是要有完备的原始记录。这些原始记录是按照规定的格式,记载生产经营过程中各项经济业务发生或完成情况的最初书面证明。它是做好成本核算工作的前提条件。与成本核算有关的原始记录主要包括以下几类:

(1)反映生产经营过程中材料物资消耗的原始记录,如领料单、限额领料单、材料退库单等。

(2)反映活劳动消耗的原始记录,如职工考勤记录、工时记录、产量记录、工资单、停工记录等。

(3)反映在生产经营过程中发生并取得的各种费用支出的原始记录,如各种支付费用的发票、账单、凭证等。

(4)其他原始记录,如设备折旧的记录和维修记录、废品损失记录等。

不同企业的原始记录并不完全一样,其范围、内容以及凭据的格式决定于各企业的生产特点和成本管理要求。

按照新企业会计准则的要求,企业进行成本核算,一般应设置“生产成本”、“制造费用”、“废品损失”、“停工损失”等账户。下面就主要账户加以介绍。

1.“生产成本”账户

进行成本核算,首先要设置“生产成本”账户。在《财务会计》课程中,我们已经学习了“生产成本”账户的基本体系,即总账下设各种明细账,会计上要求总账与其所属明细账要平行登记。

(1)“生产成本”总账

为了归集生产过程中所发生的各种生产费用,应设置“生产成本”账户,该账户借方登记企业为进行产品生产而发生的各种生产费用;贷方登记转出的完工入库的产品成本;余额在借方,表示在产品成本,即在产品占用的资金。

(2)“生产成本”明细账

企业可以按照生产目的的不同,在“生产成本”总账科目下设置“基本生产成本”和“辅助生产成本”两个明细科目,进行明细核算。

“基本生产成本”明细账是为了归集基本生产所发生的各种生产费用,计算基本生产产品成本设置的。基本生产是指为完成企业主要生产目的而进行的商品产品生产。该明细账借方登记企业为进行基本生产而发生的各种费用;贷方登记转出的完工入库的产品成本;余额在借方,表示基本车间在产品成本,即在产品占用的资金。“基本生产成本”科目应按产品品种或产品批别、生产步骤等成本计算对象设置产品成本明细分类账(或称基本生产明细账、产品成本计算单),账内按产品成本项目分设专栏或专行。

“辅助生产成本”明细账是为了归集辅助生产所发生的各种生产费用,计算辅助生产所提供的产品和劳务的成本而设置的。辅助生产是指为基本生产服务而进行的产品生产和劳务供应。辅助生产所提供的产品和劳务,有时也对外销售,但这并不是主要目的。该账户的借方登记为进行辅助生产而发生的各种费用;贷方登记完工入库产品的成本或分配转出的劳务成本;余额在借方,表示辅助生产在产品的成本,即辅助生产在产品占用的资金。“辅助生产成本”明细账可以按辅助生产车间和生产的产品、劳务分设明细分类账,账中按辅助生产的成本项目或费用项目分设专栏或专行进行明细登记。

2.“制造费用”账户

“制造费用”账户核算企业生产车间(部门)为生产产品和提供劳务而发生的各项间接费用。该账户的借方登记实际发生的制造费用;贷方登记分配转出的制造费用;除采用制造费用计划分配法(详见项目五)外,该账户月末应无余额。

企业应按车间、部门设置“制造费用”明细分类账,账内按费用项目设立专栏进行明细核算。需要说明的是,辅助车间是否单独核算制造费用,要以辅助车间的情况而定。

3.“废品损失”账户

如果企业需要单独核算废品损失,就应设置“废品损失”账户。该账户的借方登记不可修复废品的生产成本和可修复废品的修复费用;贷方登记废品残料回收的价值、应收的赔款以及转出的废品净损失;该账户月末应无余额。

“废品损失”账户应按车间设置明细分类账,账内按产品品种分设专户,并按成本项目设置专栏或专行进行明细登记。

在进行成本核算的会计业务处理当中,与上述成本类账户具有对应关系的账户还包括“现金”、“银行存款”、“原材料”、“库存商品”、“应收账款”、“其他应收款”、“应付账款”、“应付职工薪酬”、“累计折旧”等。

任务四:会成本核算的一般程序及要求

成本核算的一般程序是指对企业在生产经营过程中发生的各项生产经营费用,逐步进行归集和分配,计算出各种产品的成本的基本过程。这一过程包括如下内容:

1. 确定成本计算对象

前文已述及,成本计算对象是费用的承担者,解决费用按照用途往哪里记的问题。成本计算对象的确定是成本核算的前提。就工业企业而言,产品成本计算对象可以是产品品种、产品批别、产品步骤、产品类别以及产品或劳务的生产部门等。由于企业的生产特点和管理要求不同,所以应该根据自身情况选择合适的成本计算对象。

2.对企业的各项费用进行严格的审核和控制

审核和控制费用要按照国家的有关规定和企业内部的要求规范进行，确定其是否应计入生产经营管理费用，以及应计入产品成本还是期间费用。要对各项费用的合理、合法性进行严格审核、控制，实际上就是做好前述费用界限划分的第一、第二两个方面的工作。

3.确定成本计算期

成本计算期是指成本计算的间隔期，即多长时间计算一次成本。产品成本计算期的确定，主要取决于企业生产组织的特点。通常，在大批生产的情况下，产品成本的计算期间与会计期间相一致；在单件、小批量生产的情况下，产品成本的计算期间则与产品的生产周期相一致。

4.将各种共同费用在各种产品之间进行分配和归集

将应计入本月产品成本的各项生产费用，在各种产品之间进行分配和归集，计算出按成本项目反映的各种产品的成本，这是本月生产费用在各种产品之间横向的分配和归集，是前述第四个方面费用界限的划分工作。

5.在完工产品与月末在产品之间进行费用分配

对于月末既有完工产品又有在产品的企业，将该种产品的生产费用累计数，在完工产品与月末在产品之间进行分配，计算出该种产品的完工产品成本和月末在产品成本。这是生产费用在同种产品的完工产品和月末在产品之间纵向的分配和归集。

为保证成本核算工作的正确进行，具体核算工作还应遵循以下几个原则：

1.实际成本核算原则

企业进行产品成本核算时，可以采用不同的计价方法进行，如计划成本、定额成本、标准成本等。但在最后计算产品成本时，必须调整为实际成本，这是成本核算的基本原则。因为只有按实际成本核算，才能减少成本计算的随意性，才能使成本信息保持其客观性和可验证性。实际成本核算原则在应用上主要体现为 3 个方面要求：一是某项成本发生时，按发生时实际耗费数额确认；二是完工入库的产成品成本按实际负担额计价；三是由当期损益负担的销售产品成本，也按实际数结账。

2.可靠性原则

产品成本内容包括劳动力耗费、劳动资料耗费和劳动对象耗费等多个方面，涉及面广带来了核算的复杂性，也为虚假核算提供了方便。为了使产品成本信息真实，对其核算要求遵循可靠性原则。可靠性原则包括真实性和可核实性两个方面内容。真实性是指核算出的成本数据与客观经济事项相一致，没有任何掺假或人为提高、降低成本的成分；可核实性则是指同一成本核算资料按一定原则由不同成本会计人员计算，得出的结果应该相同。

3.重要性原则

产品成本的构成要素尽管很多，但每一要素在整个成本中占的分量和对成本管理所起的影响差别很大。从成本核算效益考虑，在成本核算过程中就不应对每一成本构成要素的核算都要求十分准确，这就提出成本核算重要性原则要求。成本核算重要性原则指的是对成本中重要的内容应作为重点项目单独反映并力求准确，而对次要的、在成本项目中所占比例很小的内容则从简处理。

4. 及时性原则

成本资料主要是为企业内部管理服务的，但对外报告中涉及成本信息，如资产负债表中的未分配利润项目确定和利润表中的相关项目。因此，无论是对内从成本分析和成本考核看，还是对外从按期编制会计报表来说，都对成本核算提出了及时性原则要求。及时性原则的要求包括：成本项目发生时，及时进行会计处理；当企业高层管理者提出一些特殊成本信息要求时，能及时提供；按期编制财务报表时，能及时提供成本资料。

5. 一致性原则

成本核算是成本分析、成本考核的基础。成本分析、成本考核不仅分析考核本期计划完成情况，还要与上期实际进行对比分析，以考核成本变动情况，这对与成本核算所采用的成本计算方法及其与成本核算有关的会计处理方法等提出了一致性原则要求。这里的一致性是指成本核算中所涉及的成本核算对象、成本项目、成本计算方法以及会计处理方法前后期应一致，目的是保证前后期成本信息的可比性，提高成本信息的利用程度。

【简答题】

简述工业企业成本核算的一般程序。

（2007 年 10 月高等教育自学考试《成本会计》真题）

知识延伸

作业成本法

一、作业成本法概述

作业成本法(activity based costing)是一种比传统成本核算方法更加精细和准确的成本核算方法,是西方国家于20世纪80年代末开始研究、90年代以来在先进制造企业首先应用起来的一种全新的企业管理理论和方法,在发达国家的企业中日益得到广泛应用。

作业成本法又叫作业成本计算法或作业量基准成本计算方法(activity based costing,ABC)法,是以作业(activity)为核心,确认和计量耗用企业资源的所有作业,将耗用的资源成本准确地计入作业,然后选择成本动因,将所有作业成本分配给成本计算对象(产品或服务)的一种成本计算方法。

作业成本法的指导思想是:"成本对象消耗作业,作业消耗资源"。作业成本法把直接成本和间接成本(包括期间费用)作为产品(服务)消耗作业的成本同等对待,拓宽了成本的计算范围,使计算出来的产品(服务)成本更准确真实。

作业是成本计算的核心和基本对象,产品成本或服务成本是全部作业的成本总和,是实际耗用企业资源成本的终结。作业成本法在精确成本信息,改善经营过程,为资源决策、产品定价及组合决策提供完善的信息等方面,都受到了广泛的赞誉。自20世纪90年代以来,世界上许多先进的公司已经实施作业成本法以改善原有的会计系统,增强企业的竞争力。

作业成本计算是一个以作业为基础的管理信息系统。它以作业为中心,而作业的划分是从产品设计开始,到物料供应,从生产工艺流程(各车间)的各个环节、质量检验、总装,到发运销售的全过程。通过对作业及作业成本的确认、认量,最终计算出相对真实的产品成本。同时,通过对所有与产品相关联作业活动的追踪分析,为尽可能消除"不增值作业",改进"增值作业",优化"作业链"和"价值链"增加"顾客价值",提供有用信息,促使损失、浪费减少到最低限度,提高决策、计划、控制的科学性和有效性,最终达到提高企业的市场竞争能力和盈利能力,增加企业价值的目的。其结果有可能导致企业受到双重损失、总体获利水平下降。

二、作业成本核算的应用

作业成本核算是一种以"成本驱动因素"理论为基本依据,根据产品生产或企业经营过程中发生和形成的产品与作业、作业链和价值链的关系,对成本发生的动因加以分析,选择"作业"为成本计算对象,归集和分配生产经营费用的一种成本核算方式。

作业成本核算是基于传统成本核算制度下间接费用或间接成本分配不真实而提出来的。在传统成本核算制度下，间接费用或间接成本的分配标准一般采用直接人工小时或机器台时，这种分配方式在以前起过积极作用，即在产品品种少或间接费用数额不大的情况下比较适用，一般不会对产品成本水平产生较大的冲击波。在现代企业制度下，由于企业生产产品品种较多，工时或机器台时在各产品间很难精确界定，又由于间接费用或间接成本较高，分配也难以做到合理。在作业成本制度下，成本归属从因果关系出发，间接费用或间接成本不在各产品间直接分配，而在各作业项间进行分配，这样就体现了费用分配的因果性，从而使作业成本乃至产品成本的计算较为准确。

作业成本核算的基本思维是：作业消耗间接资源，产品消耗作业，生产导致作业的发生，作业导致间接费用或间接成本的发生。可以看出，作业成本的实质就是在资源耗费与产品耗费之间借助作业这一“桥梁”来分离、归纳、组合，然后形成各种产品成本。

三、作业会计对传统会计成本观的突破

由传统的以数量为基础的成本计算发展到现代的以作业为基础的成本计算是成本会计科学发展的大趋势。因为面对间接费用在产品总成本中的比重日趋增大、产品品种的日趋多样化和小批量生产的市场需要，面对日益激烈的全球性竞争和贸易壁垒消除的新市场条件，继续采用早期成本会计控制大批量生产条件下产品成本的方法，用在产品成本中占有越来越小比重的直接人工去分配占有越来越大比重的制造费用，分配越来越多与工时不相关的作业费用（如质量检测、试验、物料搬运、调整准备等），以及忽略批量不同产品实际耗费的差异等等，必将导致产品成本信息的严重失真，从而引起经营决策失误、产品成本失控。传统成本计算表面上看起来风平浪静，实际上却处处隐藏暗礁，隐藏着不盈利的产品。作业成本计算与传统成本计算不同的是，分配基础（成本动因）不仅发生了量变，而且发生了质变，它不再仅限于传统成本计算所采用的单一数量分配基准，而是采用多元分配基准；它不仅局限于多元分配基准，而且集财务变量与非财务变量于一体，并且特别强调非财务变量（产品的零部件数量、调整准备次数、运输距离、质量检测时间等）。这种量变和质变、财务变量与非财务变量相结合的分配基础，由于提高了其与产品实际消耗费用的相关性，能使作业成本会计提供“相对准确”的产品成本信息。

实训一

<table>
<tr><td>班　　级</td><td></td><td>姓　　名</td><td></td><td>学　　号</td><td></td><td>实训日期</td><td></td></tr>
<tr><td>实训项目</td><td colspan="7">感知成本核算工作</td></tr>
<tr><td colspan="8">实训目的：
通过访问企业及其管理人员，培养学习者关注企业和学习成本核算的兴趣。通过实地感知企业的环境，将本项目所介绍的成本核算相关理论知识转化到学习者应用层面上。
注：不具备走访企业条件的院校或班级，可通过组织学生观看本教材备送全真视频案例用以替代。</td></tr>
<tr><td colspan="8">实训要求：
(1)用文字或图表描述出该企业某种产品的生产流程。
(2)请指出该企业是用哪种方式进行了成本核算的组织设置，是否合理，为什么？
(3)该企业采用了哪种成本计算方法，是否合理，为什么？
(4)请说出该企业成本核算的工作流程，是否合理，为什么？
(5)请指出该企业成本核算的人员是否胜任，为什么？</td></tr>
<tr><td colspan="8">实训结果(不够纸可另附页)</td></tr>
<tr><td>教师简评</td><td colspan="7"></td></tr>
<tr><td>评定成绩</td><td colspan="3"></td><td>指导教师</td><td></td><td>日　　期</td><td></td></tr>
</table>

实训二

<table>
<tr><td>班　　级</td><td></td><td>姓　　名</td><td></td><td>学　　号</td><td></td><td>实训日期</td><td></td></tr>
<tr><td>实训项目</td><td colspan="7">成本核算的会计准备工作</td></tr>
<tr><td colspan="8">实训目的：
(1)掌握与成本核算有关的账户设置。
(2)巩固建账的工作方法。
(3)巩固会计书写规范。</td></tr>
<tr><td colspan="8">实训要求：
根据项目一及项目二案例导入资料，进行以下工作任务：
(1)填写上述与产品成本核算有关的会计凭证。
(2)准备与成本核算相关的账页，进行建账工作。</td></tr>
<tr><td colspan="8">实训结果(不够纸可另附页)</td></tr>
<tr><td>教师简评</td><td colspan="7"></td></tr>
<tr><td>评定成绩</td><td colspan="3"></td><td>指导教师</td><td></td><td>日　　期</td><td></td></tr>
</table>

项目三　材料费用的归集与分配

案例导入

齐飞的糕点厂经过两个月的运营后，菠萝包的销售情况一直不错，2009 年 11 月，齐飞决定再开发一种新的产品，即肉松面包供应市场。11 月，齐飞外购了三批面粉，一批肉松，列表如下：

购货日期	购货数量	购买单价	运杂费
11 月 4 日	面粉 1 000 千克	2.10 元	100 元
11 月 4 日	肉松 50 千克	9.5 元	
11 月 15 日	面粉 2 000 千克	2.20 元	150 元
11 月 22 日	面粉 2 000 千克	2.15 元	150 元

当月，为生产两种产品，共领用了面粉 4 500 千克，为生产肉松面包领用肉松 35 千克。通过开业这一段时间的学习后，齐飞已经知道，面粉和肉松作为生产产品的主要材料，是应该计入产品成本当中去的，但是，面粉每次的买价不一样，而且还被两种产品共同耗用；肉松却只是肉松面包耗用，这样如何确认每种产品所耗材料成本呢？

任务一：会材料的计价与入库

一、材料的计价

材料是指企业在生产过程中经过加工改变其形态或性质并构成产品主要实体的各种原料及主要材料、辅助材料、外购半成品（外购件）、修理用备件（备品备件）、包装材料、燃料等。一般对生产企业而言，其生产产品所耗材料大部分是外购而来的，所以外购材料入账价值的确认对成本核算而言，是至关重要的。

材料的采购成本，是指为采购材料而发生的一切合理、必要的开支。包括采购过程中所发生的购买价款、相关税费、运输费、装卸费、保险费以及其他可归属于材料采购成本的费用。

1.购买价款，是指企业购入材料的发票账单上列明的价款，但要注意的是，该款项不应包括按规定可以抵扣的增值税税额；

2.相关税费，是指企业外购材料过程中所发生的消费税、资源税和不能从增值税销项税额中抵扣的进项税额等；

3.其他可归属于材料采购成本的费用，即采购成本中除上述各项以外的可归属于材料采购成本的费用，如在采购过程中发生的仓储费、包装费、运输途中的合理损耗、入库前的挑选整理费用等。这些费用能分清负担对象的，应直接计入材料的采购成本；不能分清负担对象的，应选择合理的分配方法，分配计入有关材料的采购成本。分配方法通常包括按所购材料的重量、体积、数量、采购价格的比例进行分配。

【例 3-1】 长风家具厂 2009 年 10 月购入生产用木料和油漆一批，发票上列明木料的价格为 20 000 元，进项税额为 3 400 元；油漆的价格为 10 000 元，进项税额为 1 700 元。采购过程中总共发生装卸费和运输费用 3 000 元(不计增值税)，木料在入库前发生整理费用 500 元。所发生费用均以现金支付。

木料与油漆需共同承担 3 000 元的装卸费和运输费，可以其购买价格作为分配标准，则分配率＝3 000÷(20 000＋10 000)＝0.1

木料应分摊的运输装卸费＝20 000×0.1＝2 000(元)

油漆应分摊的运输装卸费＝10 000×0.1＝1 000(元)

木料入库成本＝20 000＋2 000＋500＝22 500(元)

油漆入库成本＝10 000＋1 000＝11 000(元)

借:原材料——木料	22 500	
——油漆	11 000	
应交税费——应交增值税(进项税额)	5 100	
贷:现金		38 600

二、材料的入库

材料入库，一般应遵循以下流程：

1.材料采购回来后首先办理入库手续，由采购人员向仓库管理员逐件交接。仓库管理员要根据采购计划单的项目认真清点所要入库物品的数量，并检查好物品的规格、质量，做到数量、规格、品种，价格准确无误，质量完好，配套齐全，并在接收单上签字(或在入库登记簿上共同签字确认)。

2.对于在外加工货物应认真清点所要入库物品的数量，并检查好物品的规格、质量，做到数量、规格、品种准确无误，质量完好，配套齐全，并在接收单上签字。

3. 材料进库根据入库凭证，现场交接接收，必须按所购物品条款内容、物品质量标准，对物品进行检查验收，并做好入库登记。

4. 材料验收合格后，应及时入库。

5. 材料入库，要按照不同型号、材质、规格、功能和要求，分类、分别放入货架的相应位置储存，在储存时注意做好防锈，防潮处理，保证材料的安全。

6. 材料数量准确、价格精确。做到账、标牌、货物相符合。发生问题不能随意地更改，应查明原因，是否有漏入库，多入库的情况发生。

在材料入库的过程中，最重要的单据即为入库单，入库单一般至少四联：一联为存根联；一联送财务部门记账；一联交仓库人员保管；一联交经办人员保管。入库单的具体格式见下表3-1。

表3-1　入库单

收料单位：　　　　　　　　年　月　日　　　　　　　　编号：

<table>
<tr><td colspan="2">供货单位</td><td>到货日期</td><td>发站</td><td colspan="2">发票编号</td><td colspan="2">质量</td><td>提货人</td></tr>
<tr><td colspan="2"></td><td></td><td></td><td colspan="2"></td><td colspan="2"></td><td></td></tr>
<tr><td rowspan="2">材料编号</td><td rowspan="2">物资名称</td><td rowspan="2">规格型号</td><td rowspan="2">单位</td><td rowspan="2">应收</td><td rowspan="2">实收</td><td colspan="3">实际价格</td></tr>
<tr><td>单价</td><td>运杂费</td><td>总价</td></tr>
<tr><td></td><td></td><td></td><td></td><td></td><td></td><td></td><td></td><td></td></tr>
<tr><td></td><td></td><td></td><td></td><td></td><td></td><td></td><td></td><td></td></tr>
<tr><td></td><td></td><td></td><td></td><td></td><td></td><td></td><td></td><td></td></tr>
</table>

财务部门主管　　　　记账　　　保管部门主管　　　　验收　　　　缴库

 任务二：能处理材料的领用业务

一、材料领用业务核算

材料在购入后，总是会经由生产部门领用，这个过程也就是材料的价值转移到产品价值的过程。同种材料，如果是多次购买获得，且买入价并不一致的情况下，生产部门领用该种材料的价值确认方法就存在多种，一般包括先进先出法，加权平均法，个别计价法等。同样的经济业务，如果选择方法不一致，则计算出来的产品成本也是不一致的。在这里要强调的是，这些方法本身并无好坏之分，具体选用何种方法，需要企业会计人员根据实际情况加以判断。

【例 3-2】 大兴公司为一肉类加工企业，2009 年 5 月，原料生猪肉的收入、发出及购进单价成本表见下表 3-2。

表 3-2

日期	收入			发出			结存		
	数量	单价	总额	数量	单价	总额	数量	单价	总额
1 日							200	10	2 000
8 日	600	9.5	5 700				800		
12 日				400			400		
16 日	300	10.50	3 150				700		
27 日				200			500		
31 日				240			260		
合计	900		8 850	840			260		

1. 先进先出法。先进先出法是以先购进的材料先发出的材料实物流转假设为前提，对发出材料进行计价的一种方法。采用这种方法，先购入的材料成本在后购入的材料成本之前发出，据此确定产品的材料成本和期末材料的结余成本。按照这种方法，大兴公司在 5 月份发出材料的成本和结存材料的成本结果计算如下表 3-3 所示。

表 3-3

日期	收入			发出			结存		
	数量	单价	总额	数量	单价	总额	数量	单价	总额
1 日							200	10	2 000
8 日	600	9.5	5 700				200 600	10 9.50	7 700
12 日				200 200	10 9.50	3 900	400	9.50	3 800
16 日	300	10.50	3 150				400 300	9.50 10.50	6 950
27 日				200	9.50	1 900	200 300	9.50 10.50	5 050
31 日				200 40	9.50 10.50	2 320	260	10.50	2 730
合计	900		8 850	840		8 120	260		2 730

先进先出法的优点：企业不能随意挑选材料计价以调整当期利润。

先进先出法的缺点：工作量较大，较为繁琐，特别对于材料进出比较频繁的企业更是如此。而且当物价上涨时，会高估企业当期利润和库存材料价值；反之，会低估企业当期利润和库存材料价值。

2.加权平均法。加权平均法，是指以当月全部购入材料数量加上月初库存材料数量作为权数，去除当月全部购入材料成本加上月初库存材料成本，计算出材料的加权平均单位成本，以此为基础计算当月发出材料成本和期末材料成本的一种方法。其计算公式如下：

材料单位成本＝(月初库存材料的实际成本＋本月各批购入材料成本之和)÷(月初库存材料数量＋本月各批购入材料数量之和)

本月发出材料的成本＝本月发出材料的数量×材料单位成本

本月月末库存材料成本＝月末库存材料数量×材料单位成本

或＝(月初库存材料的实际成本＋本月各批购入材料成本之和)－本月发出材料的成本

根据表3-1资料，采用加权平均法有关指标计算结果如下：

材料单位成本＝(2 000＋5 700＋3 150)÷(200＋600＋300)＝9.86(元)

本月发出材料的成本＝840×9.86＝8 282.40(元)

本月月末库存材料成本＝(2 000＋5 700＋3 150)－8 282.40＝2 567.60(元)

采用这种方法，简化了日常材料发出的核算，因为发出材料平时不计价，只在月终一次计算全月材料平均单价后，才计算发出材料的实际总成本，所以平时在发料单和材料明细账上看不出材料发出单价和结存金额。

3.个别计价法。个别计价法，是假定材料的成本流转与实物流转相一致，按照各种材料，逐一辨认各批发出材料和期末库存材料所属的购进批次，分别按其购入时所确定的单位成本作为计算各批发出材料和期末库存材料成本的方法。

【单项选择题】

某企业采用先进先出法计算发出原材料的成本。2009年9月1日，甲材料结存200千克，每千克实际成本为300元；9月7日购入甲材料350千克，每千克实际成本为310元；9月21日购入甲材料400千克，每千克实际成本为290千克，每千克实际成本为290元；9元28日发出甲材料500千克。9月份甲材料发出成本为(　　)元。

A.145 000　　B.150 000　　C.153 000　　D.155 000

(2010年初级会计职称考试《会计实务》真题)

某企业采用月末一次加权平均计算发出原材料的成本。2007 年 2 月 1 日，甲材料结存 200 公斤，每公斤实际成本为 100 元；2 月 10 日购入甲材料 300 公斤，每公斤实际成本为 110 元；2 月 25 日发出甲材料 400 公斤。2 月末，甲材料的库存余额为(　　)元。

A. 10 000　　B. 10 500

C. 10 600　　D. 11000

(2007 年初级会计职称考试《会计实务》真题)

某企业采用先进先出法计算发出甲材料的成本。2007 年 2 月 1 日，结存甲材料 200 公斤，每公斤实际成本 100 元；2 月 10 日购入甲材料 300 公斤，每公斤实际成本 110 元；2 月 15 日发出甲材料 400 公斤。2 月末，库存甲材料的实际成本为(　　)元。

A. 10 000　　B. 10 500

C. 10 600　　D. 11 000

(2009 年 10 月高等教育自学考试《成本会计》真题)

二、材料领用业务管理

材料领用业务，一般应遵循如下管理办法：

1. 申领部门填写原材料申领单交仓库，必须有申领人及部门主管签名才可发放。

2. 仓管员审核领料单并对实物进行查库存，保持账实相符。

3. 仓库安排发料，并在申领单上签名确认。

4. 单据三联，仓库保留一联，一联交财务为原始凭证，领用方一联。

5. 保管员每日下班前盘点所有物料，如有误应及时修正。

在材料领用的过程中，最常见的单据即为领料单及限额领料单，格式如表 3-4、表 3-5所示。

表 3-4　领料单

领料部门：　　　　年　月　日　　　　编号：

材料编号	材料名称	材料规格	计量单位	数量		单价	金额	用途
				请领	实发			

记账：　　保管部门主管：　　发料人：　　领料人：

表 3-5　限额领料单

领料部门：　　　　　　　　　　年　月　日　　　　　　　　　　编号：

<table>
<tr><td>材料类别</td><td>材料编号</td><td>材料名称</td><td>规格</td><td>计量单位</td><td>领用限额</td><td>实领总数量</td><td>计划单价</td><td>金额</td><td>用途</td></tr>
<tr><td></td><td></td><td></td><td></td><td></td><td></td><td></td><td></td><td></td><td></td></tr>
<tr><td rowspan="2">日期</td><td colspan="2">请领</td><td colspan="3">实发</td><td colspan="3">退库</td><td rowspan="2">限额结余</td></tr>
<tr><td>数量</td><td>领料单位主管</td><td>数量</td><td>发料人</td><td>收料人</td><td>数量</td><td>发料人</td><td>交料人</td></tr>
<tr><td></td><td></td><td></td><td></td><td></td><td></td><td></td><td></td><td></td><td></td></tr>
<tr><td></td><td></td><td></td><td></td><td></td><td></td><td></td><td></td><td></td><td></td></tr>
</table>

保管部门负责人：　　　　　　生产部门负责人：　　　　　　记账：　　　　　　保管员：

任务三：会材料费用的分配方法

一、材料费用分配方法简介

前文已述及，材料领用的过程即材料价值转移的过程。材料费用的发生，不一定全部直接用于生产产品，还有可能被生产车间一般耗用、辅助生产部门耗用、管理部门耗用等。当该笔材料费用的发生，可以明确指明用途并确认该笔材料的价值时，材料费用是无须进行分配的，只需按照其价值，计入到相应的账户当中。一般来讲，借方为“基本生产成本”、“辅助生产成本”、“制造费用”、“管理费用”等科目，贷方为“原材料”科目。

当某笔材料费用的发生，其用途有两个或两个以上（也就是同一笔费用的发生会有两个费用分配对象），并且每个用途所消耗材料的价值不能直接确定的时候，才需要将材料费用进行分配，据以记在相应的账户当中。通常情况下，材料费用分配是按用途、按部门、按受益对象来分配的，这要视企业的生产特点和管理要求而定。总之，不管如何分配，均应着力体现出“谁受益谁分摊”、“受益多的分摊多”这一原则。

材料费用的分配方法有很多，但基本可以概况为如下统一的步骤：

第一步：$\text{材料费用分配率}=\dfrac{\text{待分配费用总额}}{\text{分配标准总和}}$

第二步：某分配对象应负担的费用＝该对象的分配标准×费用分配率

材料费用分配方法的多样性，其实体现在所选取的分配标准不同上。由于生产过程中，材料的耗用量一般与产品的重量、体积、数量等有关，所以在分配材料费用的时候，可以将重量、体积、数量等指标作为分配标准，如果企业材料消耗定额制定比较准确的，也可以按照材料的定额耗用量或定额费用比例来进行分配。

二、材料费用分配核算

1.按所产产品数量来进行分配

【例 3-3】 长风家具厂 2009 年 12 月为生产家用餐桌与办公桌两种产品，共领用木料 150 000 元，其中生产餐桌 200 张，生产办公桌 300 桌。单件餐桌与办公桌所耗木料基本相同。

$$材料费用分配率=\frac{150\ 000}{200+300}=300$$

餐桌应分配的材料费用＝200×300＝60 000(元)

办公桌应分配的材料费用＝300×300＝90 000(元)

这种方法较为简单，只需要将产品数量作为分配标准，在不同的费用计算对象之间来进行分配。其他如按重量、体积等分配标准来进行计算与此雷同，故在此不再赘述。

2.按所产产品的材料定额耗用量来进行分配

材料定额耗用量是指一定产量下按照材料消耗定额计算的可以消耗的数量，其中材料消耗定额是指单位产品可以消耗的材料数量限额。该种方法的计算步骤如下：

(1)某种产品材料定额耗用量＝该种产品实际产量×单位产品材料消耗定额

$$(2)材料耗用量分配率=\frac{材料实际消耗总量}{各种产品材料定额耗用量之和}$$

(3)某种产品应分配的材料数量＝该种产品定额消耗的材料总量×材料耗用量分配率

(4)某种产品应分配的材料费用＝该种产品应分配的材料数量×材料单价

【例 3-4】 长风家具厂 2010 年 1 月为生产办公桌与办公椅两种产品，共领用木料 159 立方米，每立方木料价格为 1 000 元。当月加工制成办公桌 100 张，办公椅 500 把。办公桌单位消耗材料定额为 0.5 立方米木料，办公椅单位消耗材料定额为 0.2 立方米木料。

办公桌材料定额耗用量＝100×0.5＝50(立方米)

办公椅材料定额耗用量＝500×0.2＝100(立方米)

$$材料定额耗用量分配率=\frac{159}{50+100}=1.06$$

办公桌应分配的木料数量＝50×1.06＝53(立方米)

办公椅应分配的木料数量＝100×1.06＝106(立方米)

办公桌应分配的材料费用＝53×1 000＝53 000(元)

办公椅应分配的材料费用＝106×1 000＝106 000(元)

3.按所产产品的材料定额费用来进行分配

材料定额耗用量与材料定额费用这两个概念是有关联的。用材料定额耗用去乘以该种材料的计划单价，即为材料定额费用。对于多种产品共同耗用某一种材料而言(一对多)，以材料定额耗用量作为分配标准，或以定额费用作为分配标准，其分配结果应该是一致的。但是，如果多种产品共同耗用多种材料情况下(多对多)，采用定额费用作为分配标准，将一定程度地简化计算工作量。该种方法的计算步骤如下：

(1)某种产品某种材料定额费用=该种产品实际产量×单位产品该种材料费用定额

=该种产品实际产量×单位该种材料消耗定额×计划单价

(2)材料耗用量分配率 $=\dfrac{\text{各种材料实际费用总额}}{\text{各种产品各种材料定额费用之和}}$

(3)某种产品应分配负担的材料费用=该种产品各种材料定额费用之和×材料耗用量分配率

【例 3-5】 长风家具厂 2010 年 2 月为生产办公桌与办公椅两种产品，共领用木料 150 400 元，油漆 29 000 元。当月加工制成办公桌 100 张，办公椅 500 把。办公桌单位消耗木料定额为 400 元，消耗油漆 60 元；办公椅单位消耗木料定额为 200 元，消耗油漆 20 元。

办公桌木料定额消耗费用=100×400=40 000(元)

办公桌油漆定额消耗费用=100×60=6 000(元)

办公椅木料定额消耗费用=500×200=100 000(元)

办公桌油漆定额消耗费用=500×20=10 000(元)

材料耗用量分配率 $=\dfrac{150\ 400+29\ 000}{(40\ 000+6\ 000)+(100\ 000+10\ 000)}=1.15$

办公桌应分配负担的材料费用=(40 000+6 000)×1.15=52 900(元)

办公椅应分配负担的材料费用=(100 000+10 000)×1.15=126 500(元)

三、材料费用分配的账务处理

在实际工作中，成本核算人员根据当期领退料凭证，通过编制“材料费用分配表”来进行材料费用的归集与分配，并据以做出账务处理。

【例 3-5】 宏宇公司 2010 年 6 月发料情况如下表 3-6 所示。

表 3-6　发出材料明细表

2010 年 6 月　　　　金额单位:元

材料类别	发料数量	单位成本	用　　途
原材料 A	200 千克	600	甲产品生产用
原材料 B	126 千克	1 000	甲、乙产品共用
燃料	120 千克	60	锅炉车间 100 千克、机修车间 20 千克
燃料	20 千克	60	基本生产车间用

续表

材料类别	发料数量	单位成本	用　途
燃料	10 千克	60	管理部门用
辅助材料	200 千克	40	基本生产车间用
修理用备件	50 只	6	基本生产车间用

该企业当月投产甲产品 140 件、乙产品 140 件，甲、乙产品单件消耗原材料 B 定额分别为 2.5 千克、3.5 千克，根据上述已知条件，编制“原材料费用分配表”如下表 3-7 所示。

表 3-7　发出材料明细表

2010 年 6 月　　金额单位：元

应借账户		成本或费用明细账	间接计入			直接计入	合计
			耗用材料	分配率	分配金额		
基本生产成本	甲产品	直接材料	350	150	52 500	120 000	172 500
	乙产品	直接材料	490	150	73 500		73 500
	小计		840	150	126 000	120 000	246 000
辅助生产成本	锅炉车间	直接材料				6 000	6 000
	机修车间	直接材料				1 200	1 200
	小计					7 200	7 200
制造费用	基本生产车间	修理费				300	300
		机物料消耗				9 200	9 200
	小计					9 500	9 500
管理费用		机物料消耗				600	600
合计					126 000	137 300	263 300

根据“原材料费用分配表”编制会计分录如下：

借：基本生产成本——甲产品　　172 500

　　　　　　　　——乙产品　　73 500

　　辅助生产成本——锅炉车间　　6 000

　　　　　　　　——机修车间　　1 200

　　制造费用——基本生产车间　　9 500

　　管理费用　　600

　　贷：原材料　　263 300

知识延伸

制造资源计划系统(manufacturing resources planning,简称 MRPⅡ)简介

MRPⅡ是将公司最高层管理与中层管理结合在一起,以制造资源计划为活动核心,促使企业管理循环的运作,以达到最有效的企业经营。其涵盖范围包含企业的整个生产经营体系,包括经营目标、销售策略、财务策划、生产策划、物料需求计划、采购管理、现场管理、运输管理、绩效评价等各个方面。从1957年美国生产与库存控制协会的成立于1960年前后Joseph Orlicky等人开发的第一套物料需求计划(MRP)软件的面世到现阶段,纵观近40年的发展历程,MRP II的发展大体上经历了三个阶段:

1. 作为一种库存订货计划——MRP,即物料需求计划阶段,或称基本MRP阶段。

2. 作为一种生产计划与控制系统——闭环MRP阶段。

3. 现阶段——融合其他现代管理思想和技术,面向全球市场,建设“国际优秀制造业”。这一阶段倡导的观念是精益生产、约束理论(TOC)、先进制造技术、灵敏制造以及现在热门的Internet/Intranet。

一、MRPⅡ在中小型制造性企业的主要功能

在此,假设广东某制造性企业已经具备实施MRPⅡ的条件,并针对该公司生产经营及管理的实际情况,设计了整个MRPⅡ管理系统,它包括基本资料管理、订单管理、采购管理、库存管理、MRP管理、生产管理、应收管理、应付管理、成本管理、财务管理、经理查询11个子系统,这11个子系统构成一个有机整体,分别实现以下功能:

1. 基本资料管理。建立公司资料、标准化资料、货币资料、单位资料、采购员资料、销售人员资料、工作中心、料品资料、客户料品、供应料品、产品结构等基本资料库、银行代号(料号)资料。

2. 订单管理。管理客户订单的录入和批准等。

3. 采购管理。管理采购单的录入和批准等。

4. 库存管理。管理物料的交易,所有物流在这里进行,包括盘点、采购收(退)料、生产发(退、补)料、产品出(退)货、料品转移、数量调整等交易。

5. MRP管理。计划物料短缺情况及物料计划和分配,生成采购和生产建议。

6. 生产管理。管理生产单的录入和批准以及现场生产进度等。

7. 应收管理。管理应收和收款数据,进行已收和未收管理。

8. 应付管理。管理应付和付款数据,进行已付和未付管理。

9. 成本管理。计算产品、订单、生产单的标准成本与实际成本。

10. 财务管理。进行总账和各类明细账、分类账的管理。

11. 经理查询。供随时查询系统相关数据，包括销售单、采购单、生产单、库存量、物流交易、生产发料、退料、补料、产品生产、料品遗失、返工、报废、数量调整、盘点、料品转移、产品出货、产品退货、来料收料、来料退料等。

二、企业实施 MRPⅡ带来的效益

制造性企业实施 MRPII 系统进行管理，能取得如下效益：

1. 改善资金运用状况。

(1)降低库存。信息的集成与告诉，分析计算的准确，可以降低一定比例的库存。

(2)减少库存损耗。软件系统对库存记录的正确性有较高要求，实行周期盘点，及时发现造成库存损耗的原因，及时予以消除。

(3)加快资金周转。应收款可以提前收回，主要原因是及时发货，并可以对应收账款进行分析，同时在接受订单或发货前可对客户的资金信用情况进行分析。

(4)改善财务计划能力。系统具有模拟能力，可以预报企业运营情况及其变化对财务方面的影响，可以预算出一定周期的物料和劳动力成本。

2. 降低采购成本，提高效率。

3. 产品品质得到改善。MRPII 系统是一个整体化的管理系统，因此它也包含了全面品质管理内容，当原材料从进厂开始到产品销售出库、随时随地都得到品质检查反馈的信息并保证按质按量按期交货，同时由于使用该系统，对各岗位的管理人员职责相当明确，并可防止由于管理人员的疏忽而产生品质问题。

4. 产销匹配。由于 MRPII 系统是由订单和预测产生生产计划，并进行一系列的物流和资金控制，因此，它所有的生产是围绕订单和预测进行的，从而保证产销匹配。

5. 设备利用率得到提高。MRPII 系统在安排生产过程中，同时也要考虑设备的可用性，因此，它将安排一个最合理的设备费用，并可根据生产的淡旺情况，进行模拟运算，合理安排出设备的检修期，从而最大限度地利用已有设备。

6. 利润增长。企业的利润和许多因素有关，降低物料库存、提高资金周转率、缩短交期等等，使利润得以实现增长。

7. 提高管理水平。

(1)更有效的管理。由于 MRPII 系统具有模拟功能，管理人员可以利用它超前看到企业运营发展的趋势，从而有更好的计划能力。

(2)整体配合的意识和作用加强。这可以更好地协调各部门的工作。

(3)更有效的监督作用。利用计算机管理，管理人员可以把精力集中于他们的监督工作，而不用寻找短缺的物料、催货和安排紧急加班等。

8. 高层管理人员筹划的工具。总经理、经理查询系统，可使企业高层及时了解企业的运营情况，为企业的进一步发展打下基础。

实训一

班　　级		姓　　名		学　　号		实训日期	
实训项目	材料发出的价值确认						
实训目的： 1.学会采用多种方法对材料发生价值进行确认。 2.能将业务处理结果正确地填制在相应账簿上。							
实训要求： 1.根据导入案例资料，用先进先出法、加权平均法分别计算齐飞食品厂发出面粉的价值及结存面粉的价值。 2.将齐飞食品厂购入的材料编写入库单、领料单，并编制相应的会计凭证，登记相关账簿。							
实训结果(不够纸可另附页)							
教师简评							
评定成绩			指导教师		日　　期		

实训二

<table>
<tr><td>班　　级</td><td></td><td>姓　　名</td><td></td><td>学　　号</td><td></td><td>实训日期</td><td></td></tr>
<tr><td>实训项目</td><td colspan="7">材料费用的分配</td></tr>
<tr><td colspan="8">实训目的：
1. 能正确将所耗材料费用分配在不同的成本计算对象。
2. 能根据企业条件选择恰当的分配方法。</td></tr>
<tr><td colspan="8">实训要求：
1. 假定齐飞食品厂生产菠萝面包 600 个，单个消耗面粉定额为 50 克，生产肉松面包 400 个，单个消耗面粉定额为 45 克，采用定额耗用量法将加权平均法计算出的领用面粉的成本在这两种产品之间进行分配。
2. 假定当月为生产面包购买鸡蛋 100 千克，每千克 5 元。生产菠萝面包单个消耗鸡蛋价值 0.5 元，生产肉松面包单个消耗鸡蛋价值 0.4 元，请用定额费用比例法将所耗面粉与鸡蛋的成本在这两种产品之间进行分配。
3. 比较上述两种计算方法的异同。</td></tr>
<tr><td colspan="8">实训结果(不够纸可另附页)</td></tr>
<tr><td>教师简评</td><td colspan="7"></td></tr>
<tr><td>评定成绩</td><td colspan="3"></td><td>指导教师</td><td></td><td>日　　期</td><td></td></tr>
</table>

项目四　人工费用的归集与分配

案例导入

糕点师傅老刘是 2009 年 9 月 15 日应聘到齐飞的食品加工厂工作的，按照合同约定，老刘的月工资应为 3 000 元。月末结算工资的时候，齐飞对老刘的工资计算是这样的：$3\ 000-\frac{3\ 000}{22}\times 12=1\ 363.68$ 元（公式中的 22 是 9 月份当月的工作日数，公式中的 12 为老刘当月的实际工作日数），而老刘认为工作半个月他应得的工资为 1 500 元。同时齐飞也听朋友提到过，企业还要为职工缴纳“五险一金”，还要计提“职工福利费”、“工会经费”、“教育经费”等，这些都应该如何来核算呢？和产品成本又有什么关系呢？齐飞决定找个会计师问问究竟。

任务一：会进行人工费用的计算

在项目一成本认知部分，我们已经知道，产品成本是由物化活动和活劳动两部分构成的，即生产工人的工资是应计入在产品成本当中。但是社会经济发展到了今天，计入在产品成本的人工费用部分，已经远不止企业用货币支付给职工当月或当年工资这一内容，它的含义更为宽泛。2006 年新颁布的《中华人民共和国企业会计准则》第 9 号，引入了“职工薪酬”这一概念。在这之前，我国一直没有一个完整的、明晰的框架对人工费用予以规范，会计上对人工费用的核算，主要是对应付工资、应付福利费的核算，至于人工费的其他组成部分，则散见于其他的有关规定中。因此，对于企业在生产经营过程中所发生的人工成本究竟是多少，在会计核算中并没有提供一个完整的指标。

一、职工薪酬概述

1. 职工薪酬的概念

职工薪酬，是指企业为获得职工提供的服务而给予各种形式的报酬及其他相关支出。职工薪酬的概念涵盖了职工在职期间和离职后提供给职工的全部货币性薪酬和非货币性福利,既包括提供给职工本人的薪酬,也包括提供给职工配偶、子女或其他被赡养人的福利等。

2. 非货币性薪酬

主要为非货币性福利,通常包括企业以自己的产品发放给职工作为福利,将企业拥有的资产无偿提供给职工使用、为职工无偿提供医疗保健服务等。

3. 职工薪酬的组成内容

(1)职工工资、奖金、津贴和补贴,即按国家统计局规定的构成工资总额的内容。

(2)职工福利费,指由企业根据工资总额的一定比例计算确定的,用于职工的医药费、职工困难补助、职工医疗室医务费及其他生活福利部门的经费等。

(3)“五险一金”,即医疗保险费、养老保险费、失业保险费、工作保险费和生育保险费以及住房公积金,由企业根据工资总额的一定比例计算确定。

(4)工会组织经费和职工教育经费。

(5)非货币性福利。

(6)因解除与职工的劳动关系给予的补偿。

(7)其他与获得职工的劳动关系给予的补偿。

二、工资总额的核算

1. 工资总额的组成

各单位在一定时期内直接支付给全体职工的劳动报酬总额,称为工资总额。工资总额包括以下 6 个部分,这 6 个部分当中,计时工资与计件工资是最为基本的部分。

(1)计时工资。指按计时工资标准和工作时间支付给职工的劳动报酬。包括对已做工作按计时工资标准支付的工资;实行结构工资制的单位支付给职工的基础工资和职务工资;新录用职工的见习工资等。

(2)计件工资。指按职工所完成的工作量和计件单价计算支付的劳动报酬。包括:实行超额累进计件、直接无限计件、限额计件和超定额计件等计件工资形式下,按有关计算规定和计件单价支付给职工的工资;按工作任务包干方法支付给职工的工资;按营业额提成或利润提成办法支付给个人的工资。

(3)奖金。指支付给职工的超额劳动的报酬和增收节支的劳动报酬。包括生产奖金、节约奖、劳动竞赛奖等。

(4)津贴和补贴。指为补偿职工特殊或额外劳动消耗和因其他特殊原因支付给职工的津贴,以及为了保证职工工资水平不受物价上升影响而支付给职工的物价补贴等。

(5)加班加点工资。指按职工加班加点的时间和加班加点的工资标准支付给职工的劳动报酬。

(6)特殊情况下支付的工资。指根据国家法律、法规和政策规定在某些非工作时间内支付的工资,如病、伤、产假工资等。

2.工资计算的相关凭证

计算工资的凭证主要有职工的考勤表(主要用于计时工资方式)和产量记录(主要应用于计件工资方式)。

考勤记录是登记员工出勤和缺勤情况的原始记录,它是企业计算员工工资的重要原始资料,同时也是分析和考核员工工作时间利用情况的原始资料。各个车间的生产班组都要设置考勤登记簿或考勤卡,逐日登记各个职工的出勤、缺勤(包括工伤、事假、病假)以及迟到、早退情况。月终,根据考勤记录统计每个员工在月份内的出缺勤情况和各个员工的月标准工资,计算其本月的工资额。

产量记录是登记各个生产班组或生产人员在出勤时间内完成产量和耗用工时的原始记录,它是计算计件工资的重要依据,也是统计产量和工时耗费的依据。每个企业都应根据其生产类型和劳动组织特点,分车间、班组或人员制定和登记产量登记簿,或登记"工作通知单"、"工票"等。月末,根据产量登记簿或工作通知单、工票等有关产量记录和计件工资率,计算各班组或人员的工资额。产量记录表见下表4-1。

表4-1 产量记录表

年 月 日

班别	品名	前班结存	前部门移交	本班生产	本班结存	移交人	总收入
早班							
中班							
夜班							

除上述考勤记录与产量记录外,核算职工工资的凭证还主要有工时记录单、废品通知单、奖金、津贴、补贴通知单等。

3.计时工资的计算

计时工资是根据企业考勤记录支付给职工个人的劳动报酬。企业在具体计算计时工资时,可采用月薪制和日薪制两种。

(1)月薪制下计时工资的计算

月薪制下，工资标准是按月计算的，即不论大月还是小月，只要职工当月出满勤，就可以得到固定的月标准工资。为便于计算职工出现缺勤或事、病假的情况，采用这种方法时，往往还需要计算日工资率。

$$日工资率=\frac{月标准工资}{全月工作天数}$$

某职工当月应得工资＝月标准工资－∑(日工资率×缺勤天数×工资抵扣率)

【例 4-1】 长风家具厂职工赵飞月标准工资为 4 500 元。2009 年 9 月，赵飞事假 2 天，病假 3 天。根据公司相关规定，职工事假期间工资全额扣除，病假期间工资扣除 40%。当月法定工作日为 22 天。

$$日工资率=\frac{4\ 500}{22}=204.55$$

赵飞当月应得工资＝4 500－(204.55×2＋204.55×3×40%)＝3 845.44(元)

(2)日薪制下计时工资的计算

日薪制下，职工按实际出勤天数和日工资率计算其应得工资。

【例 4-2】 长风家具厂职工赵飞日标准工资为 300 元。2009 年 9 月，赵飞事假 2 天，病假 3 天。根据公司相关规定，职工事假期间工资全额扣除，病假期间工资扣除 40%。当月法定工作日为 22 天。

赵飞当月应得工资＝300×(22－2－3)＋300×3×(1－40%)＝5 640(元)

4.计件工资的计算

计件工资是按职工所完成的工作量和计件单价计算支付的劳动报酬。计算计件工资时，应注意有废品出现的情况。对于由于材料缺陷等客观原因造成的废品，称之为料废，企业应照付计件工资；如果是生产工人加工过失等主观原因造成的废品，即称之为工废的，则不付计件工资。计件工资按照支付对象的不同，分为个人计件工资和集体计件工资两种。

应付职工或班组计件工资＝∑[(合格品数量＋料废数量)×计件单价]

(1)个人计件工资

【例 4-3】 长风家具厂职工张同 2009 年 10 月，加工出课桌 15 张，座椅 30 把。按照企业规定，课桌的计件单价为 50 元，座椅的计件单价为 20 元。上述产品入库质检时发现，课桌有 1 张是不合格的，经判定是由张同加工失误造成；座椅有 2 把为不合格品，与加工材料有关。

张同当月应得工资＝(15－1)×50＋30×20＝1 300(元)

(2)集体计件工资

集体计件工资的计算应先根据集体完成的工作量(合格品数量＋料废数量)乘以计

件单价计算集体计件工资总额，然后再采用适当的方法，将其在集体成员之间进行分配。分配时，一般按工作时间与各成员的小时工资率（或日工资率）的乘积作为分配标准进行集体计件工资的分配。

【例 4-4】 长风家具厂木工一组由黄海、刘云、李华、王飞四名等级不同的工人组成。2009 年 12 月，该小组共加工课桌 150 张，座椅 660 把，经检验全部为合格品。按照企业规定，课桌的计价单价为 50 元，座椅的计件单价为 20 元。

集体计件工资＝150×50＋660×20＝20 700（元）

该小组各成员的实际工作时间、日工资率及集体计件工资的分配情况见下表 4-2。

4-2 集体计件工资分配表

工人姓名	工作天数	日工资率	分配标准	分配率	应付计件工资
黄海	22	300	6 600		7 590
刘云	20	250	5 000		5 750
李华	22	200	4 400		5 060
王飞	20	100	2 000		2 300
合计	—	—	18 000	1.15	20 700

企业职工工资经由上述方法计算得出后，会计上借记“生产成本——基本生产成本”等账户（基本生产车间生产工人的工资，应直接或分配计入“生产成本——基本生产成本”账户；基本生产车间管理人员的工资，应计入“制造费用”账户；辅助生产车间人员的工资，应计入“生产成本——辅助生产成本”账户；行政管理部门人员的工资，应计入“管理费用”账户；专设销售机构人员的工资应计入“销售费用”账户，固定资产购建或修理等工程人员的工资，应计入“在建工程”账户），贷方记入“应付职工薪酬——工资”账户。

【多项选择题】

1. 工资费用核算的主要原始记录有 （　　）

A. 产量记录　　B. 工作时间安排记录

C. 工龄记录　　D. 考勤记录

E. 工作调动记录

（2009 年 10 月高等教育自学考试《成本会计》真题）

2. 下列各项中，属于职工薪酬核算范围的内容有 （　　）

A. 社会保险费　　B. 企业职工生活困难补助

C. 非货币性福利　　　　　　　　D. 解除与企业职工的劳动关系而给予的补偿

E. 职工差旅费

（2011 年 1 月高等教育自学考试《成本会计》真题）

【判断题】

1. 应付工资应全部计入管理费用。　　（　　）

（2011 年 1 月高等教育自学考试《成本会计》真题）

三、与产品成本有关的其他人工费用的核算

前文已述及，产品成本当中人工费用的构成中，不仅包括以货币形式发放给生产人员的工资，还应包括非货币性福利以及按照工资总额为基数计提的各项费用，具体应包括：职工福利费、工会经费、教育经费、“五险一金”等。

1. 非货币性福利的核算

【例 4-5】 长风家具厂 2010 年 2 月，将自产电脑桌发放给企业职工。企业共有职工 500 名，其中生产工人 400 名，生产车间技术人员 40 名，企业管理人员 60 名。电脑桌市场售价为 3 100 元，单位生产成本为 2 000 元。企业增值税税率为 17%。该项经济业务应做如下会计处理：

借：生产成本——基本生产成本　　1 010 800
　　制造费用　　101 080
　　管理费用　　151 620
　　贷：应付职工薪酬——非货币性福利　　1 263 500

借：应付职工薪酬　　1 263 500
　　贷：库存商品　　1 000 000
　　　　应交税费——应交增值税（销项税额）　　263 500

【例 4-6】 长风家具厂为远途上班的生产工人免费提供职工集体宿舍，该宿舍楼为企业自建，每月计提折旧 4 000 元。该项经济业务应做如下会计处理：

借：制造费用　　4 000
　　贷：应付职工薪酬——非货币性福利　　4 000

借：应付职工薪酬——非货币性福利　　4 000
　　贷：累计折旧　　4 000

2. 按照工资总额为基数计提的各项费用

一般来讲，企业职工福利费按照工资总额的 14%进行计提，工会经费按照工资总额的 2%进行计提，教育经费按照工资总额的 1.5%进行计提，“五险一金”的计提比重及缴纳方式全国各地存在一定的差异，具体说明参见本项目后附的知识延伸阅读部分。

任务二:会工资费用的分配方法

工资费用的分配，是将企业员工的工资总额作为一种费用，按照它的用途或员工所属部门分配计入各种产品成本和期间费用，或者从规定的资金来源中支出。工资结算凭证中所列示的各个车间、部门当月的应付职工薪酬总额，就是分配人工费用的依据。

基本生产人员的人工费用若采用计件工资结算，可直接计入各种产品成本。采用计时工资结算时，若只生产一种产品，也可直接计入该产品成本；如果生产多种产品，需按一定的标准分配计入各种产品成本。

分配标准一般是产品的实际生产工时、定额工时或产品产量等。如果企业生产多种产品，而且各种产品的单件生产工时存在较大差异，按各种产品产量分配生产人员工资的结果必然脱离各种产品生产中实际消耗的生产人员劳动数量。因此，按照生产工时或定额工时分配人工费用比较科学。而且，生产各种产品的工时可以直接相加，计算过程也相对简洁。

以工时作为分配标准的分配率计算公式与计算材料分配率相似，具体如下：

$$人工费用分配率=\frac{生产人员工资总额}{各种产品实际生产工时总数}$$

某种产品应分配的人工费用＝该产品生产工时×人工费用分配率

【例 4-7】 长风家具厂 2009 年 10 月支付生产人员计时工资总额为 28 000 元，根据工时记录，办公桌耗用 2 500 工时，办公椅耗用 625 工时，两种产品分配工资费用过程如下：

$$工资费用分配率=\frac{生产人员工资总额}{各种产品实际生产工时总数}=\frac{28\ 000}{2\ 500+625}=8.96$$

办公桌应负担的工资费用＝2 500×8.96＝22 400(元)

办公椅应负担的工资费用＝625×8.96＝5 600(元)

【单项选择题】

某企业生产甲、乙两种产品，2009 年 12 月共发生生产工人工资 70 000 元，福利费 10 000 元。上述人工费按生产工时比例在甲、乙产品间分配，其中甲产品的生产工时为 1 200 小时，乙产品的生产工时为 800 小时。该企业生产甲产品应分配的人工费为(　　)元。

A. 28 000　　B. 32 000　　C. 42 000　　D. 48 000

(2010 年初级会计职称考试《会计实务》真题)

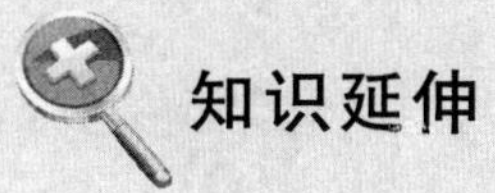

知识延伸

浙江省养老保险条例(节选)

第一章　总则

第二条　本省行政区域内的下列用人单位、职工应当依法参加职工基本养老保险：

(一)企业、民办非企业单位等和与其形成劳动关系的职工；

(二)国家机关、事业单位、社会团体和与其形成劳动关系的未纳入行政或者事业养老保险范围的职工。

有雇工的城镇个体工商户和与其形成劳动关系的雇员应当依法参加职工基本养老保险。

无雇工的城镇个体工商户、城镇灵活就业人员可以依照本条例规定参加职工基本养老保险。本条第一款规定的参加职工基本养老保险的对象，法律、法规另有规定的，从其规定。

第三条　职工基本养老保险实行社会统筹和个人账户相结合，养老保险费用由国家、单位和个人合理负担。

职工基本养老保险保障水平应当与本省社会经济发展水平和各方面的承受能力相适应，职工基本养老保险待遇不因用人单位破产、兼并、改制等原因而受损害。

渠道筹集职工基本养老保险资金，确保职工基本养老金按时足额发放。

第六条　县级以上劳动保障行政部门主管本行政区域内职工基本养老保险工作。

县级以上劳动保障行政部门所属的社会保险经办机构负责办理职工基本养老保险具体事务。地方税务机关负责职工基本养老保险费的征收工作。

县级以上财政部门负责职工基本养老保险基金的专户管理、财政投入预算安排和财会管理工作。

县级以上审计、监察、工商等部门应当按照各自职责，共同做好职工基本养老保险工作。

第八条　基本养老保险基金由以下部分组成：

(一)用人单位和职工、城镇个体劳动者缴纳的基本养老保险费；

(二)财政投入；

(三)基本养老保险基金的利息等增值收益；

(四)基本养老保险费滞纳金；

(五)社会捐赠；

（六）依法应当纳入基本养老保险基金的其他资金。

县级以上人民政府每年应当安排一定比例的财政性资金投入基本养老保险基金，并列入财政预算。

第九条 职工个人每月按照本人上一年度月平均工资（以下称缴费工资）的百分之八缴纳基本养老保险费。

新参加工作、重新就业和新建用人单位的职工，从进入用人单位之月起，当年缴费工资按用人单位确定的月工资收入计算。

职工缴费工资低于上一年度全省在岗职工月平均工资百分之六十的，按照百分之六十确定；高于上一年度全省在岗职工月平均工资百分之三百的，按照百分之三百确定。全省上一年度在岗职工月平均工资，由省统计部门核定，省劳动保障行政部门公布。

职工个人缴纳的基本养老保险费，由用人单位每月从职工工资中代扣代缴。

职工个人按规定比例缴纳的基本养老保险费不计入个人所得税的应纳税所得额。

第十条 企业、民办非企业单位等每月按照全部职工工资总额的一定比例缴纳基本养老保险费。国家机关、事业单位和社会团体每月按照参保人员工资总额的一定比例缴纳基本养老保险费。

用人单位的缴费比例一般不得超过百分之二十。具体比例按照国家和省人民政府规定的权限确定。

用人单位缴纳的基本养老保险费按照规定列支。

第十一条 城镇个体工商户、城镇灵活就业人员（以下统称城镇个体劳动者）每月按照上一年度月平均实际收入的百分之二十缴纳基本养老保险费。其中有雇工的城镇个体工商户，雇主的养老保险费全部由其本人缴纳；雇工的养老保险费，由雇工缴纳百分之八，雇主缴纳百分之十二。

城镇个体劳动者上一年度月平均实际收入低于上一年度当地在岗职工月平均工资百分之八十的，按照百分之八十确定缴费基数；高于上一年度当地在岗职工月平均工资百分之三百的，按照百分之三百确定缴费基数。

省人民政府可以根据本省实际，对城镇个体劳动者的缴费标准进行调整。

城镇个体劳动者按规定比例缴纳的基本养老保险费依法不计入个人所得税的应纳税所得额。

第十二条 用人单位应当自依法成立之日起三十日内，向社会保险经办机构办理职工基本养老保险登记手续。城镇个体劳动者应当按规定向社会保险经办机构办理职工基本养老保险登记手续。用人单位、城镇个体劳动者在办理税务登记的同时，向地方税务机关办理职工基本养老保险缴费登记手续。

第十六条 用人单位分立、合并的，由分立、合并后的单位继续缴纳基本养老保险费。

第二十四条　参保人员的基本养老保险个人账户按本人缴费工资的百分之八建立，由个人缴费形成。

第二十五条　基本养老保险个人账户储存额，每年按记账利率计息一次，记账利率由省人民政府参考城乡居民银行存款同期利率和职工平均工资增长率确定并予公布。

参保人员符合按月领取基本养老金条件的，自领取基本养老金之月开始，其个人账户储存额按银行存款同期利率计息。

实训一

<table>
<tr><td>班　　级</td><td></td><td>姓　　名</td><td></td><td>学　　号</td><td></td><td>实训日期</td><td></td></tr>
<tr><td>实训项目</td><td colspan="7">工资费用的归集与分配</td></tr>
<tr><td colspan="8">实训目的：
1. 学会采用计时工资归集工资费用。
2. 学会将人工费用进行分配。</td></tr>
<tr><td colspan="8">实训要求：
昌星公司某班组由4个生产工人组成，其月工资标准均为3200元。2011年8月根据职工考勤记录显示，工人赵与当月病假2天，工人刘和当月事假4天，工人王安与李玉全勤。该班组当月加工甲、乙两种产品，分别为500件和400件。加工甲产品定额工时为4元/小时，加工乙产品定额工时为6元/小时。
要求：1. 计算当月应支付该班组的工资费用总和。
2. 计算甲、乙两种产品应分摊的人工费用。</td></tr>
<tr><td colspan="8">实训结果(不够纸可另附页)</td></tr>
<tr><td>教师简评</td><td colspan="7"></td></tr>
<tr><td>评定成绩</td><td colspan="3"></td><td>指导教师</td><td></td><td>日　　期</td><td></td></tr>
</table>

项目五　辅助生产费用的归集与分配

案例导入

齐飞的食品加工厂经过半年的运作，生产销售的情况一直很理想，企业规模也逐渐大了起来。但这期间有两个问题一直困扰着齐飞，那就是生产过程中可能出现的断电情况以及生产设备的维修问题。糕点送入烤箱后，如果遇到断电，那么烤箱内的面包可能就变成废品了，损失相当大；设备如果需要维持或保养，将设备送到外面的维修单位，时间久而且费用较高。经过齐飞与其他合伙人的慎重研究，他们决定在食品厂内新设两个小型辅助车间，即供电车间与维修车间，以保证生产经营的正常运作。新成立车间，不可避免地就要有新的投入，每月也会发生新的开支，那么这些投入与开支要不要记在产品成本里呢？如果要记的话，该采用什么方法记录呢？

任务一：能处理辅助生产费用的发生业务

辅助生产费用是指为基本生产车间、管理部门或其他辅助生产车间提供产品或劳务而发生在辅助生产车间的各项耗费。基本生产车间是企业内从事各种产品生产的车间，并以生产各种商品产品为主要任务，是企业的主要生产单位。企业内专门从事为基本生产车间、管理部门提供产品或劳务的服务部门称为辅助生产车间，其所从事的生产活动称为辅助生产，而从事辅助生产所发生的各项费用就是辅助生产费用。辅助生产车间的主要任务是为企业内的其他车间或部门提供产品或劳务服务，如供水、供电、供热、供汽、运输、修理等，它是企业的辅助生产单位。虽然辅助生产车间有时也可能对外提供服务，但这并不是辅助生产车间的主要任务。

辅助生产车间所产出的产品或劳务的价值，最终会通过一定的方式转移到产品当中去。换言之，辅助生产成本将直接影响到企业产品的生产成本水平。只有先确定了辅助生产成本，才能计算基本生产成本。由于辅助生产费用月终应在各受益对象之间进行分配，因此，正确、及时地组织辅助生产费用的核算，对于企业产品成本的计算具有重要的意义。

一、辅助生产费用归集的程序

核算辅助生产所发生的各项费用，首先是要对辅助生产费用进行归集。同基本生产费用相同，辅助生产费用也是通过“生产成本”账户进行归集的，所不同的是在归集和分配辅助生产费用时，应在该账户下设“辅助生产成本”二级账户，一般应按车间及产品和劳务种类设置明细账，以进行明细分类核算。对于发生的各项辅助生产费用，应通过“生产成本——辅助生产成本”账户的借方进行归集，并计入相应明细账的有关成本项目。其中，对于所发生的直接费用，直接计入各明细账的有关成本项目中，对于间接费用则应分配计入该账户。

辅助生产费用归集的程序有两种，其区别主要在于辅助生产车间制造费用归集的程序上：

1. 如果企业辅助生产规模较大，制造费用较多，或对外提供产品、劳务等，则需要单设“制造费用”账户来归辅助生产过程中发生的间接费用，月终再分配转入“生产成本——辅助生产成本”账户，这与基本生产车间的间接费用的处理方法是相同的。

2. 如果辅助生产车间发生的间接费用很少，而该辅助生产车间又不对外提供产品或劳务，则为简化核算，该车间可以不设“制造费用”账户，所发生的间接费用直接计入“生产成本——辅助生产成本”账户的各有关费用项目中，这时的辅助生产成本明细账，是按照成本项目与费用项目相结合来设置的。

【例 5-1】 长风家具厂下设机修与运输两个辅助车间。2009 年 11 月，该企业所填制的辅助生产成本明细账如下表 5-1、表 5-2 所示。

表 5-1 辅助生产费用明细账

辅助生产车间：机修车间　　单位：元

年		凭证号数	摘要	明细项目						合计
月	日			材料费	燃料费	人工费	动力费	折旧费	修理费	
11	31	略	耗用材料	5 000						5 000
	31		耗用燃料		800					800
	31		工人工资			1 700				1 700
	31		福利费			238				238
	31		动力费				3 500			3 500
	31		计提折旧					1 000		1 000

续表 5-1

年		凭证号数	摘要	明细项目						合计
月	日			材料费	燃料费	人工费	动力费	折旧费	修理费	
	31		修理费用						1 300	1 300
			本月合计	5 000	800	1 938	3 500	1 000	1 300	13 538
	31		本月结转	5 000	800	1 938	3 500	1 000	1 300	13 538

表 5-2　辅助生产费用明细账

辅助生产车间:运输车间　　单位:元

年		凭证号数	摘要	明细项目						合计
月	日			材料费	燃料费	人工费	动力费	折旧费	修理费	
11	31	略	耗用材料	4 000						4 000
	31		耗用燃料		3 750					3 750
	31		工人工资			1 500				1 500
	31		福利费			210				210
	31		动力费				1 500			1 500
	31		计提折旧					1 300		1 300
	31		修理费用						2 450	2 450
			本月合计	4 000	3 750	1 710	1 500	1 300	2 450	14 710
	31		本月结转	4 000	3 750	1 710	1 500	1 300	2 450	14 710

二、辅助生产费用归集的账务处理

辅助生产车间发生的各项费用，如材料、工资、福利费、折旧费、外购动力等，应根据“材料费用分配表”、“工资费用分配表”、“外购动力费用分配表”、“折旧费用分配表”等有关凭证，计入“生产成本——辅助生产成本”账户的借方和有关科目的贷方，结转完工产品和提供劳务的实际成本时，则计入“生产成本——辅助生产成本”账户的贷方和有关账户的借方。对于提供产品的辅助生产车间，该账户月末一般应有借方余额，表示该产品的在产品成本；对于提供劳务的辅助生产车间来说，该账户月末应无余额。

辅助生产费用归集时的会计分录如下：

借：生产成本——辅助生产成本

　　贷：原材料

应付职工薪酬

累计折旧

银行存款等

任务二:会辅助生产费用的分配方法

辅助生产费用分配是指将辅助生产成本各明细账上所归集的费用,采用一定的方法计算出产品或劳务的总成本和单位成本,并按受益对象耗用的数量计入基本生产成本或期间费用的过程。

如前所述,辅助生产部门的产品或劳务主要是服务于基本生产部门和行政管理部门的。但在某些辅助生产部门之间也有相互提供产品或劳务的情况,如运输车间接受机修车间的修理服务,机修车间可能又会接受运输车间的运输服务等。这样为了确定运输车间的成本,需要确定出机修车间的成本,而为了确定机修车间的成本,又需要确定出运输车间的成本。因此,为了正确计算基本生产产品的成本,在辅助费用分配的同时,还应考虑各辅助生产部门之间进行费用的相互分配,这也是辅助生产费用分配的一个主要特性。辅助生产费用经过分配后,应从"生产成本——辅助生产成本"账户的贷方转入"生产成本——基本生产成本"、"制造费用"、"管理费用"、"销售费用"和"在建工程"等账户。

辅助费用的分配是一个较为复杂的过程,为了使分配的结果尽量客观,在分配时要根据企业各辅助生产部门生产产品或劳务的特点以及受益单位提供服务的情况,结合企业管理的条件和要求来选用适当的分配方法。分配辅助生产费用的方法很多,但主要有直接分配法、交互分配法、计划成本分配法、代数分配法和顺序分配法等,下面分别加以说明。

1. 直接分配法

直接分配法是指将辅助生产部门发生的产品或劳务成本,全部直接分配给辅助生产部门以外各受益对象负担的一种方法。它的特点是辅助生产部门之间相互提供产品或劳务成本互不分配,即辅助部门之间的成本既不转出,也不转入。它的分配计算公式如下:

$$费用分配率=\frac{某辅助生产部门待分配费用}{该辅助生产部门提供给辅助生产部门以外受益对象的劳务总量}$$

某受益对象应负担的辅助生产费用=该受益对象接受的劳务供应总量×费用分配率

【例 5-1】 长风家具厂的两个辅助生产车间机修车间、运输车间成本总额分别为 13 538 元和 14 710 元(如上表 5-1、表 5-2 所示),假定这两个辅助生产车间供应的对象和劳务量分配如下表 5-3 所示。

表 5-3　辅助生产车间提供劳务量汇总表

<table>
<tr><th colspan="2">受益对象</th><th>机修/小时</th><th>运输/公里</th></tr>
<tr><td rowspan="2">辅助生产部门</td><td>机修车间</td><td></td><td>1 000</td></tr>
<tr><td>运输车间</td><td>600</td><td></td></tr>
<tr><td colspan="2">基本生产部门</td><td>900</td><td>9 000</td></tr>
<tr><td colspan="2">行政管理部门</td><td>100</td><td>3 000</td></tr>
<tr><td colspan="2">合　计</td><td>1 600</td><td>13 000</td></tr>
</table>

根据上述资料，用直接分配法计算各辅助生产部门的费用分配率如下：

$$机修车间分配率=\frac{13\ 538}{1\ 600-600}=13.538$$

$$运输车间分配率=\frac{14\ 710}{13\ 000-1\ 000}=1.2\ 258$$

根据费用分配率计算的各受益对象应负担的辅助生产成本，用分配表列示如下表 5-4 所示。

表 5-4　辅助生产费用分配表(直接分配法)

<table>
<tr><th colspan="3">辅助生产部门名称</th><th>机修车间</th><th>运输车间</th><th>合计</th></tr>
<tr><td colspan="3">待分配费用</td><td>13 538 元</td><td>14 710 元</td><td>28 248 元</td></tr>
<tr><td colspan="3">供应辅助生产部门以外单位的劳务量</td><td>1 000 小时</td><td>12 000 公里</td><td>—</td></tr>
<tr><td colspan="3">费用分配率(单位成本)</td><td>13.538</td><td>1.2258</td><td>—</td></tr>
<tr><td rowspan="4">应借账户</td><td rowspan="2">制造费用——基本生产车间</td><td>耗用劳务量</td><td>900 小时</td><td>9 000 公里</td><td>—</td></tr>
<tr><td>应分配金额</td><td>12 184.2 元</td><td>11 032.2 元</td><td>23 216.4 元</td></tr>
<tr><td rowspan="2">管理费用</td><td>耗用劳务量</td><td>100 小时</td><td>3 000 公里</td><td>—</td></tr>
<tr><td>应分配金额</td><td>1 353.8 元</td><td>3 677.8 元</td><td>5 031.6 元</td></tr>
<tr><td colspan="3">分配金额合计</td><td>13 538 元</td><td>14 710 元</td><td>28 248 元</td></tr>
</table>

根据上述列表编制会计分录如下：

借：制造费用——基本生产车间　　23 216.4

　管理费用　　5 031.6

　贷：生产成本——辅助生产成本——机修车间　　13 538

　　　　　　　　　　　　　　——运输车间　　14 710

从上例可以看出，直接分配法由于将各辅助生产部门待分配费用只对其以外的单位分配一次，因而计算工作简便。但由于各辅助生产部门包括的费用不全，如上例中机修车间的费用不包括所耗用的运输费，运输车间的费用中没有包括所耗用的机修费，这也会造成分配的结果不够精确。因而，该种方法只适合各辅助生产部门之间相互提供劳务较少的情况。

2.交互分配法

交互分配法，又称为二次分配法，是指先将辅助生产部门相互提供的劳务先进行分配，然后再将交互分配后的实际费用，分配给辅助生产部门以外各受益单位的一种方法。应用交互分配法进行核算时，应遵循以下程序：

(1)交互分配

$$交互分配率=\frac{某辅助生产部门待分配费用}{该辅助生产部门提供的劳务总量}$$

某辅助生产部门分配转入的辅助生产费用＝该辅助生产部门受益的劳务量×对应交互分配率

某辅助生产部门分配转出的辅助生产费用＝提供给某辅助生产部门的劳务量×对应交互分配率

某辅助生产部门对外待分配费用＝原待分配费用＋分配转入的辅助生产费用－分配转出的辅助生产费用

(2)对外分配

在这里进行的第二次分配的方式，与直接分配法一致。区别在于待分配的费用发生了变化。在这里用到的待分配费用，是经过第一次分配后形成的结果。

$$某辅助生产部门对外费用分配率=\frac{该辅助生产部门对外待分配费用}{对外提供的劳务总量}$$

某受益单位应分摊的辅助生产费用＝该单位受益的劳务量×对外费用分配率

仍以【例 5-1】资料，采用交互分配法进行辅助生产费用的分配计算如下：

(1)交互分配

$$机修车间交互分配率=\frac{机修车间待分配费用}{机修车间提供的劳务总量}=\frac{13\ 538}{1\ 600}=8.461\ 25$$

$$运输车间交互分配率=\frac{运输车间待分配费用}{运输车间提供的劳务总量}=\frac{14\ 710}{13\ 000}=1.131\ 54$$

机修车间分配转出的费用＝600×8.461 25＝5 076.75(元)

运输车间分配转出的费用＝1 000×1.131 54＝1 131.54(元)

我们可以看出，一个部门分配转出的费用，即为另外部门分配转入的费用。以前例为依据，机修车间分配转出的 5 076.75 元，即是运输车间分配转入的费用；同理，运输车间分配转出的费用，即为机修车间分配转入的费用。经过第一次在辅助部门内部交互分配后，则两个辅助生产部门对外待分配费用发生了变化。但值得注意的是，变化前和变化后，辅助生产部门总的辅助生产费用之和是没有改变的。

机修车间对外待分配费用＝13 538－5 076.75＋1 131.54＝9 592.79(元)

运输车间对外待分配费用＝14 710－1 131.54＋5 076.75＝18 655.21(元)

交互分配前，机修车间与运输车间待分配费用之和为：13 538 元＋14 710 元＝28 248 元。交互分配后，机修车间与运输车间待分配费用之和为：9 592.79 元＋18 655.21 元＝28 248 元，辅助生产部门总的辅助生产费用之和是没变的。

(2)对外分配

$$\text{机修车间对外费用分配率}=\frac{\text{机修车间对外待分配费用}}{\text{对外提供的劳务总量}}=\frac{9\ 592.79}{1\ 000}=9.592\ 79$$

$$\text{运输车间对外费用分配率}=\frac{\text{运输车间对外待分配费用}}{\text{对外提供的劳务总量}}=\frac{18\ 655.21}{12\ 000}=1.554\ 6$$

根据费用分配率计算的各受益对象应负担的辅助生产成本，采用交互分配法将两个辅助生产部门所发生的辅助生产成本进行分配后的结果用分配表列示如下表 5-5 所示。

表 5-5　辅助生产费用分配表(交互分配法)

<table>
<tr><th colspan="4">项　目</th><th colspan="3">交互分配</th><th colspan="3">对外分配</th></tr>
<tr><th colspan="4">辅助生产车间名称</th><th>机修</th><th>运输</th><th>合计</th><th>机修</th><th>运输</th><th>合计</th></tr>
<tr><td colspan="4">待分配费用</td><td>13 538</td><td>14 710</td><td>28 248</td><td>9 592.79</td><td>18 655.21</td><td>28 248</td></tr>
<tr><td colspan="4">劳务供应数量总额</td><td>1 600</td><td>13 000</td><td></td><td>1 000</td><td>12 000</td><td></td></tr>
<tr><td colspan="4">费用分配率</td><td>8.461 25</td><td>1.131 54</td><td></td><td>9.592 79</td><td>1.554 6</td><td></td></tr>
<tr><td rowspan="10">应借账户</td><td rowspan="5">辅助生产成本</td><td rowspan="2">机修车间</td><td>数量</td><td></td><td>1 000</td><td></td><td></td><td></td><td></td></tr>
<tr><td>金额</td><td></td><td>1 131.54</td><td>1 131.54</td><td></td><td></td><td></td></tr>
<tr><td rowspan="2">运输车间</td><td>数量</td><td>600</td><td></td><td></td><td></td><td></td><td></td></tr>
<tr><td>金额</td><td>5 076.75</td><td></td><td>5 076.75</td><td></td><td></td><td></td></tr>
<tr><td colspan="2">金额小计</td><td>5 076.75</td><td>1 131.54</td><td>6 208.29</td><td></td><td></td><td></td></tr>
<tr><td rowspan="2">制造费用</td><td rowspan="2">生产车间</td><td>数量</td><td></td><td></td><td></td><td>900</td><td>9 000</td><td></td></tr>
<tr><td>金额</td><td></td><td></td><td></td><td>8 633.51</td><td>13 991.40</td><td>22 624.91</td></tr>
<tr><td colspan="2" rowspan="2">管理费用</td><td>数量</td><td></td><td></td><td></td><td>100</td><td>3 000</td><td></td></tr>
<tr><td>金额</td><td></td><td></td><td></td><td>959.28</td><td>4 663.81</td><td>5 623.09</td></tr>
<tr><td colspan="3">对外分配金额合计</td><td></td><td></td><td></td><td>9 592.79</td><td>18 655.21</td><td>28 248</td></tr>
</table>

根据上述列表编制会计分录如下：

第一次，交互分配会计分录：

借：辅助生产成本——机修车间　　1 131.54

　辅助生产成本——运输车间　　5 076.75

　　贷：辅助生产成本——机修车间　　5 076.75

　　　辅助生产成本——运输车间　　1 131.54

第二次，对外分配会计分录：

借：制造费用　　22 624.91

　管理费用　　5 623.09

　　贷：辅助生产成本——机修车间　　9 592.79

　　　辅助生产成本——运输车间　　18 655.21

与之前所学习的直接分配法相比，交互分配法对企业所发生的辅助生产成本进行了二次分配，克服了直接分配法只将所发生的辅助生产成本在辅助部门以外受益单位进行分配的缺陷，这样使分配的结果较为客观、准确。但由于其进行二次分配，所以计算工作量相对较大。另外，由于交互分配的分配率是根据交互分配前的待分配费用计算的，而并非各辅助部门的实际单位成本，因而分配结果也并非完全反映客观实际。这种方法在辅助部门相互提供劳务较多的情况下较为适宜。

3.计划分配法

通过前面两种辅助费用的分配方法学习，我们可以看出，在进行辅助费用分配的时候，最重要的步骤是对费用分配率的确定，因为在案例（或实际生产场景）中，辅助部门对外分配的劳务量是已知的，给定的，当费用分配率确定后，将费用分配率乘以对外提供的劳务量，就可以得出对外分配的结果。计划分配法下，首先由生产部门会同财务等有关部门，根据以往生产的实际情况，将费用分配率先用一个计划数确定下来，用计划分配率乘以实际分配出的劳务量（含辅助生产部门之间的分配），即可得出某个辅助生产部门费用分配的结果。由于这种分配结果是一个计划数，所以，再将计划数加上实际与计划差异的分配，即可得出最终的分配结果。综上所述，我们可以将计划分配法计算过程归纳如下。

(1)按计划成本分配

某受益对象应分配劳务费用（含辅助生产部门）＝该受益对象的受益数量×计划分配率

(2)计算成本差异

成本差异＝实际成本－计划成本

　　＝（原待分配费用＋其他辅助部门分配转入的计划成本）－计划成本

(3)成本差异分配

计算出的成本差异，一般有两种处理方式。当成本差异较小的时候，为简化核算，可不进行分配，直接计入管理费用当中，在这种情况下，实际分配结果与计划分配结果相等；当成本差异较大的时候，需将差异分配到辅助生产部门以外的受益单位，具体分配如下：

$$成本差异分配率=\frac{成本差异额}{辅助生产部门以外的受益单位劳务量}$$

某受益单位应分成本差异＝该受益单位受益量×成本差异分配率

这种情况下，某部门分配到的实际成本＝所分配的计划成本＋成本差异

仍以【例 5-1】的资料，采用计划分配法进行辅助生产费用的分配计算如下：

补充条件：假定机修车间计划分配率为 8.4，运输车间计划分配率为 1.2，则编制辅助生产费用分配表如下表 5-6 所示。

表 5-6　辅助生产费用分配表(计划分配法)

<table>
<tr><th colspan="4" rowspan="2"></th><th colspan="2">机修车间</th><th colspan="2">运输车间</th><th rowspan="2">费用合计</th></tr>
<tr><th>数量</th><th>费用</th><th>数量</th><th>费用</th></tr>
<tr><td colspan="4">待分配费用</td><td></td><td>13 538</td><td></td><td>14 710</td><td>28 248</td></tr>
<tr><td rowspan="7">计划成本分配</td><td colspan="3">计划分配率</td><td></td><td>8.4</td><td></td><td>1.2</td><td></td></tr>
<tr><td rowspan="5">应借账户</td><td rowspan="3">辅助生产成本</td><td>机修</td><td></td><td></td><td>1 000</td><td>1 200</td><td>1 200</td></tr>
<tr><td>运输</td><td>600</td><td>5 040</td><td></td><td></td><td>5 040</td></tr>
<tr><td>小计</td><td></td><td>5 040</td><td></td><td>1 200</td><td>6 240</td></tr>
<tr><td>制造费用</td><td>基本生产车间</td><td>900</td><td>7 560</td><td>9 000</td><td>10 800</td><td>18 360</td></tr>
<tr><td colspan="2">管理费用</td><td>100</td><td>840</td><td>3 000</td><td>3 600</td><td>4 440</td></tr>
<tr><td colspan="3">按计划成本分配合计</td><td></td><td>13 440</td><td></td><td>15 600</td><td>29 040</td></tr>
<tr><td colspan="4">辅助生产实际成本</td><td></td><td>14 738</td><td></td><td>19 750</td><td>34 488</td></tr>
<tr><td rowspan="5">成本差异分配</td><td colspan="3">待分配成本差异</td><td></td><td>1 298</td><td></td><td>4 150</td><td>5 448</td></tr>
<tr><td colspan="3">成本差异分配率</td><td></td><td>1.298</td><td></td><td>0.346</td><td></td></tr>
<tr><td rowspan="2">应借账户</td><td>制造费用</td><td>基本生产车间</td><td>900</td><td>1 168.20</td><td>9 000</td><td>3 114</td><td>4 282.20</td></tr>
<tr><td colspan="2">管理费用</td><td>100</td><td>129.80</td><td>3 000</td><td>1 036</td><td>1 165.80</td></tr>
<tr><td colspan="3">成本差异分配合计</td><td></td><td>1 298</td><td></td><td>4 150</td><td>5 448</td></tr>
</table>

根据上述列表编制会计分录如下：

按计划分配率分配辅助生产部门成本的会计分录：

借：辅助生产成本——机修车间　　1 200

——运输车间 5 040

制造费用——基本生产车间 18 360

管理费用 4 440

贷:辅助生产成本——机修车间 13 440

——运输车间 15 600

成本差异分配的会计分录:

借:制造费用——基本生产车间 4 282.20

管理费用 1 165.80

贷:辅助生产成本——机修车间 1 298

——运输车间 4 150

在实际工作当中采用计划分配法对于成本会计人员而言是比较便捷的,因为这种方法无须计算分配率,每月可直接将辅助生产费用在受益对象之间进行分配,只需在年末时一次结转差异,将分配出的实际成本调整为计划成本。并且当差异较小时,还可将此差异直接转作管理费用处理,所以采用这种方法大大简化了辅助生产费用的分配工作。但需要注意的是,采用这种方法,企业必须有健全的成本管理体系,同时对于计划分配率(即单位计划成本)的制定要科学严密,否则将影响辅助生产费用分配的准确性。

4.代数分配法

通过对前面几种方法的学习,我们已经很清楚地知道,在进行辅助生产部门费用分配时,一个重要的条件就是各个辅助部门的费用分配率,当费用分配率为已知时,所有的分配结果就可以得出。所以,在代数分配法下,我们会将每个辅助部门的费用分配率设为一个待求值,利用费用结转过程当中存在的勾稽关系,确立出数学方程式,通过方程式来解出预设的待求值,最终实现辅助费用的分配。

仍以【例 5-1】的资料为例,采用代数分配法进行辅助生产费用的分配计算如下:

设机修车间的费用分配率为 X,运输车间的费用分配率为 Y,根据费用结转过程中的关系,我们可以建立方程组如下:

$1\ 600X=13\ 538+1\ 000Y$ (方程式 1)

$13\ 000Y=14\ 710+600X$ (方程式 2)

通过方程组求解得出:

$X=9.44$

$Y=1.57$

根据上列计算结果,编制代数分配法下的辅助生产费用分配表如下表 5-7 所示。

表 5-7　辅助生产费用分配表(代数分配法)

<table>
<tr><td colspan="4">辅助生产部门名称</td><td>机修车间</td><td>运输车间</td><td>合计</td></tr>
<tr><td colspan="4">待分配费用</td><td>13 538 元</td><td>14 710 元</td><td>28 248 元</td></tr>
<tr><td colspan="4">劳务供应总量</td><td>1 600 小时</td><td>13 000 公里</td><td></td></tr>
<tr><td colspan="4">用代数分配法计算得出的实际单位成本</td><td>9.44</td><td>1.57</td><td></td></tr>
<tr><td rowspan="9">应借账户</td><td rowspan="5">辅助生产成本</td><td rowspan="2">机修车间</td><td>耗用数量</td><td></td><td>1 000 公里</td><td></td></tr>
<tr><td>分配金额</td><td></td><td>1 570 元</td><td>1 570 元</td></tr>
<tr><td rowspan="2">运输车间</td><td>耗用数量</td><td>600 小时</td><td></td><td></td></tr>
<tr><td>分配金额</td><td>5 664 元</td><td></td><td>5 664 元</td></tr>
<tr><td colspan="2">分配金额小计</td><td>5 664 元</td><td>1 570 元</td><td>7 234 元</td></tr>
<tr><td rowspan="2">制造费用</td><td rowspan="2">基本生产成本</td><td>耗用数量</td><td>900 小时</td><td>9 000 公里</td><td></td></tr>
<tr><td>分配金额</td><td>8 496 元</td><td>14 130 元</td><td>22 626 元</td></tr>
<tr><td rowspan="2">管理费用</td><td colspan="2">耗用数量</td><td>100 小时</td><td>3 000 公里</td><td></td></tr>
<tr><td colspan="2">分配金额</td><td>944 元</td><td>4 710 元</td><td>5 654 元</td></tr>
<tr><td colspan="4">分配金额合计</td><td>15 104 元</td><td>20 410 元</td><td>35 514 元</td></tr>
</table>

根据上述列表编制会计分录如下：

借:辅助生产成本——机修车间　　1 570
　　　　　　　——运输车间　　5 664
　制造费用——基本生产车间　　22 626
　管理费用　　5 654
　贷:辅助生产成本——机修车间　　15 104
　　　　　　　　——运输车间　　20 410

一般认为,采用代数分配法所得出的分配结果最为准确,但如果辅助部门较多(如3个甚至更多),则解联立方程式较为困难,但在当今由于计算机等现代工具的普及应用,这一困难已逐步化解。

5.顺序分配法

在前面的4种方法里,我们可以看出,无论我们是先进行机修车间辅助费用的分配,还是进行运输车间辅助费用的分配,对最终的影响结果是没有影响的。现在要学习的顺序分配法,是指各辅助生产部门分配费用按照受益多少的顺序排列,受益少的先分配,受益多的后分配。辅助部门按受益情况分配完毕后,再对辅助部门以外的其他受益单位进行分配。这种分配方法的特点是:前者分配给后者,而后者不分配给前者,每个辅助生产部门的待分配费用等于原待分配费用加上前者分配转入的费用之和。

仍以【例 5-1】的资料为例，采用顺序分配法进行辅助生产费用的分配计算如下：

根据前述顺序分配法的要求及特点，在进行分配之前，我们应首先判断每个辅助生产部门受益的多少，据以决定分配顺序。在这里需要提醒的是，这一步虽然发生在正式计算程序之外，但是如果分配顺序确定有误，则后面的计算结果就完全错误了，所以该步骤非常重要。

根据【例 5-1】的条件，我们首先确定其分配顺序：

(1)机修车间费用分配率＝13 538÷1 600＝8.461 25

机修车间分配给运输车间的费用为：8.461 25×600＝5 076.75(元)，即运输车间受益 5 076.75 元。

(2)运输车间费用分配率＝14 710÷13 000＝1.131 54

运输车间分配给机修车间的费用为：1.131 54×1 000＝1 131.54(元)，即机修车间受益 1 131.54 元。

因为 1 131.54＜5 076.75，由此可判断，机修车间先分配。

根据这一分配顺序编制辅助生产费用分配表如下表 5-8 所示。

表 5-8　辅助生产费用分配表(顺序分配法)

		辅助生产成本		制造费用	管理费用	合计
		机修车间	运输车间	基本生产		
机修车间	供应数量		600 小时	900 小时	100 小时	1 600 小时
	直接费用					13 538 元
	待分配费用					13 538 元
	分配率					8.461 25 元
	分配金额		5 076.75 元	7 615.13 元	846.12 元	13 538 元
运输车间	供应数量			9 000 公里	3 000 公里	12 000 公里
	直接费用					14 710 元
	待分配费用					19 786.75
	分配率					1.65
	分配金额			14 850	4 936.75	19 786.75
分配金额合计			5 076.75	22 465.13	5 782.87	33 324.75

根据上述列表编制会计分录如下：

借：辅助生产成本——运输车间　　5 076.75

制造费用——基本生产车间　22 465.13
管理费用　5 782.87
贷:辅助生产成本——机修车间　13 538
——运输车间　19 786.75

由上例可知,采用顺序分配法不进行交互分配,各辅助生产部门只分配一次辅助生产费用,即分配给辅助生产以外的受益单位和排在后面的其他辅助生产部门,因而计算工作较为简便,但其毕竟未全面考虑辅助生产部门之间交互服务关系,因此,分配结果不够准确。采用这种方法,适用于辅助生产部门较多且交互服务数量有明显差异(便于排序)的企业。

【单项选择题】

1.辅助生产成本交互分配法的交互分配,是指将辅助生产成本首先在企业内部(　)。

A.辅助生产车间之间分配

B.辅助生产车间与销售部门之间分配

C.辅助生产车间与基本生产车间之间分配

D.辅助生产车间与行政管理部门之间分配

(2009 年初级会计职称考试《会计实务》真题)

2.在辅助生产费用采用计划成本分配法时,为了简化计算工资,辅助生产劳务的成本差异一般全部计入　(　)

A.管理费用　B.生产成本

C.制造费用　D.营业外损益

(2009 年 10 月高等教育自学考试《成本会计》真题)

3.在辅助生产费用分配方法中,不考虑各辅助生产车间相互提供产品和劳务的方法是　(　)

A.代数分配法　B.直接分配法

C.交互分配法　D.计划成本分配法

(2010 年 1 月高等教育自学考试《成本会计》真题)

4.将辅助生产车间费用先进行一次相互分配,然后再将辅助生产费用对辅助生产车间以外各受益对象进行分配,这种辅助生产费用的分配方法是　(　)

A.直接分配法　B.顺序分配法

C.交互分配法　D.代数分配法

(2010 年 10 月高等教育自学考试《成本会计》真题)

【判断题】

1. 采用顺序分配法分配辅助生产费用时,其顺序应该是受益多的排列在前,受益少的排列在后。 ( )

(2009 年 10 月高等教育自学考试《成本会计》真题)

2. 辅助生产车间提供的产品劳务,都是为基本生产车间服务的。 ( )

(2010 年 1 月高等教育自学考试《成本会计》真题)

【计算题】

1. 某工业企业有供水和供电两个辅助生产车间。某年 7 月份供水车间供水 9 000 吨,全月发生的生产费用为 3 500 元;供电车间供电 40 000 度,全月发生的生产费用为 12 400 元,水电均为一般消耗用。该企业采取直接分配法分配辅助生产费用。本月各车间、部门消耗水电情况如下表:

耗用	单位	供水车间	供电车间	基本生产车间	管理部门
水	吨	—	2 000	5 500	1 500
电	度	4 000	—	30 000	6 000

要求:(1)分别计算供水车间和供电车间的辅助生产费用分配率。(计算结果保留小数点后五位)

(2)计算各受益部门应分配的辅助费用。(计算结果保留整数)

(3)编制相关会计分录。

(2010 年 10 月高等教育自学考试《成本会计》真题)

知识延伸

辅助生产成本管理问题探析

企业生产管理要区分经营部门和支持部门。在制造业企业中，经营部门又称基本生产部门，直接为产品和服务增加价值；支持部门又称辅助生产部门，为企业的基本生产部门和其他辅助生产部门提供服务，间接为产品和服务增加价值。辅助生产部门之间交互提供服务情况下的成本分配问题，由于计算过程较复杂，往往备受关注。然而，辅助生产部门向基本生产部门提供服务情况下的成本分配问题往往被忽略，实际上，在其成本分配过程中经常面临一些具体决策问题，不同决策对分配结果的影响不同，并且将会影响部门管理者的生产积极性，因此该成本分配问题是企业成本管理的关键。辅助生产部门对外提供服务时会发生各种成本费用，如原材料、燃料、外购动力、低值易耗品、设备折旧、工资、福利费、修理费等。成本分配的关键是选择分配标准，进而计算分配率，以确定受益对象应负担的生产成本。为了更好地说明问题，这里只考虑辅助生产部门向基本生产部门提供服务情况下的成本分配问题，不考虑辅助生产部门之间交互提供服务的情况，并且讨论的重点是固定成本的分配问题。

一、实际分配率法和计划分配率法的选择问题

成本分配率是成本与分配标准数量的比值。实际分配率法，是指按照实际发生的成本和分配标准数量计算实际分配率，并乘以分配对象实际使用量来确定受益对象所负担的成本。计划分配率法（又称预定分配率法），是指按预先制定的年度计划分配率分配成本的一种方法，具体来说，就是按照年度预定发生的成本和年度预定的分配标准数量计算年度计划分配率，并乘以分配对象实际使用量来确定受益对象所负担的成本。辅助生产成本分配率的计算应该采用年度指标，不应采用月度指标，这样可以消除部分成本短期波动对各月辅助生产成本的影响。例如，有的企业属于季节性生产企业，在旺季其辅助生产成本特别高，而在淡季其辅助生产成本特别低，如果使用计划分配率法，就能均衡全年发生的成本费用，有助于提高产品成本信息质量。然而，年度实际分配率指标只有在年度终了时才能获得，因此可以采用计划分配率并根据上年数据资料加以调整，从而获得预定的计划分配率，这样可以解决成本信息滞后的问题，并且也简化了计算。

二、单一分配率法和双重分配率法的选择问题

辅助生产部门发生的成本包括固定成本和变动成本，分配时要解决两个问题：(1)固定成本是否应该进行分配？(2)如果选择分配固定成本，固定成本和变动成本是否应该采用同样的方法进行分配？许多企业认为，辅助生产部门发生的固定成本应该分配

给受益部门，即便固定成本并不随所提供服务量的增加而增加，但是为了向受益部门提供其所需的服务，辅助生产部门必然会发生如设备折旧、管理人员薪酬等固定成本。根据“谁受益、谁负担”的原则，应该对辅助生产部门发生的固定成本进行分配。在分配固定成本时，有单一分配率法和双重分配率法两种选择。单一分配率法，是指将辅助生产部门发生的成本归集到一个成本库中，按统一的分配率分配给受益部门。这种分配方法不区分辅助生产部门发生的变动成本和固定成本，将固定成本与变动成本一同进行分配。在采用单一分配率法时，首先应计算一个预定分配率，然后用预定分配率与受益部门的实际使用量相乘，从而确定受益部门应负担的成本。对辅助生产部门的固定成本分配而言，当预定分配率确定后，实际使用量越大，负担的成本也越高。当外部供应商提供与辅助生产部门同样的服务，并且其要求的单位价格低于预定分配率时，受益部门就可能选择外购服务，以降低其自身负担的成本。从企业整体来看，外购服务将导致变动成本降低；从短期来看，固定成本是刚性的，不会发生改变。由此可见，对受益部门有利的成本决策可能会损害企业的整体利益。为解决上述问题，可以使用双重分配率法。首先，将辅助生产成本分别归集到变动成本库和固定成本库中，并分别计算不同成本库的预定分配率。然后，将变动成本预定分配率与实际使用量相乘，确定受益部门应负担的变动成本；将固定成本预定分配率与预计使用量相乘，确定受益部门应负担的固定成本。这样，无论受益部门的实际使用量是多少，都必须按照计划负担一定的固定成本，受益部门的决策就与企业的整体决策相一致。分配变动成本的计算公式为：预定年度变动成本计划分配率＝预定年度辅助生产变动成本/预定年度使用量，分配给某受益部门的辅助生产变动成本＝预定年度变动成本计划分配率×该部门的实际使用量。分配固定成本的计算公式为：预定年度固定成本计划分配率＝预定年度辅助生产固定成本/预定年度使用量，分配给某受益部门的辅助生产固定成本＝预定年度固定成本计划分配率×该部门的预计使用量。

三、以使用量作分配标准还是以供应能力作分配标准

在实际工作中，企业往往选择成本发生的动因作为成本分配的基础，这是因为成本动因的变动与成本费用的变动具有因果关系，但是固定成本不随业务量的变化而变化。在双重分配率法下，变动成本和固定成本的分配标准均为受益部门的使用量，这主要是考虑到随着使用量的增加，受益部门应该负担更多的成本。但实际上，固定成本不随使用部门使用量的变化而变化，而是更多地受到辅助生产部门的生产能力的影响，即由供应能力决定，因此可以选择供应能力作为分配标准。

分配固定成本的计算公式为：预先制定的年度固定成本计划分配率＝预定年度辅助生产固定成本/预定年度供应量（即预计生产能力），分配给某受益部门的辅助生产固定成本＝预先制定的年度固定成本计划分配率×该部门的实际使用量。如果受益部门的预定使用量未达到预计生产能力，以供应能力作为分配标准将导致部分固定成本未

分配，这可以提醒管理当局减少固定资产，降低生产能力，或者扩大销售，利用剩余生产能力。这种方法使受益部门不必负担自身未发生的生产成本，体现了“谁受益、谁负担”的原则，更好地调动了部门节约资源的积极性。对于剩余未分配的固定成本，如果是由于受益部门自身的原因造成的，如在受益期间由于发生生产事故导致生产中断，对辅助生产部门提供的服务利用不足，那么未分配的固定成本应由该受益部门负担。如果剩余生产能力的产生与受益部门无关，是由供应部门的原因造成的，那么在企业内部报告中可将未分配的固定成本计入期间费用。

实训一

班　　级		姓　　名		学　　号		实训日期	
实训项目	辅助生产费用的分配						

实训目的：

1. 会不同辅助费用分配的方法。
2. 能辨明每种分配方法的适用环境。

实训要求：

立和钢铁厂除基本生产车间外，下设三个辅助生产车间分别为机修车间、动力车间、供水车间。根据 2011 年 9 月辅助生产成本明细账显示，三个辅助生产车间所归集的费用分别为机修车间 7 500 元、动力车间 16 500 元、供水车间 15 000 元。当月各辅助生产车间为各车间、部门提供的劳务量如下表所示：

车间名称	计量单位	受益车间或部门					合计
		动力车间	供水车间	基本生产车间	机修车间	行政部门	
机修车间	修理工时	1 600	400	700	—	300	3 000
动力车间	千瓦时	—	5 000	18 000	2 500	2 000	27 500
供水车间	吨	4 000	—	18 000	1 000	7 000	30 000

要求：

1. 分别采用直接分配法、顺序分配法、一次交互分配法、计划成本分配法、代数分配法进行辅助生产费用的分配，编制分配表，并编制会计分录（机修车间计划单位成本为 2.6 元/小时，动力车间计划单位成本为 0.5 元/千瓦时，供水车间计划单位成本为 0.4 元/吨）。

2. 试将各种分配结果进行比较，并说明各种方法的优缺点及其适用范围。

<table>
<tr><td colspan="6">实训结果(不够纸可另附页)</td></tr>
<tr><td>教师简评</td><td colspan="5"></td></tr>
<tr><td>评定成绩</td><td></td><td>指导教师</td><td></td><td>日　期</td><td></td></tr>
</table>

项目六　制造费用的归集与分配

案例导入

齐飞发现，在产品生产过程当中，有些成本费用的发生，他是可以直接归属到某个成本计算对象上去的。比如，当月生产菠萝包的有 3 个工人，工资总额为 5500 元，齐飞很清楚这笔费用的发生应该记在菠萝包上。而有些费用的发生，他是分不清到底应该记在哪种产品上去。比如，生产用设备烤箱的月损耗，再如，车间的电费。分不清楚的这些费用，是否应该记在产品成本上？如果要记录，该采用什么样的方法来进行分配呢？

任务一：能进行制造费用的归集

一、制造费用概述

在构成产品成本的各项生产费用中，能分清是何种产品所耗用的，可直接计入某种产品成本的费用，称为直接生产费用（直接费用）；不能分清是何种产品所耗用的，难以直接计入某种产品成本的，必须按一定的标准分配计入有关产品成本的费用，称为间接生产费用（间接费用）。企业会计实务当中，人们往往将直接成本费用记入“生产成本”账户，而将间接成本费用记入“制造费用”账户。

制造费用是指企业为生产产品或劳务而发生的各项间接费用，包括企业生产部门（或车间）管理人员的工资薪酬、折旧费、办公费、水电费、机物料消耗、劳动保护费、季节性和修理期间的误工损失等。

值得大家注意的是，企业在从事生产经营过程当中，所发生的成本费用种类非常多，我们在判断哪些费用是直接费用，哪些费用是间接费用，不能单纯从某种费用的名称或用途去判断。比如，简单地认为材料费用、人工费用是直接费用，而水电费就是间接费用。判断某种成本费用是否为直接费用的标准，主要是依据该笔费用的发生能否直接追溯到某个成本计算对象上面去。企业多样化的生产工艺和过程，使得这个判别工作尤为重要，材料费、人工费也可能是间接费用，要记入到“制造费用”账户当中，而水电费也有可能是直接费用，要记入到“生产成本”账户当中。

二、制造费用的归集

制造费用的归集是通过“制造费用”账户进行。该项账户按生产部门（基本生产车间、辅助生产车间）设置明细账户，账内按费用项目设专栏，当某笔间接费用发生时，根据材料费用分配表、人工费用分配表、折旧费用分配表、付款凭证等记在制造费用借方相应的专栏内。

【例 6-1】 长风家具厂生产一车间 2009 年 9 月制造费用明细账如下表 6-1 所示：

表 6-1　制造费用明细账

车间：一车间　　2009 年 9 月　　单位：元

日期	摘要	材料费	人工费	维修费	水电费	折旧费	合计	转出
略	材料费用分配表	4 000						
	工资费用分配表		9 000					
	折旧费用分配表					2 000		
	付款凭证			500	500			
	制造费用分配表							
	合计	4 000	9 000	500	500	2 000	16 000	16 000

需要指出的是，对于辅助生产车间发生的费用，如果辅助生产的制造费用是通过“制造费用”账户单独核算，则应比照基本生产车间发生的费用核算；如果辅助生产的制造费用不通过“制造费用”账户单独核算，则应全部计入“辅助生产成本”账户及其明细账的有关成本费用项目。

任务二：会制造费用的分配方法

为了正确计算产品的生产成本，必须合理地分配制造费用。基本生产车间的制造费用是产品生产成本的组成部分，在只生产一种产品的车间，制造费用可以直接计入该种产品生产成本；在生产多种产品的车间中，制造费用则应该采用既合理又简便的分配方法，分配计入各种产品的生产成本，即记入“基本生产成本”科目及其明细账的“制造费用”成本项目。

制造费用的分配方法一般有以下两类：

1.实际分配率法

其计算的基本公式为：

某车间制造费用的实际分配率＝该车间本期制造费用总额÷该车间各产品分配标准总和

某产品应分配制造费用＝该产品(劳务)分配标准×该车间制造费用分配率

上述公式中的分配标准，一般可采用生产工人工时、生产工人工资、机器工时。企业可根据自己的生产特点及管理要求选定最为合理的标准。

按生产工时分配制造费用，能够将劳动生产率与产品负担的水平联系起来，劳动生产率低的工序，消耗工时多，负担的制造费用必然比较多，导致产品成本高，销售利润率低。

按生产人员工资分配制造费用，由于工资费用分配表中有现成的生产人员工资的数据，所以采用这种分配方法的分配依据非常容易取得，核算工作比较简单。这种方法适用于各种产品机械化生产程度基本相同的企业。其原因在于：制造费用中有相当部分与机械使用有关，如设备的折旧、维修、保险等。产品生产机械化程度高，对应的折旧等费用就多；对应的部门多，所承担的这些费用就多。

按机器工时比例分配制造费用的方法，适用于机械化程度比较高的企业或车间，在机械化程度比较高的车间中，制造费用中相当大的部分与机械设备有关，而这部分费用与设备的运转时间有着密切联系，因而采用这种方法的分配结果比较符合配比原则的要求。

【例 6-2】按【例 6-1】的资料，假设 2009 年 9 月该车间生产办公桌与办公椅两种产品，发生的人工费用 9 000 元中，其中，加工办公桌的工人工资为 4 000 元，加工办公椅的工人工资为 5 000 元。按照生产工资比例来分配该车间当月的制造费用如下：

制造费用分配率＝车间本期制造费用总额÷该车间各产品分配标准总和

＝16 000÷(4 000＋5 000)＝1.78

办公桌应负担的制造费用＝4 000×1.78＝7 120(元)

办公椅应负担的制造费用＝5 000×1.78＝8 880(元)

根据计算结果编制会计分录如下：

借：基本生产成本——办公桌　　7 120

　　　　　　　　　　办公椅　　8 880

　贷：制造费用　　16 000

2.计划分配率法

采用该种方法，要先根据企业正常经营条件下的年度制造费用预算数和预计产量的定额标准数预先计算分配率，然后按此分配率分配制造费用的一种方法。

此种方法的基本公式如下：

制造费用计划分配率＝年度制造费用计划总额÷年度预计产量的定额标准数

某种产品应分配的制造费用＝该种产品的实际产量定额标准×计划分配率

上述公式中的定额标准数，可以采用生产工人工时、工资，或是机器工时数等。

按计划分配率分配的制造费用数额与制造费用实际数额之间一般存在着差异。对此差异的处理方法是：将其差额按已分配的比例进行一次再分配，计入到各生产单位所生产的各产品的成本中去。实际数大于已分配数的，用蓝字补记，小于已分配数的用红字冲回。

【例 6-3】 大宇公司基本生产车间年度制造费用计划数为 975 000 元，全年产品的计划产量为：A 产品 9 000 件，B 产品 6 000 件；单位产品定额工时为：A 产品 6 小时，B 产品 4 小时；本月实际产量为：A 产品 800 件，B 产品 500 件；本月实际发生制造费用 84 000元。采用计划分配法分配制造费用。

A 产品计划产量定额工时＝9 000×6＝54 000（小时）

B 产品计划产量定额工时＝6 000×4＝24 000（小时）

制造费用计划分配率＝975 000÷（54 000＋24 000）＝12.5

本月 A 产品应分配制造费用＝800×6×12.5＝60 000（元）

本月 B 产品应分配制造费用＝600×4×12.5＝30 000（元）

根据制造费用分配结果，编制会计分录如下：

借：生产成本——基本生产成本——A 产品　　60 000

　　　　　　　　　　　　　　——B 产品　　30 000

　贷：制造费用　　90 000

分配结果显示，按计划分配率本月共分配制造费用 90 000 元，比本月实际发生的制造费用 84 000 元多了 6 000 元。

假定全年末，该车间实际发生制造费用 1 008 000 元，按计划分配的制造费用为 A 产品 740 000 元，B 产品 380 000 元。共发生差异为－112 000 元。差异率为（－112 000）÷（740 000＋380 000）＝－0.1。

A 产品应分配的差异额＝740 000×（－0.1）＝－74 000（元）

B 产品应分配的差异额＝380 000×（－0.1）＝－38 000（元）

根据计算结果，实际发生的费用比按计划分配转出费用节约了 112 000 元，应予以冲转。编制会计分录如下：

借：生产成本——基本生产成本——A 产品　　74 000

　　　　　　　　　　　　　　——B 产品　　38 000

　贷：制造费用　　112 000

【单项选择题】

1. 某企业本月生产 A 产品耗用机器工时 120 小时，生产 B 产品耗用机器工时 180 小时。本月发生车间管理人员工资 3 万元，产品生产人员工资 30 万元。该企业按机器工时比例分配制造费用。假设不考虑其他因素，本月 B 产品应分配的制造费用为（　　）万元。

A. 1.2　　B. 1.32　　C. 1.8　　D. 1.98

（2008 年初级会计职称考试《会计实务》真题）

2. 对于季节性生产企业，其制造费用的分配宜采用　　（　　）

A. 年度计划分配率分配法　　B. 生产工人工时比例分配法

C. 生产工人工资比例分配法　　D. 机器工时比例分配法

（2009 年 10 月高等教育自学考试《成本会计》真题）

3. 制造费用是指生产过程中发生的　　（　　）

A. 间接生产费用

B. 间接计入费用

C. 应计入产品成本的各项生产费用

D. 应计入产品成本，未专设成本项目的各项生产费用

（2010 年 1 月高等教育自学考试《成本会计》真题）

【多项选择题】

1. 制造费用的分配方法，主要包括　　（　　）

A. 生产工时比例法　　B. 生产工人工资比例法

C. 机器工时比例法　　D. 年度计划分配率分配法

E. 直接分配法

（2010 年 10 月高等教育自学考试《成本会计》真题）

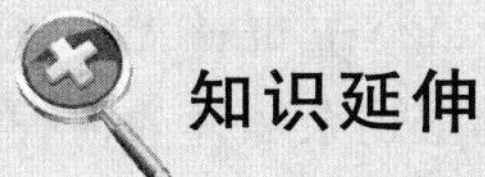

知识延伸

会计准则变更中的一体观和独立观
——对制造费用分配差异和固定资产核算的思考

中期财务报告编制的两种基本思想分别是一体观和独立观。独立观是将每一个中期视为一个独立的会计期间，各中期所采用的会计政策和会计要素确认和计量原则与年度财务报告相一致。一体观是将每一中期视为年度会计期间的有机组成部分，其会计估计、成本分配、各递延和应计项目的处理等必须考虑到全年将要发生的情况，有关成本费用要以年度预计活动为基础，在各个中期之间进行分配。西方国家采用的标准成本法、购料价格差异、工资率差异、数量差异，或效率差异等计划或预期将在会计年度予以抵消的，则在中期末应当予以递延。下文将在制造费用分配差异和固定资产核算方面论述这两种基本思想。

一、预计制造费用分配差异中期的处理

西方会计实务中对于制造费用的分配，一般年初时预定制造费用分配率，在实际数还未结出前就分配给各批产品，年初预定的制造费用分配率可供全年使用。这样可以使分配给各批产品的制造费用正常化，计算出来的产品成本就是正常成本。预计分配率的计算公式为：预计分配率＝本期制造费用估计额/本期直接人工成本估计额。每月制造费用按照预定发生额计入“计划制造费用”，预定额和实际发生额之间的差异，应借记或贷记“制造费用差异”账户。当实际制造费用超过计划制造费用时，就少分配计划制造费用，少计部分应计入“制造费用差异”账户的借方；当实际制造费用少于计划制造费用时，就多分配计划制造费用，多分配部分应计入“制造费用差异”账户的贷方。对于制造费用差异，西方国家和我国有不同的处理方法，体现出编制中期报告上不同的基本思想。

（一）西方的两种处理方法

1. 列入收益表法

例如某企业本期制造费用账户实际发生额为 100 000 元（借方），计划分配为 90 000 元（贷方），则该账户存在差额 10 000 元（贷方），中期末转入制造费用差异账户（借方）。根据“全部由销货成本承担”法，对上述 10 000 元差额从制造费用差异账户（贷方）转入销货成本（借方）。因此，列入收益表法是将每一个期间视为独立的会计期间，分别核算当期的销售成本和利润，这反映了独立观的基本思想。若中期末时，将上述差额 10 000 元予以递延至年末再进行处理，则反映了一体观的基本思想。

2. 列入资产负债表

仍以上例中数据为例。中期末制造费用差异账户期末余额 10 000 元可计入存货项目，或作为递延借项；若存在贷方余额，则可计入递延贷项。无论上述余额计入何种项目，这种处理方法将中期视为一个独立的会计期间，反映出独立观的基本思想。

（二）我国侧重于采用独立观

新《企业会计准则——中期财务报告》规定，企业在编制中期财务报告时应遵循与年度财务报告相一致的会计政策原则，应当将中期视同为一个独立的会计期间，不仅所采用的会计政策应当与年度财务报表所采用的会计政策相一致，也包括会计要素确认和计量原则相一致。我们可以看出，新会计准则体现了独立观的基本思想。

承上例，中期末制造费用账户期末差异 10 000 元，在新会计准则未实施之前，10 000 元的会计处理办法是将其计入资产负债表"待摊费用"；若 10 000 元为贷方余额，则计入"预提费用"。无论中期末制造费用差异账户期末余额计入待摊费用还是预提费用，其均视中期为年度会计期间的一部分，反映了"一体观"的基本思想。但是，新会计准则中"待摊费用"和"预提费用"两科目均已取消，显然，原方法不再适用，即使适用，也违背了〈新会计准则——中期财务报告》独立观的思想。目前，新会计准则对于制造费用差异的处理还没有明确规定。我们试想，对制造费用差异的处理可参照新会计准则将原"待摊费用"和"预提费用"的处理方法；亦可参照上述西方对此处理方法，即将其计入销售成本，或存货，或递延项目。但不管如何处理，最基本的一点是不应该违背新《会计准则——中期财务报告》所依据独立观的基本思想。

二、固定资产核算中一体观和独立观的反映

（一）固定资产大修理费用

2000 年之前，固定资产大修理支出可以待摊，亦可以预提。2000 年企业固定资产准则取消了固定资产大修理费用的待摊和预提，其目的是防止人为操控企业损益，规定对于固定资产大修理支出一律费用化，即企业生产车间（部门）固定资产的大修理支出计入"制造费用"，行政管理部门固定资产的大修理支出计入"管理费用"，其他部门固定资产的大修理支出计入"其他业务支出"。而新会计准则要求"企业生产车间（部门）和行政管理部门等发生的固定资产修理费用等后续支出计入管理费用"。为何前者企业生产车间（部门）固定资产的大修理支出计入"制造费用"，而后者计入"管理费用"？我们认为这来源于"费用"概念的变革。前者是一种对象化的费用，本质上反映一体观的基本思想；后者是一种期间化的费用，本质上反映了独立观的基本思想。从对象化到期间化的转变，实际上是从一体观向独立观基本思想的转变。

（二）扩改建固定资产增值的入账

（1）企业发生的某些固定资产后续支出可能涉及替换原固定资产的某些部件，当发生的后续支出符合固定资产确认条件时，应将其计入新增固定资产价值，同时注销被替换部件的折余价值（账面价值）。上述处理要求将被替换部件和替换部件独立出来，分别予以考虑和处理，冲销原固定资产的部分价值和形成新固定资产的价值。这种将固定资产的原件和替换件独立出来的处理方法将会计期间视为一个独立的期间，采用的会计政策、确认和计量原则与年度财务报告中固定资产的处理方法一致，体现了“独立观”的基本思想。

(2)2000 年企业固定资产准则规定，在建工程完工成本转入固定资产的价值仅限于“可收回金额”；但新会计准则已取消此限制，将在建工程的完工成本全部转入固定资产价值。例如，按照 2000 年企业固定资产准则规定，在建工程借方发生 12 万元，完工后从贷方转入固定资产账户借方，但此在建工程完工后转入固定资产的可收回金额仅为 11 万元，差额 1 万元可转入制造费用账户借方；如果按照新会计准则——固定资产要求，应将上述 12 万元全部转入固定资产账户借方，形成固定资产价值 12 万元，这种做法避免了企业中期利用可收回金额调整中期损益的可能。企业年末时，应根据该固定资产的账面价值与可收回金额孰低计量，按可收回金额低于账面价值的差额计提减值准备。上述处理方法说明，可收回金额应在年末反映，不能用于中期，反映了一体观的基本思想。

三、总结

从上述分析中可以看出，借鉴西方的制造费用分配差异中期末处理办法，我国企业会计准则对制造费用分配差异中期末处理办法从以前的一体观转变为独立观，但在具体处理上未给出明确说明，会计工作者在此可能有一定的自由度。我们对此建议按照原“待摊费用”和“预提费用”在新会计准则中的去向，将制造费用差异作相应处理；或者参照西方的处理办法，将其计入销售成本，或存货，或递延项目，或其他项目。从固定资产大修理费用和扩改建固定资产增值的入账两种情况来看，我国企业会计准则变革中的基本思想，不仅从一体观转换为独立观，还可以从独立观变革为一体观。这实际上是我国企业会计准则在与国际会计准则趋同的同时，也结合了我国企业的现实情况。

实训一

班　级		姓　名		学　号		实训日期	
实训项目	制造费用的归集与分配						

实训目的：

1.会对制造费用的发生情况进行归集，并登记入账。

2.会采用实际分配率法分配制造费用。

实训要求：

(一)大华机械厂制造费用的分配情况如下：

1.第一产品生产车间生产＃101、＃102 两种产品，制造费用在这两种产品之间按生产工时进行分配。

2.第二产品生产车间只生产＃201 一种产品，制造费用全数计入这种产品。

3.三种产品的生产工时为：＃101 产品 1 400 工时，＃102 产品 1 200 工时，＃201产品 2 500 工时。

(二)10 月份发生费用：

1.耗用原材料分配：车间一般耗用材料，第一车间 3 430 元，第二车间 2 450 元；修理费，第二车间 1 568 元。

2.耗用低值易耗品(一次摊销)：第一车间 1 764 元；劳动保护费项目：第一车间 1 470元，第二车间 1 960 元。

3.工资分配：第一车间 60 000 元，第二车间 50 000 元。

4.支付办公费：第一车间 316 元，第二车间 256 元。

5.支付水电费：第一车间 235 元，第二车间 144 元。

6.支付差旅费：第二车间 1 350 元。

7.其他费用，1 838 元两个生产车间各 50%(以上 4—7 项均以银行存款支付)。

8.计提折旧，第一车间 2 086 元，第二车间 1 378 元。

9.预提大修理费用：第一车间 1 043 元，第二车间 689 元。

10.辅助生产费用分配表(修理费用)：第一车间 6 750 元，第二车间 3 375 元。

请根据上述资料，编制会计分录，登记制造费用明细账，并编制制造费用分配表。

实训结果（不够纸可另附页）					
教师简评					
评定成绩		指导教师		日　　期	

实训二

<table>
<tr><td>班　　级</td><td></td><td>姓　　名</td><td></td><td>学　　号</td><td></td><td>实训日期</td><td></td></tr>
<tr><td>实训项目</td><td colspan="7">用计划分配率法分配制造费用</td></tr>
<tr><td colspan="8">实训目的：
(1)学会使用制造费用计划分配率法。
(2)能通过比较指出计划分配率法与实际分配法的异同。</td></tr>
<tr><td colspan="8">实训要求：
大华机械厂基本生产车间全年计划制造费用为 163 200 元；全年各种产品的计划产量：甲产品 24 000 年，乙产品 18 000 件；单件产品工时定额：甲产品 4 小时，乙产品 6 小时。1 月份实际产量：甲产品 1 800 件，乙产品 1 500 件；1 月份实际发生的制造费用为 13 000 元。本年度实际制造费用为 165 000 元。假定年末已分配的制造费用为 160 000 元，其中甲产品负担 72 000 元，乙产品负担 88 000 元。
根据以上资料，采用计划分配率法分配制造费用，年终对计划制造费用和实际制造费用的差异额进行调整，并编制有关的会计分录。</td></tr>
<tr><td colspan="8">实训结果(不够纸可另附页)</td></tr>
<tr><td>教师简评</td><td colspan="7"></td></tr>
<tr><td>评定成绩</td><td colspan="2"></td><td>指导教师</td><td></td><td>日　　期</td><td colspan="2"></td></tr>
</table>

项目七　废品损失与停工损失的核算

案例导入

齐飞的食品加工厂 11 月份的生产情况很不顺利，由于业务量的不断增加，他新招聘了 4 名生产工人，可是由于工人对生产设备使用不够熟悉，结果导致一批面包，大概有 600 多只，全部烤焦，无法销售，变成废品。并且由于供电线路发生了故障，使得工厂停产了一个多星期才恢复正常。这一切都让齐飞很郁闷。厂里的会计师告诉齐飞，这个月的产品成本将会由于这些情况的出现，而导致产品成本增加了。那么，这些废品损失和停工损失该如何计量和记录呢？

任务一：能理解废品损失与停工损失的含义

企业的生产损失是指在生产过程中发生的不能正常产出的各种耗费。通常情况下，可将其归为 4 大类：一是生产损耗，即投入料的跑、冒、滴、漏及自然耗费；二是生产废料，即生产过程中产生的边角余料；三是废品损失，即生产过程中造成的产品质量不符合规定的技术标准而发生的损失；四是停工损失，即由于机器故障及季节性生产、修理期间的停工而发生的耗费。这 4 类中的前两类，即生产损耗和生产废料，在成本计算时已经进行了考虑，有的被列入产品成本、有的变卖或作价入库成为收入。因此，真正属于成本核算中的生产损失主要指的是废品损失和停工损失。

一、废品损失的含义

要准确理解废品损失的含义，我们首先应明确什么是废品。生产中的废品是指不符合规定的技术标准，不能按照原定用途使用，或者需要加工修理才能使用的在产品、半成品或产成品。它包括在生产过程中发现以及入库后发现的所有废品。但不包括：入库时确定为合格品，但由于保管不善等原因而发生损坏变质的产品；质量虽不符合规定标准，但经检验，可以不需返修即可进行降级出售或使用的产品；实行“三包”的企业在产品出售后发现废品所发生的一切损失。

废品按能否修复可以分为可修复废品与不可修复废品。可修复废品是指经过修理可以使用，而且所花费的代价(即修复费用)在经济上合算的废品；不可修复废品则是指技术上不能修复，或者所花费的修复费用在经济上不合算的废品。

基于以上对废品概念的认识，我们可以得出废品损失的含义，即废品损失是指产品生产过程中造成的产品质量不符合规定的技术标准而发生的报废损失和修复费用。

二、停工损失的含义

与废品损失不同，停工损失是指企业生产部门由于停电、待料、机器设备发生故障或进行大修、发生非常灾害以及计划减产而停止正常生产所造成的损失。它主要包括停工期间所有的燃料及动力费、工资及福利费用以及制造费用等。由过失单位或保险公司负担的赔款应冲减停工损失。为了简化核算工作，停工不满一个工作日的，一般不计算停工损失。值得注意的是，对季节性生产企业在停工期内的费用，不作为停工损失，该损失由开工期内的生产成本负担，另作处理。

任务二:会废品损失的核算方法

企业为了单独核算废品损失，一般会单设“废品损失”账户。该账户为一级账户，借方登记包括不可修复废品的生产成本或可修复废品的修复费用，贷方反映废品残余价值的回收、有关赔偿的数额以及分配转出的废品损失。废品损失账户贷方余额会结转至相应的“生产成本”账户当中去，这也意味着废品的损失全部由合格品来承担，废品的出现会增加现有合格产品的成本。废品损失账户期末无余额。

一、不可修复废品损失的核算

【例 7-1】 长风家具厂 2011 年 10 月份生产电脑椅 150 把，经测算应归集到这批产品的总成本为 9 000 元。生产结束验收入库时，品管人员发现，其中有 4 件产品在搬运入库时发生了严重的损坏，且无修复的意义。报经主管部门批准，4 件废品作报废处理，变卖后获取残料价值 100 元。根据以上条件，财务人员应做如下处理：

由于废品是在全部工序完成后才发现的，这也意味着废品的成本与合格品的成本是一致的，所以我们可以确认废品的成本为：9 000÷150×4＝240(元)。根据已知条件做出账务处理如下：

(1)将废品的成本从合格品成本中调出：

借:废品损失　　240

　　贷:生产成本　　240

(2)残料价值冲减废品损失：

借:现金　　100

　贷:废品损失　　100

(3)结平废品损失账户,使废品损失由合格品的成本来负担：

借:生产成本　　140

　借:废品损失　　140

通过上例我们可以清晰地看出不可修复废品损失的核算过程,一般来讲会分为三个步骤。但上例仅反映出不可修复废品损失核算的一个基本流程,而实际工作中,情况往往要复杂一些,通常体现在不可修复废品价值的确认上。在上例中,由于废品是在入库前才发现的,所以废品价值的确认较为简单,但当废品发生在生产加工过程中的某个阶段,对其价值的确认就会变得复杂起来,通常我们会分成本项目(一般指直接材料、直接人工、制造费用三个部分)来完成对废品价值的确认。

【例 7-2】 长风家具厂 2011 年 10 月份投产电脑椅 150 把,当生产加工至 50%的阶段,出现废品 4 件。月末完工产品 146 件产品经检验合格入库。废品残料变现 120 元。当月总计发生材料费用 6 000 元(原材料在生产开始进行一次性投入),人工费用 2 072 元,制造费用 1 036 元。根据以上条件,财务人员应做如下处理：

首先,应确认废品的价值。在该例中我们发现,废品是在加工过程当中发生的,这使得单件废品的成本与单件合格品的成本不一致,不能像前例简单地将成本平均开来。所以,在本例中,我们需按成本项目逐一分析,来确认出废品所承担的成本。

(1)废品应承担的材料费用

根据已知条件我们知道,该企业在生产过程中,原材料是在生产开始时一次性投入的,这也意味着,每件废品占用的材料费用与每件合格品占用的材料费用是一致的,所以,废品的材料费用为:6 000÷150×4＝160(元)。

(2)废品应承担的人工费用

很明显,人工费用的计算与材料费用的计算有着很大的不同,这主要是因为二者发生的特征不一致。原材料费用是一次投入,而人工费用的发生是不可能一次性投入的,人工费用的发生应该是符合随着完工进度陆续发生这一特征,换言之,加工的时间越长,所耗的人工费越多,这也造成了本例中单件废品人工费必然会小于单件合格品的人工费。根据已知条件,4 件废品是在加工至 50%的阶段发生的,所以,对于人工费的分配作如下计算：

$$人工费用分配率=\frac{2\ 072}{146+4\times 50\%}=14$$

废品的人工费用＝14×4×50%＝28(元)

(3)废品应承担的制造费用

一般认为，制造费用发生的特征与人工费用类似，所以，对制造费用核算的方法与人工费用是相同的。

$$制造费用分配率=\frac{1\ 036}{146+4\times 50\%}=7$$

废品的制造费用$=7\times 4\times 50\%=14$(元)

综合上述计算过程，我们可以将废品所承担的成本确认出来为：160＋28＋14＝202(元)。

根据计算结果做出会计分录如下：

(1)将废品的成本从合格品成本中调出：

借：废品损失　　202

　贷：生产成本　　202

(2)残料价值冲减废品损失：

借：现金　　120

　贷：废品损失　　120

(3)结平废品损失账户，使废品损失由合格品的成本来负担：

借：生产成本　　82

　借：废品损失　　82

二、可修复废品损失的核算

相对而言，对可修复废品损失的核算较为简单。我们通过前面的学习已经知道，可修复废品损失是指在修复过程中发生的各种费用的合计，这与不可修复废品损失在确认时需要将其成本从全部成本当中分解出来是完全不同的。对可修复废品损失的核算，我们同样也是通过“废品损失”账户进行的。

【例 7-3】 长风家具厂 2011 年 10 月份生产电脑椅 150 把，经测算应归集到这批产品的总成本为 9 000 元。生产结束验收入库时，品管人员发现，其中有 4 件产品在搬运入库时发生了损坏，经检验，损坏的 4 件产品经过一定的修复程序仍可以达到合格。根据记录，当月修复这 4 件产品发生了材料费用 50 元，人工费 30 元，制造费用 10 元。根据上述条件，账务处理如下：

(1)归集所发生的废品修复费用

借：废品损失　　90

　贷：原材料　　50

　　应付职工薪酬　　30

　　制造费用　　10

(2)将废品损失费用全部转由合格品来承担

借:生产成本　　90

　贷:废品损失　　90

在上例中,企业最终还是获取了 150 件合格品,但是合格品的成本由 9 000 元,上升至 9 090 元。需要提醒大家的是,所发生的废品修复的费用,是由全部合格品来承担的,而并非由发生毁损的 4 件待修复废品来承担。

学中练

【单项选择题】

1. 下列各项中,属于可修复废品损失的是　　(　　)

A. 返修以前发生的费用

B. 废品修复完成之后发生的费用

C. 返修过程中发生的费用

D. 返修以前发生的生产费用加上返修时发生的修复费用

2. 下列各项中,应核算停工损失的是　　(　　)

A. 机器设备故障发生的大修理

B. 季节性停工

C. 不满一个月的停工

D. 辅助生产车间设备的停工

(2010 年 10 月高等教育自学考试《成本会计》真题)

3. 在不单独核算废品损失的企业中,回收废品残料时应借记"原材料"科目,贷记　　(　　)

A. "废品损失"科目　　B. "基本生产成本"科目

C. "制造费用"科目　　D. "管理费用"科目

(2010 年 1 月高等教育自学考试《成本会计》真题)

【判断题】

可修复废品返修以前发生的费用,应转出至"废品损失"科目中进行成本核算。　　(　　)

(2010 年 10 月高等教育自学考试《成本会计》真题)

【计算题】

某工业企业某车间生产甲种产品 300 件,生产过程中发现其中 10 件为不可修复废品。各种费用分配表中列示甲种产品中不可修复废品的定额成本资料为:每件原材料费用定额 200 元;每件定额工时为 20 小时;每小时工资及福利费 3 元,制造费用 5 元。

不可修复废品成本按定额成本计价。不可修复废品的残料价值按计划成本计价，共200元，作为辅助材料入库；应由过失人赔款150元。废品净损失由当月同种产品成本负担。

要求：(1)计算不可修复甲产品的生产成本(列出计算过程)。

(2)计算废品净损失。

(3)编制有关会计分录。

(2010年1月高等教育自学考试《成本会计》真题)

任务三：会停工损失的核算方法

停工损失是指生产车间在停工期间发生的各项费用，包括停工期间发生的原材料费用、工资及福利费以及制造费用等。对于单独核算停工损失的企业，应专设“停工损失”账户，该账户与“废品损失”同为一级账户。发生停工损失后，将停工期间发生的、应列作停工损失的费用计入“停工损失”账户的借方；归集在“停工损失”账户的损失费用，应按照停工损失产生的原因，分别进行分配结转。对于计划停产造成企业连续停产10天以上或企业主要生产车间连续停产1个月以上以及非常灾害造成的停工损失，应计入“营业外支出”账户；应向过失人或保险公司索赔的，应计入“其他应收款”账户；对于其他原因造成的停工损失，应由产品成本负担，计入“生产成本——基本生产成本”账户。

【例7-4】 长风家具厂2011年5月份发生停工损失5 500元，其中：停产期间职工工资为5 000元，制造费用为500元；经批准该损失应由过失人赔偿2 000元、非常灾害损失1 000元。根据已知条件，做出账务处理如下：

(1)确认停工损失的发生

	借方	贷方
借：停工损失	5 500	
贷：应付职工薪酬		5 000
制造费用		500

(2)结转过失人赔偿

	借方	贷方
借：其他应收款	2 000	
贷：停工损失		2 000

(3)结转非常灾害损失

	借方	贷方
借：营业外支出	1 000	
贷：停工损失		1 000

(4)结转应由生产成本负担的停工损失

	借方	贷方
借：生产成本	2 500	
贷：停工损失		2 500

知识延伸

废品损失核算改进新探

废品损失是指生产过程中发生的各种废品所形成的报废损失和修复费用。报废损失是指不可修复废品的生产成本扣除回收废品残料价值后的净损失;修复费用是指可修复废品在返修过程中所发生的材料费、人工费用以及分摊的制造费用。

一、废品损失核算方法及缺陷

目前,在我国会计实际工作中,废品按废损程度和在经济上是否具有修复价值,分为可修复废品和不可修复废品。一般在实际操作中主要有 3 种核算方法:一是不设任何级别废品损失科目,将与废品损失有关的费用直接计入正品,由正品负担。这种方法适合于小型企业或废品少的企业。该方法简便但不能区分正品与废品的成本。二是设置“生产成本——废品损失”科目核算;该方法适用于经常发生废品损失且损失数额较大的企业;三是单独设置“废品损失”科目,并在此科目下再设置“可修复废品”和“不可修复废品”两个明细科目,分别核算不同类别的废品损失。借方归集不可修复废品的生产成本以及可修复废品的修复费用;贷方核算废品的残料回收价值和应收责任人赔款,期末废品损失账户余额转入“生产成本——基本生产成本”账户,在这种情况下,废品损失也由正品负担。这种方法同样适用于废损数额较大的企业。

综上所述,在我国现行各种核算方法下,不论是可修复废品的修复费用,还是不可修复废品的报废损失,也不论废品损失正常与否,最终均计入产品成本,即由正品负担。这样的处理在实践中便于操作,对于小企业或者废品不经常发生的企业适用,但对于废品经常发生的企业则存在一定不足。

《中华人民共和国企业会计准则——存货》第 1 号第九条规定:非正常消耗的直接材料、直接人工、制造费用以及不能归属于使存货达到目前场所和状态的其他支出,不计入存货成本,而应在发生时确认为当期损益。我国目前 3 种核算方法都将所有成本计入存货成本,并未区分正常消耗和非正常消耗,并且不利于经济管理。

二、西方废品损失核算方法

西方将废品损失分为正常废品和非正常废品。将正常的废品损失作为产品成本处理,而将非正常的废品损失作为期间成本处理,计入当期损益。其中,在出现正常的废品损失情况下,有两种计算产品单位成本的方法。一是正品承担法:产品单位成本＝应分担的成本总额÷(开工产量－废品数量)。二是废品分配法:产品单位成本＝应分担的成本总额÷(正品数量＋废品数量)。另外,在出现非正常废品的情况下,将废品损失记入“产品成本损失”账户,该账户作为本期费用处理,并列入收益表中的费用项目。

由此可见，西方废品损失核算方法可以弥补我国核算方法的不足，并且与我国新颁布的企业会计准则规定一致。但该方法核算比较繁琐且不便于区分正常损失和非正常损失。

三、改进建议

通过对比中西方废品损失核算方法，改进建议如下。(1)对于进行简单会计核算的，不经常发生废品损失的企业，可以按照前面介绍的我国现行方法的第一种方法，即不单独设置“废品损失”科目，直接进行核算，并由正品承担其损失，这样便于会计核算且不会对产品成本产生很大影响。(2)对于经常发生废品损失的企业可以单独设置“废品损失”一级科目，并在该科目下设置“正常废品损失”和“非正常废品损失”两个二级科目进行核算。为方便核算可修复废品的追加费用，可在两个二级科目下再分别设置“可修复费用”和“不可修复费用”三级科目，“废品损失——正常废品损失”科目用来归集生产过程中发生的不可控制的正常废品损失。发生废品时，可修复的正常废品损失，借记“废品损失——正常废品损失——可修复费用”科目，不可修复的正常废品损失，借记“废品损失——正常废品损失——不可修复费用”科目，统一贷记“生产成本”科目。可修复正常废品继续追加修复费用时，借记“原材料”、“直接人工”等，贷记“废品损失——正常废品损失——可修复费用”科目。残料回收入库时，借记“原材料”科目，贷记“废品损失——正常废品损失”科目。结转三级科目，借记“废品损失——正常废品损失——可修复费用”和“废品损失——正常废品损失——不可修复费用”科目，贷记“废品损失——正常废品损失”。结转废品净损失时，借记“生产成本”科目，贷记“废品损失——正常废品损失”科目。“废品损失——非正常废品损失”科目用来归集正常生产条件下不应该产生的非正常废品损失。非正常废品损失不可计入产品成本，扣除由责任人应承担的赔款，其他损失全部计入期间费用。发生废品时，可修复的正常废品损失，借记“废品损失——非正常废品损失——可修复费用”科目，不可修复的正常废品损失，借记“废品损失——非正常废品损失——不可修复费用”科目，统一贷记“生产成本”科目。可修复正常废品继续追加修复费用时，借记“原材料”、“直接人工”等，贷记“废品损失——非正常废品损失——可修复费用”科目。残料回收入库时，借记“原材料”科目，贷记“废品损失——非正常废品损失”科目。结转三级科目，借记“废品损失——非正常废品损失——可修复费用”和“废品损失——非正常废品损失——不可修复费用”科目，贷记“废品损失——正常废品损失”。期末根据废品发生的原因找出相关责任人时，借记“管理费用”科目、“其他应收款”科目等。余额作为“产品成本损失”项目增列在利润表中。

实训一

<table>
<tr><td>班　　级</td><td></td><td>姓　　名</td><td></td><td>学　　号</td><td></td><td>实训日期</td><td></td></tr>
<tr><td>实训项目</td><td colspan="7">核算废品损失</td></tr>
<tr><td colspan="8">实训目的：
1. 会废品损失核算的计算方法。
2. 会对企业所发生的废品损失进行账务处理。</td></tr>
<tr><td colspan="8">实训要求：
亚平公司基本生产车间生产甲产品 2 000 件，生产过程中发现其中有 20 件为不可修复废品。合格品和废品共同发生的费用为：原材料费用 300 000 元，直接工资费用 80 000 元，制造费用 65 000 元，合计 445 000 元。原材料在生产开始时一次性投入。原材料费用按产量比例分配，其他费用按生产工时比例分配。产品生产工时为：合格品 9 920 小时，废品 80 小时。废品残料回收价值 200 元。
1. 根据上述资料，计算废品损失。
2. 根据计算结果编制相应的会计分录。</td></tr>
<tr><td colspan="8">实训结果(不够纸可另附页)</td></tr>
<tr><td>教师简评</td><td colspan="7"></td></tr>
<tr><td>评定成绩</td><td colspan="3"></td><td>指导教师</td><td></td><td>日　　期</td><td></td></tr>
</table>

实训二

班　级		姓　名		学　号		实训日期	
实训项目	停工损失核算						

实训目的：

1. 会停工损失核算的计算方法。
2. 会对企业所发生的停工损失进行账务处理。

实训要求：

立华机械制造厂生产车间因故障停工一周，停工期间发生如下费用：生产工人工资3 000元，计提职工福利费420元，制造费用1 600元。经查，停工系某职工违规操作造成，应由其赔偿1 000元，其余由该车间生产的甲、乙两种产品按生产工时比例分配负担。甲产品的生产工时为18 000小时，乙产品的生产工时为12 000小时。

1. 根据上述资料，计算该企业的停工损失。
2. 根据计算结果编制相应的会计分录。

实训结果(不够纸可另附页)

教师简评					
评定成绩		指导教师		日　期	

项目八　生产费用在完工产品和在产品之间的分配

案例导入

2011 年 4 月 30 日结账后，会计师将本月的成本简报交给齐飞审阅。本月加工完工产品奶油面包 65 000 只，截至结账时，尚有未加工完毕的在产品 1 600 只。经过一系列生产费用的归集和分配之后，简报上按成本项目将数据列示见下表 8-1。

表 8-1　　单位:元

项　目	直接材料	直接人工	制造费用	合　计
本月投入	80 000	12 000	6 000	98 000
完工产品成本	78 000	11 000	5 200	94 200
月末在产品成本	2 000	1 000	800	3 800

会计师解释道，企业所发生的成本费用在对象化到某一个产品后，到了月末，需要将归集起来的生产费用在完工产品及在产品之间进行分配；当然，如果产品全部是完工的，那么只要将生产费用全部结转给完工产品就可以了。但如果在月末既有完工产品又有在产品，那么就需要将这部分成本费用进行分配。会计师说，为了简化成本核算的工作，他采用的核算方法是月末在产品按定额成本计价法，除了这种方法外，生产费用在完工产品和在产品之间的分配方法还有好几种，而每种计算出来的完工产品成本可能会发生不一致。这番话引起了齐飞的兴趣，上面所说的这种方法计算自己企业的产品成本到底确切不确切？而且既然有多种方法，那么到底哪种方法对自己的工厂来说是最恰当的呢？

任务一:能理解完工产品与在产品之间的算术关系

在产品是指企业已经投入生产，但尚未最后完工，不能作为商品销售的产品。在产品有广义和狭义之分。广义在产品是就整个企业而言的，它是指产品生产从投料开始，到最终制成产成品交付验收入库前的一切产品，包括正在加工中的在制品（含正在返修的废品）、已经完成一个或几个生产步骤但还需继续加工的半成品、尚未验收入库的产成品和等待返修的废品。狭义在产品是就某一些生产单位（如分厂或车间）或某一生产步骤来说的，它仅指本生产单位或本步骤尚未加工或装配完成的产品。如无特别指出，本章所提及的在产品均是指狭义在产品。

通过财务会计课程知识的学习，我们知道，企业所发生的生产费用一般是归集在“生产成本”账户，当企业月末出现完工产品时，账务处理是将生产成本结转到“库存商品”账户当中去的，会计分录如下：

(1)生产费用发生时

借：生产成本——某产品

　　贷：原材料（或其他相关账户）

(2)月末结转完工产品成本

借：库存商品——某产品

　　贷：生产成本——某产品

如果该部分产品到了月末并未全部加工完毕，那么，“生产成本”账户月末会出现借方余额，而这部分借方余额亦即在产品的成本。所以企业一般不会单设“在产品”账户，“在产品”是通过“生产成本”账户借方余额来体现的。

通过以上举例可以看出，在产品成本与完工产品成本之和就是产品的生产费用总额。由于本期期末在产品成本就是下期期初在产品成本，因此，在产品成本与完工产品成本的算术公式可以表达如下：

(1)月初在产品成本＋本月生产费用＝本月完工产品成本＋月末在产品成本

或：(2)本月完工产品成本＝月初在产品成本＋本月生产费用－月末在产品费用

以上算术表达式看似简单，但对于成本核算而言，它带给我们的信息却远超其数学意义。从以上公式中我们可以得知：

1.由于月初在产品成本和本月生产费用在通常情况下是已知数，那么我们可以将二者之和作为一个常数看待，公式(1)告诉我们，本月完工产品成本和月末在产品成本共同分配当月生产费用总额；

2.本月完工产品成本与月末在产品成本存在着此消彼长的关系，由于常数是固定不变的，当完工产品确认出的成本多时，月末在产品所得到的成本必然是少的；

3.我们可以通过首先确认出在产品的成本，进而得出完工产品的成本。

任务二：会生产费用在完工产品和在产品之间的分配方法

企业归集各项生产费用、确定在产品的数量，其根本目的是确定完工产品成本。如果某种产品期末既有完工产品，又有在产品，就需要将归集的生产费用在完工产品和在产品之间进行分配。生产费用在完工产品和在产品之间的分配是成本计算过程中一个重要而复杂的问题。企业在选择分配方法时，应考虑在产品数量的多少、各月在产品数量的变化，各项费用发生的大小以及定额管理成本的好坏等情况。实际工作中，生产费用在完工产品和在产品之间分配的方法有在产品成本忽略不计法、按固定成本计算在产品成本法、在产品按完工产品成本计算法、在产品按所耗原材料成本计价法、约当产量法、在产品按定额成本计价法和定额比例法。

值得提醒大家的是，以上 7 种方法，有的方法使用简单，有的相对复杂，但并无好坏之分。并非复杂的方法所得出的计算结果就是更准确的。企业要根据每种方法的要求以及企业自身特点，选取恰当的方法来分配完工产品与在产品的成本。

一、在产品成本忽略不计法

有些较为特殊的企业，如发电、采掘等企业，它们的生产特点决定了企业很少产生或没有在产品的出现，为简化成本核算工作，我们将其在产品忽略不计，即认为是零，这样根据前面公式(1)：

月初在产品成本(0)＋本月生产费用＝本月完工产品成本＋月末在产品成本(0)

得出：

月末完工产品成本＝本月生产费用

这种方法仅适用于月末在产品很少或没有的企业。

二、按固定成本计算在产品成本法

有些企业产品生产过程中，产量比较稳定，各月末的在产品数量变化不大。在这种情况下，为简化成本核算工作，我们可以将在产品按固定数来计算。这样，根据前面公式(1)：

月初在产品成本(固定数 N)＋本月生产费用＝本月完工产品成本＋月末在产品成本(固定数 N)

得出：

月末完工产品成本＝本月生产费用

由此可见，在这种分配方法下，每月发生的生产费用就是该月份完工产品的成本。但在年末，应该根据实际盘点的在产品数量，具体确认年末在产品的实际成本，并据以计算 12 月份的完工产品成本；将计算出的年末在产品成本，作为下一年度各月固定的在产品成本，以免相隔时间过长，使在产品成本与实际出入过大，影响产品生产成本计算的准确性。

提醒大家的是，上述两种方法，月末在产品成本均等于本月生产费用，但它们在实质上有很大区别。第一种方法中，在产品是为零的，不存在的；而第二种方法中，在产品是存在的，而且这个值还可能很大，只不过月初月末值相同而已。

三、在产品按完工产品成本计算法

企业在月末结账、进行成本核算时，可能会出现产品已经加工完毕、只待入库检验环节的这种情况，根据在产品的定义，我们仍应将其按在产品对待。但是由于该部分产品所有的生产流程已经全部结束，这也意味着其所负担的成本与合格品是一致的，所以，当出现这种情况时，我们在进行成本分配时，将在产品按完工产品成本计算。这样，对成本的分配，我们可以用完工产品与在产品的数量作为分配标准。

【例 8-1】 长风家具厂 2011 年 7 月加工电脑椅的生产资料如下：月初在产品成本为 41 000 元，其中直接材料 20 000 元，直接人工 16 000 元，制造费用 5 000 元。本月生产费用共计 65 000 元，其中直接材料费用 32 000 元，直接人工 20 000 元，制造费用 13 000 元。本月完工产品 1 200 件，在产品 800 件。月末在产品均为已经完工但尚未验收入库，企业采用在产品按完工产品成本计算法。

(1)计算各项费用分配率

直接材料分配率＝(20 000＋32 000)÷(1 200＋800)＝26

直接人工分配率＝(16 000＋20 000)÷(1 200＋800)＝18

制造费用分配率＝(5 000＋13 000)÷(1 200＋800)＝9

(2)计算完工产品成本

直接材料费用＝1 200×26＝31 200(元)

直接人工费用＝1 200×18＝21 600(元)

制造费用＝1 200×9＝10 800(元)

(3)计算在产品成本

直接材料费用＝800×26＝20 800(元)

直接人工费用＝800×18＝14 400(元)

制造费用＝800×9＝7 200(元)

根据上述资料编制成本计算表如下表 8-2 所示。

根据成本计算单，编制结转完工产品成本的会计分录如下：

借：库存商品——电脑椅　　63 600

　　贷：生产成本——电脑椅　　63 600

表 8-2　产品成本计算表

产品名称:电脑椅　　　　2011 年 7 月　　　　单位:元

项　目	成本项目			
	直接材料	直接人工	制造费用	合计
月初在产品成本	20 000	16 000	5 000	41 000
本月生产费用	32 000	20 000	13 000	65 000
生产费用合计	52 000	36 000	18 000	106 000
单位成本	26	18	9	53
完工产品成本	31 200	21 600	10 800	63 600
月末在产品成本	20 800	14 400	7 200	42 400

四、在产品按所耗原材料成本计价法

有些企业所生产的产品,其成本构成中原材料所占比重相对其他成本项目而言严重偏高,人工费用及制造费用在成本中所占比重相对较小,这样为简化成本核算工作,我们也可以只将材料费用在完工产品与在产品之间进行分配,而人工费用与制造费用不分配,全部计入完工产品成本当中。据此思路,企业完工产品成本计算公式可表达为:

完工产品成本＝(材料费用总额－在产品负担的材料费用)＋人工费用总额＋制造费用总额

通过这个公式我们也可以分析得出,该种方法计算的关键步骤即是对原材料费用进行分配。

【例 8-2】 新丰棉纺厂主要产品为棉锭,原材料在生产开始时一次性投入,该产品成本中原材料费用所占比重很大。2011 年 9 月,产品月初在产品直接材料为 3 500 元,本月生产费用为:原材料 12 500 元,工资费用 3 300 元,制造费用为 3 000 元。当月完工产品 300 件,月末在产品 100 件。企业采用在产品按所耗原材料成本计价法来分配完工产品成本与在产品成本。

(1)原材料费用分配率＝(3 500＋12 500)÷(300＋100)＝40

(2)完工产品原材料费用＝300×40＝12 000(元)

(3)完工产品成本＝12 000＋3 300＋3 000＝18 300(元)

(4)月末在产品成本＝(3 500＋12 500)－12 000＝4 000(元)

根据上述资料编制成本计算表如下表 8-3 所示。

表 8-3 产品成本计算表

产品名称:棉锭　　2011 年 9 月　　单位:元

项　目	成本项目			
	直接材料	直接人工	制造费用	合　计
月初在产品成本	3 500	—	—	3 500
本月生产费用	12 500	3 300	3 000	18 800
生产费用合计	16 000	3 300	3 000	22 300
单位成本	40	11	10	61
完工产品成本	12 000	3 300	3 000	18 300
月末在产品成本	4 000	—	—	4 000

五、约当产量法

当企业产品生产过程中产量变化较大,并且月末在产品数量也较大,同时产品成本中原材料费用和人工及制造费用的比重相差不大的时候,用前面几种方法来进行完工产品与在产品成本的分配就不妥当了。在这种情况下,我们往往会采用约当产量法。

要理解这种方法,首先我们应明确什么是约当产量。约当产量仅指在产品而言的,它是指在产品数量折合成的完工产品的数量。在这里需要提醒大家注意的是,由于产品是由多个成本项目构成(包括直接材料、直接人工、制造费用等),一个案例(或一种产品生产加工)中,在产品的约当产量随着成本项目的计算可能存在变化。比如,某企业完工产品 100 件,在产品 50 件(在产品的加工程度为 50%),原材料在生产开始时一次性投料,则每件在产品所占用的材料成本与完工产品是一致的。那么,50 件在产品在其计算材料费用时约当产量即为 50 件;而在计算人工费用时,由于在产品的加工程度只有 50%。所以每件在产品所占人工费用只有完工产品的 50%。所以,50 件在产品在其计算人工费用时约当产量即为 50 件×50%=25 件;计算制造费用时所使用的约当产量与计算人工费用的约当产量相同。

采用约当产量法,需分成本项目在完工产品与在产品之间进行成本分配,其计算基本步骤如下:

$$某项费用分配率=\frac{该项费用期初数+本期发生数}{完工产品数量+在产品约当产量}$$

完工产品应分配该项费用=完工产品数量×该项费用分配率

在产品应分配该项费用=在产品约当产量×该项费用分配率

每项费用(或每个成本项目)据此分配完毕后,通过求和即可得出最终完工产品成本与月末在产品的成本。通过以上公式我们也可以看出，进行费用分配关键在于分配率的计算，而在分配率计算公式中，只有在产品的约当产量为未知数，所以，采用约当产量法最重要的环节就是对各个成本项目下，在产品约当产量的计算。

1."直接材料费用"的分配计算

投料方式一：材料在生产开始时一次性投入

生产开始时材料一次性投入，则不管是完工产品还是在产品，其所接受的投料程度均为100%，这样无论在产品的完工程度如何，在分配材料费用时，直接可按完工产品和在产品数量比例来进行分配。

【例8-3】 根据资料显示，长风家具厂2011年7月份材料费用合计为32 000元，其中期初材料费用为4 000元，本期投入材料费用28 000元；当月完工产品1 000件，月末在产品600件，原材料在生产开始时一次性投入。

(1)计算在产品的约当产量

由于材料费用是在生产开始时一次性投入，则其投料程度均为100%。

在产品约当产量＝600×100%＝600(件)

(2)计算材料费用分配率

$$材料费用分配率=\frac{材料费用期初数+本期发生数}{完工产品数量+在产品约当产量}=\frac{32\ 000}{1\ 000+600}=20$$

(3)计算材料费用分配结果

完工产品应分配材料费用＝完工产品数量×材料费用分配率＝1 000×20＝20 000(元)

在产品应分配材料费用＝在产品约当产量×材料费用分配率＝600×20＝12 000(元)

投料方式二：材料随完工进度均匀投入

与前述第一种不同，当材料随着完工进度陆续投入，则在产品的投料程度应和其完工进度一致，在产品加工程度越高，所占材料成本比重越大，在产品的约当产量也就越大。

【例8-4】 根据资料显示，长风家具厂2011年7月份材料费用合计为34 500元，其中期初材料费用为4 500元，本期投入材料费用30 000元；当月完工产品1 000件，月末在产品600件，其中100件加工至整个工序的30%，500件加工至整个工序的70%，原材料随完工进度陆续投入。

(1)计算在产品的约当产量

由于材料费用是随完工进度陆续投入的，则其对在产品约当产量的计算为：

在产品约当产量＝100×30%＋500×70%＝380(件)

也就是说，与第一种投料方式不同，在此种条件下，600件在产品的约当产量为

380件。

(2)计算材料费用分配率

$$材料费用分配率=\frac{材料费用期初数+本期发生数}{完工产品数量+在产品约当产量}=\frac{34\ 500}{1\ 000+380}=25$$

(3)计算材料费用分配结果

完工产品应分配材料费用=完工产品数量×材料费用分配率=1 000×25=25 000(元)

在产品应分配材料费用=在产品约当产量×材料费用分配率=380×25=9 500(元)

投料方式三:材料在每道工序开始时一次性投入

企业在产品生产加工过程中,分工序投入材料的情况也较为普遍,如果出现每道工序都有投料的情况,并且每道工序都有出现在产品情况的时候,我们就需要分工序计算出投料程度及每道工序在产品的约当产量,据以计算出全部在产品的约当产量。

$$某道工序投料程度=\frac{在产品上道工序累计投入材料量+在产品在本工序投入材料量}{完工产品应投入材料量}\times100\%$$

【例 8-5】 根据资料显示,立华食品厂 2011 年 7 月份材料费用合计为 32 880 元,其中期初材料费用为 2 880 元,本期投入材料费用 30 000 元;当月完工产品 1 000 件,月末在产品 600 件,该企业产品生产分 3 道工序完成,原材料是在每道工序开始加工时一次性投入,每道工序的投料情况及在产品的信息如下表 8-4 所示:

表 8-4

工序	投料量(千克)	在产品数量(件)
1	5	300
2	10	200
3	5	100
合计	20	600

(1)计算在产品的约当产量

由于材料费用是分工序一次性投入的,则其对在产品约当产量的计算亦应分工序进行:

第一道工序在产品投料程度

$$=\frac{在产品上道工序累计投入材料量+在产品在本工序投入材料量}{完工产品应投入材料量}\times100\%$$

$$=\frac{0+5}{20}\times100\%=40\%$$

第一道工序在产品约当产量＝300×40％＝120(件)

第二道工序在产品投料程度

$$=\frac{\text{在产品上道工序累计投入材料量}+\text{在产品在本工序投入材料量}}{\text{完工产品应投入材料量}}\times 100\%$$

$$=\frac{5+10}{20}\times 100\%=75\%$$

第二道工序在产品约当产量＝200×75％＝150(件)

第三道工序在产品投料程度

$$=\frac{\text{在产品上道工序累计投入材料量}+\text{在产品在本工序投入材料量}}{\text{完工产品应投入材料量}}\times 100\%$$

$$=\frac{(5+10)+5}{20}\times 100\%=100\%$$

第三道工序在产品约当产量＝100×100％＝100(件)

计算至此，我们得出，600 件在产品的约当产量＝120＋150＋100＝370(件)

(2)计算材料费用分配率

$$\text{材料费用分配率}=\frac{\text{材料费用期初数}+\text{本期发生数}}{\text{完工产品数量}+\text{在产品约当产量}}=\frac{32\ 880}{1\ 000+370}=24$$

(3)计算材料费用分配结果

完工产品应分配材料费用＝完工产品数量×材料费用分配率＝1 000×24＝24 000(元)

在产品应分配材料费用＝在产品约当产量×材料费用分配率＝370×24＝8 880(元)

2.“直接材料费用”以外费用的分配计算

与直接材料费用的分配形式相似，直接材料费用以外的其他费用(我们一般指直接人工与制造费用)的分配，也是首先通过费用分配率的计算，然后再进行结果的分配。通过前面对直接材料费用分配的计算得知，分配率的计算上，最重要的一点就是对在产品约当产量的确认。直接人工费用与制造费用的费用发生形式，存在着与直接材料费用发生形式明显的区别，就是这些费用的发生均只能按照完工进度陆续发生，这与直接材料可按一次性投料的方式使费用在某个时间点一次性发生完全不同。在实际工作中，人们往往以工时作为直接人工与制造费用发生多少的衡量标准，即在产品所耗工时越长，则所发生的直接人工与制造费用越多。

为了提高成本计算的正确性，加速成本的计算工作，可以按照各工序的累计工时定额占完工产品工时定额的比率计算，这要求我们事前确定各工序在产品的完工率。其计算公式如下：

$$\text{某工序在产品完工率}=\frac{\text{前面各工序工时定额之和}+\text{本工序工时定额}\times 50\%}{\text{产品工时定额}}\times 100\%$$

公式中本工序(即在产品所在工序)工时定额乘以50%,是因为该工序中各件在产品的完工程度不同,为了简化完工率的测算工作,在本工序一律按平均完工率50%计算。

【例8-6】 根据资料显示,立华食品厂2011年7月人工费用合计为7 980元,当月完工产品200件,月末在产品120件,该企业产品生产分3道工序完成,每道工序的工时定额及在产品的信息如下表8-5所示。

表8-5

工序	工时定额(小时)	在产品数量(件)
1	8	20
2	16	40
3	16	60
合计	40	120

(1)第一道工序在产品完工率

$$第一道工序在产品完工率=\frac{前面各工序工时定额之和+本工序工时定额\times 50\%}{产品工时定额}\times 100\%$$

$$=\frac{8\times 50\%}{40}\times 100\%=10\%$$

(2)第二道工序在产品完工率

$$第二道工序在产品完工率=\frac{前面各工序工时定额之和+本工序工时定额\times 50\%}{产品工时定额}\times 100\%$$

$$=\frac{8+16\times 50\%}{40}\times 100\%=40\%$$

(3)第三道工序在产品完工率

$$第三道工序在产品完工率=\frac{前面各工序工时定额之和+本工序工时定额\times 50\%}{产品工时定额}\times 100\%$$

$$=\frac{(8+16)+16\times 50\%}{40}\times 100\%=80\%$$

(4)全部在产品的约当产量

在产品的约当产量$=20\times 10\%+40\times 40\%+60\times 80\%=66$

(5)人工费用分配率

$$人工费用分配率=\frac{人工费用总额}{完工产品数量+在产品约当产量}=\frac{7\ 980}{200+66}=30$$

(6)完工产品应分摊的人工费用

完工产品应分摊的人工费用$=200\times 30=6\ 000$(元)

(7)月末在产品应分摊的人工费用

月末在产品应分摊的人工费用＝66×30＝1 980(元)

当企业产品生产中所涉及的所有费用均按照上述方法在完工产品与在产品之间分配完毕后,对应的项目加总求和,即可得出最终完工产品的成本与月末在产品的成本。

六、在产品按定额成本计价法

通过学习上述完工产品与在产品之间的数学关系,我们可以得知,完工产品与在产品共同对费用进行分配,二者是此消彼长的关系。前面所学习的方法中,在产品忽略不计法、在产品按固定成本计价法、在产品按所耗原材料计价法等方法,其计算思路均为先确定在产品的成本,然后用费用总额减去在产品成本,倒推可以得出完工产品成本。但上述三种方法均有自己独特的使用环境。如果企业在产品每月月末数量较大、数量变化也较大、成本构成项目也较为均衡,则上述三种方法是无法使用的。当企业产品生产中各项消耗定额或费用定额制定比较准确稳定的情况下,我们可以按照已有定额资料先行确认出在产品的定额成本,然后再推算出完工产品的成本,这种方法计算的基本思路是:

某产品月末在产品定额成本＝月末在产品数量×在产品单位定额成本

某产品完工产品成本＝该产品本月生产费用合计－该产品月末在产品成本

关于月末在产品定额成本的确认,还需分具体情况来处理,如有必要,月末在产品成本也需按成本项目分别确认,即分项目确认出月末在产品所耗原材料的定额成本、月末在产品定额人工费用、月末在产品定额制造费用,再汇总得出月末在产品定额成本。

【例 8-7】 根据资料显示,长风家具厂 2011 年 7 月份各项费用月初及本月合计数分别为:直接材料 32 000 元,直接人工 24 000 元,制造费用 11 000 元。本月完工产品 240 件,月末在产品 120 件,在产品在每道工序的完工程度均按 50%计算。该企业产品生产分 3 道工序完成,原材料在生产开始时一次性投入,单件产品原材料消耗定额为 100 元;每道工序的工时定额及在产品的信息如下表列示,直接工资定额为 4 元/小时,制造费用定额为 2 元/小时。

工序	工时定额(小时)	在产品数量(件)
1	8	20
2	16	40
3	16	60
合计	40	120

(1)在产品定额原材料费用

由于原材料是在产品开始生产时一次性投入,所以每件在产品材料费用定额与完工产品材料费用定额是一致的。

在产品定额原材料费用=120×100=12 000(元)

(2)在产品定额人工费用

由于120件在产品被分布在不同的工序上面,在人工费用的发生特征是随着完工进度陆续均匀发生的,所以,计算在产品定额人工费用,我们需要分不同的步骤来分别计算。

第一道工序在产品定额人工费用=20×8×50%×4=320(元)

第二道工序在产品定额人工费用=40×(8+16×50%)×4=2 560(元)

第三道工序在产品定额人工费用=60×(8+16+16×50%)×4=7 680(元)

在产品定额人工费用合计=320+2 560+7 680=10 560(元)

(3)在产品定额制造费用

在产品定额制造费用的计算与定额人工费用的计算一致。

第一道工序在产品定额制造费用=20×8×50%×2=160(元)

第二道工序在产品定额制造费用=40×(8+16×50%)×2=1 280(元)

第三道工序在产品定额制造费用=60×(8+16+16×50%)×2=3 840(元)

在产品定额制造费用合计=160+1 280+3 840=5 280(元)

(4)计算完工产品成本

完工产品材料费用=32 000-12 000=20 000(元)

完工产品人工费用=24 000-10 560=13 440(元)

完工产品制造费用=11 000-5 280=5 720(元)

完工产品总成本=20 000+13 440+5 720=39 160(元)

七、定额比例法

从这种方法的名称上可以看出,在该种方法下也需要企业的定额资料。但与上述第六种方法即在产品按定额成本计价法不同,这种方法下,我们不仅要求得在产品的定额资料,而且还需要求得完工产品的定额资料。并且,在计算过程中,也不是按照减法倒推出完工产品成本的,而是把完工产品和月末在产品的成本计算按照生产费用占完工产品和月末在产品的定额消耗量或定额费用的比例来分配求得。换言之,我们以完工产品与在产品的定额耗用作为分配标准,将实际所发生的费用进行分配。该方法也需要按照成本项目分别进行分配。这种方法下计算的基本思路是:

$$某项费用分配率=\frac{该项费用月初数+该项费用本月发生数}{完工产品该项费用定额耗用+月末在产品该项费用定额耗用}$$

完工产品应分配的某项费用＝该项费用分配率×完工产品该项费用定额耗用

月末在产品应分配的某项费用＝该项费用分配率×月末在产品该项费用定额耗用

【例 8-8】 仍以【例 8-7】资料为例，现采用定额比例法对完工产品与月末在产品进行分配。

(1)根据【例 8-7】计算结果

在产品定额原材料费用＝12 000(元)

在产品定额人工费用合计＝10 560(元)

在产品定额制造费用合计＝5 280(元)

(2)计算完工产品各项费用定额

完工产品定额原材料费用＝240×100＝24 000(元)

完工产品定额人工费用合计＝240×40×4＝38 400(元)

完工产品定额制造费用合计＝240×40×2＝19 200(元)

(3)计算各项费用分配率

$$\text{材料费用分配率}=\frac{\text{材料费用月初数}+\text{本月发生数}}{\text{完工产品材料定额耗用}+\text{月末在产品材料费用定额耗用}}$$

$$=\frac{32000}{24000+12000}=0.89$$

$$\text{人工费用分配率}=\frac{\text{人工费用月初数}+\text{本月发生数}}{\text{完工产品人工定额耗用}+\text{月末在产品人工费用定额耗用}}$$

$$=\frac{24\ 000}{38\ 400+10\ 560}=0.49$$

$$\text{制造费用分配率}=\frac{\text{制造费用月初数}+\text{本月发生数}}{\text{完工产品制造费用定额}+\text{月末在产品制造费用定额}}$$

$$=\frac{11\ 000}{19\ 200+5\ 280}=0.45$$

(4)计算各项费用分配结果(月末在产品各项费用计算结果为倒推得出，以下同)

完工产品直接材料费用＝24 000×0.89＝21 360(元)

月末在产品直接材料费用＝12 000×0.89＝10 640(元)

完工产品直接人工费用＝38 400×0.49＝18 816(元)

月末在产品直接人工费用＝10 560×0.49＝5 184(元)

完工产品制造费用＝19 200×0.45＝8 640(元)

月末在产品制造费用＝5 280×0.45＝2 360(元)

完工产品总成本＝21 360＋18 816＋8 640＝48 816(元)

月末在产品总成本＝10 640＋5 184＋2 360＝18 184(元)

【单项选择题】

1. 某企业甲产品需要经过两道工序制成，第一道工序工时定额为20小时，第二道工序工时定额为30小时，则第二道工序的完工率为 ( )

A. 40%　　B. 60%

C. 70%　　D. 80%

(2010年10月高等教育自学考试《成本会计》真题)

【多项选择题】

1. 生产费用在完工产品与在产品之间的分配方法中，常用的分配方法有 ( )

A. 在产品按完工产品计算法　　B. 定额成本法

C. 定额比例法　　D. 约当产量法

E. 不计算在产品成本法

(2010年10月高等教育自学考试《成本会计》真题)

【计算题】

根据生产特点和管理要求，某企业采用品种法计算甲、乙两种产品成本。材料费用在开工时一次性投入，直接人工费用及制造费用随加工程度均匀发生。其中不可修复乙产品的废品损失全部由完工产品成本负担。完工产品与月末在产品之间的费用分配采用约当产量比例法。8月份有关资料如下：

(1)产量记录

项目	甲产品(件)	乙产品(件)
本月完工产品数量	3 600	3 600
月末在产品数量	800	500
完工程度	50%	80%

(2)月初在产品成本及本月生产费用

	项目	直接材料(元)	直接人工(元)	制造费用(元)
甲产品	月初在产品成本	1 000	1 000	2 000
	本月生产费用	87 000	39 000	10 000
乙产品	本月生产费用	43 000	80 800	41 200

(3)有关废品损失资料

项目	直接材料(元)	直接人工(元)	制造费用(元)
乙产品(不可修复)	2 000	800	1 200

要求:(1)计算甲、乙两种产品成本,登记各产品成本计算单。

(2)编制完工产品入库的会计分录。

(2011 年 11 月高等教育自学考试《成本会计》真题)

知识延伸

制造成本的定额管理

成本定额管理是企业成本管理手段之一，利用定额来控制各项成本指标，达到降低成本的目的。从制造成本组成的主要内容看，各项费用都属于生产单位的基础费用，各子项目的费用划分明确、直观，反映的是成本的实际水平。也就是说，制造成本法便于实行成本定额管理。实行制造成本的定额管理，建立健全定额管理体系，发动职工从技术革新和改善管理入手，制订和修订各项技术经济定额。

一、制订定额成本

根据生产成本计划，分别制订定额成本各项目标值。通常情况下，直接材料、直接人工费用和制造费用可以制订定额成本，管理费用可以编制预算，作为成本控制的依据。制定定额成本，一般要求达到平均先进水平，如果定额成本落后于实际水平，那就起不到控制作用。定额成本可根据下列公式确定：

某产品定额成本（总额或单位定额）＝该产品售价－利润－税金

这种方法是通过倒挤法确定成本定额，企业可以根据实际生产状况确定采用其他方法，如比较法等。将实际成本与定额成本进行比较，实际成本超过定额成本表示超支差异，实际成本低于定额成本表示节约差异，揭示出成本的定额差异，就能起到监督生产经营管理，促进降低成本的作用。

二、按定额成本目标值，制订料、工、费定额，全面控制产品的各项消耗定额，降低产品制造成本水平

（一）直接材料的定额管理

材料的消耗定额，一般可通过制订单位产品的材料消耗定额来确定成本中的材料消耗定额。

1.单位产品的材料消耗定额。即确定在一定生产条件下，完成单位工作量所消耗某种材料的数量标准，包括原料及主要材料消耗定额；辅助材料消耗定额以及燃料消耗定额等；一般用实物量表示。例如，医药制剂品种的辅助消耗定额为公斤/万片等。制定材料消耗定额时，要研究材料消耗构成，如：(1)构成产品净产量所消耗的材料；(2)工艺性损耗，如加工过程中因原料质量水平造成的重复投料损失等，不包括非工艺性损耗，其公式：

单位产品原材料消耗定额＝单位产品的净消耗量＋该产品工艺性损耗量

2.通过产品产量和消耗定额值对材料进行限额控制，实行限额领料制度。建立材料限制卡，填写限额领料单领取材料。如果因工艺变更，定额错漏，废次品返工等情

况，需增加领料时，必须办理增补定额指标手续。在材料核算上，建立材料价格差异、材料数量差异账户，核算生产过程中材料实际消耗与定额消耗的差异，通过差异分析，了解生产各环节材料的投入情况，从而达到定额控制的目的。

（二）劳动消耗控制

劳动消耗控制是指在生产过程中对生产工人工作时间的消耗进行的限额控制。通过分析和研究工时损失的原因，消除各种不合理的因素，使实际人工耗费低于标准或定额，以确保目标成本的实现。劳动定额是指完成某项生产任务所消耗的劳动量的标准，可用产量定额或工时定额来表示。产量定额是单位时间内所在地生产的产品数量，工时定额是指完成单位产品所耗费的生产时间。制订劳动定额要科学、合理，切合实际。

（三）对制造费用的定额管理

制造费用分为变动费用和固定费用两类。固定费用预算按绝对额编制，而变动费用预算应根据预算产量的变动费用率来编制。固定费用可采取定额管理，变动费用可采取限额控制的方法。首先制订费用定额（限额）。一般分别由归口管理部门负责制定。凡是国家有规定的（差旅费等）应按规定执行，国家没有规定的（修理费、辅助材料等）应根据各项费用与产量、人员、设备等之间的关系，通过分析制定。费用定额（限额）一经制定，要保持相对稳定，如果实际情况变化较大，应及时修订，使费用定额既先进又合理，达到节约费用、降低成本的目的。

实训一

<table>
<tr><td>班　　级</td><td></td><td>姓　　名</td><td></td><td>学　　号</td><td></td><td>实训日期</td><td></td></tr>
<tr><td>实训项目</td><td colspan="7">用在产品按所耗原材料计价法分配完工产品与在产品成本</td></tr>
<tr><td colspan="8">实训目的：
1. 能正确使用在产品按所耗原材料计价法分配完工产品与在产品成本。
2. 能了解该方法所适用的企业环境。</td></tr>
<tr><td colspan="8">实训要求：
京华公司月末在产品按所耗原材料费用计算。2011 年 10 月初在产品原材料费用(即月初在产品成本)为 4 890 元；本月发生原材料费用为 9 830 元，工资及福利费等加工费用共计 1 230 元；本月完工产品 760 件，月末在产品 390 件。原材料是在生产开始时一次性投入的。
要求：用在产品按所耗原材料费用计算分配完工产品与在产品的成本。</td></tr>
<tr><td colspan="8">实训结果(不够纸可另附页)</td></tr>
<tr><td>教师简评</td><td colspan="7"></td></tr>
<tr><td>评定成绩</td><td colspan="3"></td><td>指导教师</td><td></td><td>日　　期</td><td></td></tr>
</table>

实训二

班　　级		姓　　名		学　　号		实训日期	
实训项目	计算在产品的完工程度						

实训目的：

1. 理解在产品完工程度的内涵。
2. 会正确计算在产品的完工程度。

实训要求：

平安公司 2011 年 10 月份生产 A 产品单位工时定额为 80 小时，经过 3 道工序制成。第一道工序工时定额为 20 小时，第二道工序工时定额为 40 小时，第三道工序定额为 20 小时。各道工序内各件在产品加工程度均按 50%计算。

要求：计算各工序在产品的完工程度。

实训结果（不够纸可另附页）

教师简评					
评定成绩		指导教师		日　　期	

实训三

班　　级		姓　　名		学　　号		实训日期	
实训项目	用约当产量法分配完工产品与在产品成本						

实训目的：

1. 能正确应用约当产量法分配完工产品与在产品成本。
2. 能了解该方法所适用的企业环境。

实训要求：

京华公司生产 B 产品经过 3 个生产步骤，原材料在生产开始时一次性投入，本月完工产品 1 125 件，生产费用等资料如下表。

各工序定额工时和在产品数量

项目	定额工时（小时）	在产品数量（件）
第一步骤	15	160
第二步骤	20	120
第三步骤	15	80

要求：1. 计算完工率。

2. 用约当产量比例法分配生产费用。

实训结果（不够纸可另附页）

完工率计算表

项目	工时定额	完工程度	在产品数量	约当产量
一				
二				
三				
合计				

B产品生产成本明细账

单位:元

摘要	原材料	工资及福利费	制造费用	合计
月初在产品费用	14 475	6 750	9 900	31 125
本月费用	58 290	18 790	18 194	95 274
合计	72 765	25 540	28 094	126 399
完工产品				
月末在产品				

教师简评					
评定成绩		指导教师		日　期	

实训四

<table>
<tr><td>班　　级</td><td></td><td>姓　　名</td><td></td><td>学　　号</td><td></td><td>实训日期</td><td></td></tr>
<tr><td>实训项目</td><td colspan="7">用在产品按定额成本法分配完工产品与在产品成本</td></tr>
<tr><td colspan="8">实训目的：
1. 能正确应用在产品按定额成本法分配完工产品与在产品成本。
2. 能了解该方法所适用的企业环境。</td></tr>
<tr><td colspan="8">实训要求：
京华公司 2011 年 4 月生产 B 产品，当月完工 800 件，月末在产品 100 件。原材料于开始生产时一次性投入，单位产品直接材料费用定额 60 元/件，直接人工费用定额 35 元/件，制造费用定额 20 元/件。月末在产品完工程度为 50%。月初在产品定额成本 4 375 元，其中，直接材料成本 3 000 元，直接人工成本 875 元，制造费用成本 500 元；本月发生生产费用 87 575 元，其中，直接材料费用 47 800 元，直接人工费用 27 275 元，制造费用 12 500 元。
要求：用在产品按定额成本法分配完工产品与月末在产品的成本。</td></tr>
<tr><td colspan="8">实训结果（不够纸可另附页）</td></tr>
<tr><td>教师简评</td><td colspan="7"></td></tr>
<tr><td>评定成绩</td><td colspan="3"></td><td>指导教师</td><td></td><td>日　　期</td><td></td></tr>
</table>

实训五

班　　级		姓　　名		学　　号		实训日期	
实训项目	用定额比例法分配完工产品与在产品成本						

实训目的：

1. 能正确应用定额比例法分配完工产品与在产品成本。
2. 能了解该方法所适用的企业环境。

实训要求：

京华公司 2011 年 10 月份生产 B 产品资料如下：

项目	产量	原材料单件定额(一次性投料)	单件定额工时
完工产品	250	90	12
在产品	190	90	按加工率 50%计算

要求：用定额比例法分配生产费用。

实训结果(不够纸可另附页)

B 产品生产成本明细账

摘要		原材料	工资及福利费	制造费用	合计
月初在产品费用		15 020	1 159	1 720	19 859
本月费用		30 520	2 360	5 732	42 862
合计		45 540	3 519	7 452	62 721
费用分配率					
完工产品	定额费用				
	实际费用				
月末在产品	定额费用				
	实际费用				

教师简评					
评定成绩		指导教师		日　　期	

项目九　品种法

案例导入

齐飞的食品厂开业半年多了，这半年多来，齐飞勤奋好学的态度深受会计师老许的称赞。老许甚至开玩笑说，自己可以下岗了，齐飞成本核算的技术已经基本达到了一个成本会计人员的基本要求。齐飞对老许讲，关于成本核算过程，费用要素的归集和分配，他已经掌握了很多种方法，并且已经学会了完工产品与在产品成本的分配方法，那是不是将所有的这些费用要素归类好，汇总为产品成本就可以了呢？老许笑着说，成本计算有其特有的方法，分为品种法、分批法及分步法，而这些方法根本的不同点在于它们的成本计算对象的不同。之前我们学过的费用要素的分配，基本是以品种作为成本计算对象的，所以按品种法来核算完工产品成本的话，那么，齐飞现有的知识是过关的，所以品种法从本质上而言，就是按照所加工产品的品种，对各项费用（如材料费用、人工费用、制造费用、辅助生产费用、废品损失及停工损失等）进行归集和分配，然后再计算出每种产品的完工产品和在产品，所以品种法的学习，亦相当于前述内容的一个综合体。

任务一：能领会品种法核算的特点

品种法是以产品品种作为成本计算对象来归集生产费用、计算产品成本的方法。如前所述，成本计算对象有三类，包括品种、批次和步骤，但不论企业的生产特点是什么、采用什么作为成本计算对象，其最终都应按照产品品种计算出产品成本，所以就此而言，品种法是成本计算方法中最基本的方法。品种法的特点表现在如下 3 个方面：

1. 以产品品种作为成本计算对象

以品种法作为成本计算方法的企业，往往是大量大批重复生产一种或几种产品。在只生产一种产品的企业，只需要以这一产品开设生产成本明细账，并按成本项目开设专栏。由于只有一个品种，所以在生产过程中所发生的费用都可视为直接费用，因而直接将其计入产品成本计算单中的有关栏目。如果企业生产两种或以上产品，则需要按每一种产品分别开设生产成本明细账，并按成本项目开设专栏。发生直接费用直接计入产品成本计算单中的有关栏目，而对几种产品共同发生的费用，则分配计入各产品生产成本明细账的有关栏目。

2. 成本核算期与会计核算期一致

企业的成本核算期或与会计核算期一致，或与其生产周期一致。由于采用品种法核算的企业往往是大量大批重复生产的企业，其生产是连续不断的，不可能在产品生产完工时就计算出产品成本，只能定期在月末计算当月产出的完工产品成本，从而成本计算期与会计核算期应保持一致，而与其生产周期不一致。

3. 月末需计算分配完工产品成本与在产品成本

由于以上特点 2 所描述，品种法的成本核算期与会计核算期保持了一致，所以在当一个完整的会计期间结束时，也需要对产品成本进行核算，这种固定的计算时间往往会引起在产品的出现。因此一般而言，采用品种法计算进行成本核算，在月末需计算分配完工产品成本与在产品成本。

【单项选择题】

1. 品种法和分步法的最大区别在于　（　　）

A. 产品成本计算对象

B. 间接费用的分配方法

C. 成本计算期

D. 完工产品与在产品费用的分配

(2009 年 10 月高等教育自学考试《成本会计》真题)

【判断题】

1. 在生产工艺采用多步骤生产的企业，都要求按照生产步骤分步计算成本。　（　　）

(2011 年 1 月高等教育自学考试《成本会计》真题)

任务二：会应用品种法进行成本核算

如前面导入案例中所述，我们可以将品种法的计算看做是前面章节内容的一个综合体，就计算技术方面而言，已经全部被前面章节内容所包含，下面我们引入一个案例来具体演示品种法核算过程。

【例 9-1】 美和公司设有两个生产车间，一车间为基本生产车间，大量生产甲、乙两种产品，根据生产工艺特点和管理要求，企业确定采用品种法计算甲、乙产品成本。二车间为辅助生产车间，辅助生产车间的制造费用亦通过“制造费用”账户核算。根据企业的需要，产品成本项目设置为“原材料”、“燃料和动力”、“直接人工”、“制造费用”四个项目。各车间的人员工资采用计时工资。该企业低值易耗品采用一次摊销法。生产甲、乙产品共同耗用 A 材料，另外甲、乙产品分别耗用 B 材料和 C 材料。

1. 产量资料：甲、乙产品均无月初在产品，本月投产甲产品 100 件，乙产品 120 件。

2. 根据货币资金支出资料，编制的各车间有关各项货币支出的汇总表，见表 9-1。

表 9-1 货币支出汇总表

<table>
<tr><th colspan="3">应借科目</th><th rowspan="2">金额(元)</th></tr>
<tr><th>总账科目</th><th>明细科目</th><th>成本或费用项目</th></tr>
<tr><td rowspan="7">制造费用</td><td rowspan="3">一车间</td><td>办公费</td><td>1 000</td></tr>
<tr><td>劳动保护费</td><td>1 000</td></tr>
<tr><td>其他</td><td>500</td></tr>
<tr><td rowspan="3">二车间</td><td>办公费</td><td>750</td></tr>
<tr><td>劳动保护费</td><td>750</td></tr>
<tr><td>其他</td><td>500</td></tr>
<tr><td colspan="2">小计</td><td>4 500</td></tr>
<tr><td colspan="2" rowspan="4">管理费用</td><td>办公费</td><td>1 000</td></tr>
<tr><td>劳动保护费</td><td>500</td></tr>
<tr><td>其他</td><td>500</td></tr>
<tr><td>小计</td><td>2 000</td></tr>
<tr><td colspan="3">合计</td><td>6 500</td></tr>
</table>

3. 甲、乙产品共同耗用 A 材料，单件甲、乙产品的 A 材料消耗定额分别为 4 千克和 5 千克。A 材料费用按甲、乙产品的 A 材料消耗定额分配。

4. 按旬编制的领料凭证汇总表见表 9-2、表 9-3、表 9-4。

表 9-2　领料凭证汇总表

2011 年 10 月 1 日—10 日　　单位:元

项目		一车间	二车间
原材料	A	10 000	
	B	20 000	
	C	20 000	
	D		500
	小计	50 000	500
低值易耗品	E	200	
	F	300	
	G		200
	H		400
	小计	500	600
机物料消耗	I	200	
	J	200	
	K		150
	L		200
	小计	400	350

表 9—3　领料凭证汇总表

2011 年 10 月 11 日—20 日　　单位:元

项目		一车间	二车间
原材料	A	20 000	
	B	10 000	
	C	30 000	2 000
	D		1 000
	小计	60 000	3 000

续表

项目		一车间	二车间
低值易耗品	E	200	
	F	300	
	G		100
	H		200
	小计	500	300
机物料消耗	I		400
	J		100
	K	300	
	L	200	
	小计	500	500

表 9-4 领料凭证汇总表

2011 年 10 月 21 日—31 日

单位:元

项目		一车间	二车间
低值易耗品	E	200	
	F	300	
	G		200
	H		400
	小计	500	600
机物料消耗	I	200	
	J	200	
	K		150
	L		200
	小计	400	350

5. 各车间及管理部门工资汇总表见表 9-5。

表 9-5　工资汇总表

2011 年 10 月　　单位:元

部门		应付职工薪酬——工资				
		月标准工资	奖金	津贴	扣缺勤	合计
一车间	生产工人	5 475	1 150	500		7 125
	管理人员	2 550	680	90	20	3 300
	小计	8 025	1 830	590	20	10 425
二车间	生产工人	2 400	550	260	10	3 200
	管理人员	1 650	405	85	40	2 100
	小计	4 050	955	345	50	5 300
行政管理		2 100	500	100		2 700

6.本月甲、乙两种产品的工时记录分别为 2 275 小时和 2 475 小时。一车间生产的甲、乙产品的工人工资按甲、乙产品的生产工时分配。

7.外购动力费用见表 9-6。10 月份电费共计 10 300 元,通过“应付账款”账户核算。一车间的生产用电按生产工时在甲、乙产品之间进行分配。

表 9-6　各部门用电明细表

2011 年 10 月　　单位:度

	生产用电	其他用电
一车间	11 400	2 000
二车间	3 200	3 000
行政管理		1 000

8.10 月份各车间固定资产的折旧费用分别为:一车间 2 000 元,二车间 1 000 元,行政管理部门为 1 000 元。

9.10 月份财务费用为 1 000 元。

10.辅助生产车间生产费用。该企业辅助生产费用采用直接分配法分配。本月二车间提供运输 10 190 吨,其中,为一车间提供运输服务 9 000 吨,为行政管理部门提供运输服务 1 190 吨。

11.该企业制造费用按产品的实际工时在甲、乙产品之间进行分配。

12.完工产品与月末在产品。该企业产品的消耗定额比较准确,甲、乙产品各月在产品数量变动大,采用在产品按定额成本计价法进行完工产品与在产品之间的费用分配。已知本月甲产品完工80件，乙产品完工100件。

13. 月末各在产品的有关资料见表9-7。

表9-7 月末在产品的有关资料

<table>
<tr><th rowspan="2">产品名称</th><th rowspan="2">所有工序</th><th rowspan="2">在产品数量</th><th rowspan="2">单件在产品定额费用(元)</th><th rowspan="2">在产品工时</th><th colspan="3">单位工时定额(元/小时)</th></tr>
<tr><th>燃料及动力</th><th>直接人工</th><th>制造费用</th></tr>
<tr><td rowspan="2">甲产品</td><td>1</td><td>15</td><td rowspan="2">420</td><td>10</td><td rowspan="4">1.2</td><td rowspan="4">1.6</td><td rowspan="4">6</td></tr>
<tr><td>2</td><td>5</td><td>20</td></tr>
<tr><td rowspan="2">乙产品</td><td>1</td><td>10</td><td rowspan="2">560</td><td>5</td></tr>
<tr><td>2</td><td>10</td><td>10</td></tr>
</table>

根据上述已知条件，按照品种法的要求，逐一进行如下处理。

1. 根据按旬编制的领料凭证汇总表，编制月度领料凭证汇总表如下表9-8。

表9-8 领料凭证汇总表

2011年10月　　单位：元

		1—10日	11—20日	21—31日	合计
一车间	原材料	50 000	60 000	—	110 000
	低值易耗品	500	500	500	1 500
	机物料消耗	400	500	400	1 300
二车间	原材料	500	3 000	—	3 500
	低值易耗品	600	300	600	1 500
	机物料消耗	350	500	350	1 200

2. 根据领料凭证汇总表以及其他资料，编制材料费用分配表见下表9-9。

表9-9 材料费用分配表

2011年10月　　单位：元

<table>
<tr><th colspan="2" rowspan="2">应借账户</th><th rowspan="2">成本或费用明细项目</th><th colspan="3">间接计入</th><th rowspan="2">直接计入</th><th rowspan="2">合计</th></tr>
<tr><th>定额耗用量</th><th>分配率</th><th>分配金额</th></tr>
<tr><td rowspan="3">基本生产成本</td><td>甲产品</td><td>原材料</td><td>400</td><td></td><td>12 000</td><td>30 000</td><td>42 000</td></tr>
<tr><td>乙产品</td><td>原材料</td><td>600</td><td></td><td>18 000</td><td>50 000</td><td>68 000</td></tr>
<tr><td>小计</td><td></td><td>1 000</td><td>30</td><td>30 000</td><td>80 000</td><td>110 000</td></tr>
</table>

续表

应借账户		成本或费用明细项目	间接计入			直接计入	合计
			定额耗用量	分配率	分配金额		
辅助生产成本		运输车间	原材料				3 500
		小计					3 500
制造费用	一车间	低耗品				1 500	1 500
		机物料				1 300	1 300
	二车间	低耗品				1 500	1 500
		机物料				1 200	1 200
	小计					4 500	4 500
合计					30 000	88 000	118 000

3.根据工资汇总表,编制职工薪酬分配表(公司规定按工资总额的14%计提职工福利费),见下表9-10。

表9-10　工资及职工福利费分配表

2011年10月　　单位:元

应借账户		成本或费用项目	生产工时	分配率	工资费用	计提标准	职工福利	合计
基本生产成本	甲产品	直接人工	2 275		3 412.5		477.75	3 890.25
	乙产品	直接人工	2 475		3 712.5		519.75	4 232.25
	小计		4 750	1.5	7 125		997.5	8 122.5
辅助生产成本	运输车间	直接人工			3 200		448	3 648
	小计				3 200		448	3 648
制造费用	一车间	工资及福利			3 300		462	3 762
	二车间	工资及福利			2 100		294	2 394
	小计				5 400		756	6 156
管理费用		工资及福利			2 700		378	3 078
合计					18 425	14%	2 579.5	21 004.5

4.根据各部门用电明细表,编制外购动力费用分配表如下表9-11。

表 9-11　外购动力费用分配表

2011 年 10 月　　　　　　　　　　　　　　　　单位：元

应借账户		成本项目或费用项目	数量		分配金额
			生产工时 分配率：1.2	度数 单价：0.5	
基本生产成本	甲产品	燃料及动力	2 275		2 730
	乙产品	燃料及动力	2 475		2 970
	小计		4 750	11 400	5 700
辅助生产成本	运输车间	燃料及动力		3 200	1 600
	小计			3 200	1 600
制造费用	一车间	水电费		2 000	1 000
	二车间	水电费		3 000	1 500
管理费用		水电费		1 000	500
合计			20 600	10 300	

5. 根据固定资产资料，编制固定资产折旧费用分配表如下表 9-12。

表 9-12　固定资产折旧费用分配表

2011 年 10 月　　　　　　　　　　　　　　　　单位：元

项目	生产车间			行政管理	合计
	一车间	二车间	小计		
折旧费	2 000	1 000	3 000	1 000	4 000

6. 根据利息资料，编制财务费用分配表如下表 9-13。

表 9-13　财务费用分配表

2011 年 10 月　　　　　　　　　　　　　　　　单位：元

应借账户	预提金额
财务费用	1 000

7. 根据各项费用分配表，登记辅助生产车间制造费用明细账见下表 9-14、辅助生产车间生产成本明细账见下表 9-15。

表 9-14 辅助生产车间制造费用明细账

2011 年 10 月　　单位:元

月	日	摘要	工资及职工福利	机物料消耗	水电费	折旧费	低值易耗品	劳动保护	办公费	其他	合计
10	31	据货币支出汇总表						750	750	500	2 000
	31	据材料分配表		1 200			1 500				2 700
	31	据职工薪酬分配表	2 394								2 394
	31	据外购动力费用分配表			1 500						1 500
	31	据折旧费用分配表				1 000					1 000
	31	转出制造费用	2 394	1 200	1 500	1 000	1 500	750	750	500	9 594
	31	合计									0

表 9-15 辅助生产车间生产成本明细账

车间:二车间　　2011 年 10 月　　单位:元

月	日	摘要	原材料	燃料及动力	直接人工	制造费用	合计
10	31	据材料分配表	3 500				3 500
	31	据职工薪酬分配表			3 648		3 648
	31	据外购动力费用分配表		1 600			1 600
	31	据辅助车间制造费用明细账				9 594	9 594
	31	据辅助生产费用分配表	3 500	1 600	3648	9 594	18 342
	31	合计					0

8,根据辅助生产车间生产费用明细账和其他有关资料,编制辅助生产车间生产费用分配表见下表 9-16。

表 9-16　辅助生产车间生产费用分配表(直接分配法)

车间:二车间　　　　2011 年 10 月　　　　单位:元

辅助生产部门名称			运输车间	合计
待分配费用			18 342	18 342
供应辅助生产部门以外单位的劳务量			10 190	10 190
费用分配率(单位成本)			1.8	1.8
应借账户	制造费用——车间	耗用数量	9 000	9 000
		分配金额	16 200	16 200
	管理费用	耗用数量	1 190	1 190
		分配金额	2 142	2 142
分配金额合计			18 342	18 342

9.根据辅助生产车间生产费用分配表和其他资料,登记基本生产车间制造费用明细账见表 9-17。

表 9-17　一车间制造费用明细账

2011 年 10 月　　　　单位:元

月	日	摘要	工资及职工福利	机物料消耗	水电费	折旧费	运输费	低值易耗品	劳动保护	办公费	其他	合计
10	31	据货币支出汇总表							1 000	1 000	500	2 500
	31	据材料分配表		1 300				1 500				2 800
	31	据职工薪酬分配表	3 762									3 762
	31	据外购动力费用分配表			1 000							1 000
	31	据折旧费用分配表				2 000						2 000
	31	据辅助生产费用分配表					16 200					16 200
	31	转出制造费用	3 762	1 300	1 000	2 000	16 200	1 500	1 000	1 000	500	28 262
	31	合计										0

10.根据基本生产车间制造费用明细账和其他相关资料，编制基本生产车间制造费用分配表见表 9-18。

表 9-18　一车间制造费用分配表

2011 年 10 月　　　　单位:元

应借科目		生产工时	分配率	金额
生产成本	甲产品	2 275		13 536.25
	乙产品	2 475		1 4725.75
合计		4 750	5.95	28 262

11.根据月末在产品有关资料编制月末在产品定额成本计算表见表 9-19。

表 9-19　月末在产品定额成本计算表

2011 年 10 月　　　　单位:元

产品名称	所在工序	在产品数量	原材料		在产品工时定额	燃料及动力	工资及职工福利	制造费用	定额成本
			单件定额	定额费用					
甲产品	1	15	420	6 300	150	180	240	900	7 620
	2	5	420	2 100	100	120	160	600	2 980
甲产品合计		20	420	8 400	250	300	400	1 500	10 600
乙产品	1	10	560	5 600	50	60	80	300	6 040
	2	10	560	5 600	150	180	240	900	6 920
乙产品合计		20	560	11 200	200	240	320	1 200	12 960

12.根据一车间制造费用分配表和其他资料，登记基本生产车间产品明细账见表 9-20、表 9-21。

表 9-20　产成品明细账

产品名称:甲产品　　　　2011 年 10 月　　　　单位:元

月	日	摘要	原材料	燃料及动力	直接人工	制造费用	合计
10	31	据材料分配表	42 000				42 000
	31	据职工薪酬分配表			3 890.25		3 890.25
	31	据外购动力费用分配表		2730			2730

续表

月	日	摘要	原材料	燃料及动力	直接人工	制造费用	合计
10	31	据一车间制造费用分配表				13 536.25	13 536.25
	31	生产费用合计	42 000	2 730	3 890.25	13 536.25	62 156.5
	31	产成品成本	33 600	2 430	3 490.25	12 036.25	51 556.5
	31	月末在产品成本	8 400	300	400	1 500	10 600

表 9-21 产成品明细账

产品名称:乙产品　　2011 年 10 月　　单位:元

月	日	摘要	原材料	燃料及动力	直接人工	制造费用	合计
10	31	据材料分配表	68 000				68 000
	31	据职工薪酬分配表			4 232.25		4 232.25
	31	据外购动力费用分配表		2 970			2 970
	31	据一车间制造费用分配表				14 725.75	14 725.75
	31	生产费用合计	68 000	2 970	4 232.25	14 725.75	89 928
	31	产成品成本	56 800	2 730	3 912.25	13 525.75	76 968
	31	月末在产品成本	11 200	240	320	1 200	12 960

知识延伸

成本计算方法在工业企业中的应用

成本计算方法是成本会计处理中的“横向分配”与“纵向分配”的有机结合，是以产品成本为对象，将企业的生产费用对象化的分配和计算过程。成本计算方法主要有品种法、分批法、分步法三种基本方法和分类法、定额法两种辅助方法。在实际工作中，由于企业实际生产经营活动复杂，不少企业的成本核算会计人员在计算产品的成本时，对于选择成本计算方法感到为难。有人认为，他们单位好像一切成本计算方法都可以采用，又好像不太合理。出现这种情况是因为企业采用的成本计算方法往往没有人们所想象的那么单纯、典型。事实上，每个企业，一个企业的各个车间，一个车间的各种产品，它们的生产特点和管理要求并不一定相同，即使是一种产品，它的各个生产步骤，各个半成品和各个成本项目之间，它们的生产特点和管理要求也并不一定一样，各种产品，就有可能同时应用几种不同的成本计算方法，还有可能把几种成本计算方法结合起来应用。

一、几种产品成本计算方法同时应用

1. 一个企业的各个车间可以同时采用几种成本计算方法

在一个工业企业中，由于不同的生产车间它们的生产特点和管理要求并不一定相同而同时采用几种成本计算方法来计算成本的情况是很多的。工业企业一般都有基本生产车间和辅助生产车间。基本生产车间和辅助生产车间的生产类型往往不同，因而采用的成本计算方法也往往不一样。例如，纺织厂的纺纱和织布等基本生产车间，一般属于多步骤的大量生产，应该采用分步计算半成品纱和产成品布的成本，而厂内的供水、供电等辅助生产车间，属于单步骤大量生产，则应采用品种法计算成本。

一个工业企业的基本生产车间和辅助生产车间的生产类型即使相同，由于管理要求不一样，也可以采用不同的成本计算方法。例如，发电厂的基本生产车间——发电车间和辅助生产车间——供水车间，都是单步骤大量生产，均可采用品种法计算成本。由于供水不是企业的主要生产，如果企业规模很小，也可以不单独计算供水的成本。

2. 一个企业或一个车间的各种产品可以同时采用几种成本计算方法

一个企业或一个车间可能生产多种产品，其产品生产的情况不同，而采用不同的成本计算方法也是常见的。例如：竹制品厂生产的多种竹产品有的已定型，已大批量多步骤生产，管理上要求按步骤计算产品成本，则应采用分步法；有的已定型，已大批量多步骤生产，但管理上不要求按步骤计算产品成本，则应采用品种法；有的则正在试制或者刚刚试制或者刚刚试制成功，只能单件、小批生产，则应采用分批法计算成本。

二、几种成本计算方法结合应用

1.一种产品可能结合采用几种成本计算方法

实际工作中，一个企业只生产一种产品时，结合采用几种成本计算方法来计算成本的情况也是不少的。一种产品的不同生产步骤，由于生产特点和管理要求的不同，可以采用不同的成本计算方法。例如，小批单件生产的机械厂，铸工车间可以采用品种法计算铸件的成本；加工装配车间则可采用分批法计算各批产品的成本；而在铸工和加工装配车间之间，则可采用逐步结转分步法结转铸件的成本；如果在加工和装配车间之间要求分步骤计算成本，但加工车间所产半成品种类较多，又不外售，不需要计算半成品成本，那么，在加工和装配车间之间则可采用平行结转分步法结转成本。这样，该厂就在分批法的基础上，结合采用了品种法和分步法；在分步法中还结合采用了逐步结转和平行结转的方法。

在构成一种产品的不同零部件之间，也可采用不同的成本计算方法。例如，机械厂所产产品的各种零部件，其中不外销的专用件，不要求单独计算成本；经常外销的标准件以及各种产品通用的通用件，则应按照这些零部件的生产类型和管理要求，采用适当的成本计算方法并单独计算成本。

另外，在一种产品各个成本项目之间，也可采用不同的成本计算方法。例如，钢铁厂产品的原料成本，占全部成本的比重较大，又是直接计入费用，应该采用分步法，按照产品的品种和生产步骤设立明细账计算成本；其他成本项目，则可结合采用分类法，按照产品类别设立成本明细账归集费用，然后按照一定的系数分配计算各种产品的成本。又如，机械厂产品的原材料费用占全部成本的比重较大，如果定额资料比较准确稳定，可以采用定额法计算成本；其他成本项目，则可采用其他方法计算成本。

2.成本计算的辅助方法与基本方法相结合应用

成本计算的分类法和定额法，是为简化成本计算工作或加强成本管理而采用的。这两种方法与生产类型的特点都没有直接的联系，可以应用在各种类型的生产上，但必须与各类型生产中所采用的基本成本计算方法结合起来，即与品种法、分批法或分步法相结合，不能单独采用。例如，生产无线电元件的工业企业由于产品的种类、规格较多，又可以按照一定的标准人为划分若干类别，因而可以采用在大批大量生产与多步骤生产的机械制造企业中，如果定额管理的基础比较好，产品的消耗定额比较准确、稳定，可以在所采用的分步法基础上结合采用定额成本法计算产品成本。

总之，工业企业的实际情况错综复杂，因而所采用的成本计算方法也是多种多样的。成本计算的会计人员在计算产品的成本时，则应结合本企业不同的生产特点和管理要求，并考虑到本企业的规模和管理水平等条件，从实际出发加以运用。严防不考虑具体情况就直接套用某种成本计算方法的做法。

实训一

班　　级		姓　　名		学　　号		实训日期	
实训项目	采用品种法核算产品成本						

实训目的：

1. 能掌握品种法核算的基本程序。
2. 能按照品种法的要求正确归集和分配各项费用。
3. 会制作各类费用分配表及登记生产成本明细账。

实训要求：

新民公司生产甲、乙两种产品，均是单步骤大量生产，采用品种法计算产品成本，7月份的生产费用资料如下。

1. 各项货币资金支出：(假定都用银行存款支付)

基本生产车间：办公费 1 200 元，水费 460 元，差旅费 3 400 元，运输费 1 800 元，其他费用 2 600 元。

机修车间：办公费 1 600 元，水费 380 元，其他费用 2 600 元。

支付 7 月份外购电费 9 360 元(其中电价 8 000 元，增值税 1 360 元)。

2. 材料费用

甲产品原材料耗用 68 000 元，乙产品原材料费用 58 600 元。

基本生产车间：耗用材料 3 100 元，修理费 1 900 元，劳动保护费 800 元。

机修车间：修理领用材料 2 850 元。

企业管理部门：修理费 2 260 元，其他费用 1 400 元。

3. 外购电费

耗电按各部门所耗电的度数进行分配。基本生产车间动力用电 22 000 度，其中甲产品 12 000 度，乙产品 10 000 度；机修车间 8 800 度；企业管理部门 1 200 度。

4. 工资费用

基本生产车间：生产工人工资 8 600 元，管理人员工资 920 元。

机修车间：车间人员工资 4 800 元。

企业管理部门：管理人员工资 3 600 元。

基本生产车间生产人员工资在甲、乙两种产品之间按产品的实用工时比例分配。实用工时为:甲产品 9 000 小时,乙产品 8 200 小时。职工福利费按工资额的 14% 计提。

5. 折旧费用

基本生产车间本月折旧 4 050 元,机修车间 2 280 元,企业管理部门 2 600 元。

6. 待摊费用和预提费用

该厂在 6 月初支付下半年度报刊费 1 200 元,每月应摊销 200 元。

7. 辅助生产费用

机修车间为全厂提供修理劳务工时 10 000 小时,其中:基本生产车间 8 100 小时,企业管理部门 1 900 小时。

8. 制造费用

按实用工时比例在甲、乙两种产品之间分配。

9. 完工产品和月末在产品

该厂甲产品、乙产品均为一次性投料。

月初在产品成本

单位:元

产品	直接材料	燃料及动力	直接人工	制造费用	合计
甲产品	21 000	1 200	1 900	4 100	28 200
乙产品	16 000	900	2 400	3 900	23 200

甲产品本月完工 580 件,月末在产品 120 件,完工程度 50%。

乙产品本月完工 390 件,月末在产品 60 件,完工程度 80%。

要求:1. 请根据有关资料计算分配各类费用。

2. 计算并登记产品成本明细账。

实训结果(不够纸可另附页)

教师简评					
评定成绩		指导教师		日　　期	

项目十　分批法

案例导入

刘玉服装设计专业毕业后，自己开办了一家小型服装厂，除了生产刘玉自己设计的服装外，主要根据客户订单生产加工。企业接受的订单五花八门：产品款号很多，七八十种，而且每个款号的产量不多；即使同一款号的衣服，每次生产的成本也不一样，如果一次性多做几件，单件材料成本就低一点；. 工人工资是计件工资，但是都在月底或者次月由老板定，因为发工资是在次月 15 号；本月生产总数和用料总数可以确定；库存积压较多，本月卖的衣服也有相当一部分是以前的。一个月下来，刘玉想知道每单的成本和利润。

任务一：会进行分批法的核算

家具制作、机器与计算机制造、电器生产、印刷、服装、制鞋等行业的企业，广泛运用分批法进行产品成本的核算。分批法是以产品品种和产品批别作为成本计算对象来归集生产费用，计算产品成本的方法。实际工作中，企业往往是按照客户的订单来确定产品的品种和批别，所以分批法也称为订单法。

其主要特点表现为：

1. 以产品批次作为成本计算对象，并据以设置产品成本明细账归集生产费用，计算产品成本。

一般情况，企业根据订单开设生产通知单，车间根据生产通知单组织生产，会计部门根据生产通知单开设基本生产成本明细账（成本计算单）归集生产费用，计算产品成本。

在设置基本生产成本明细账（成本计算单）时，还应注意考虑以下问题：

如果一张订单上只规定生产一种产品，即可以据此划分批别，开设一张成本计算单；

如果一张订单上规定生产一种以上的产品，应按照产品的品种划分批次据以计算

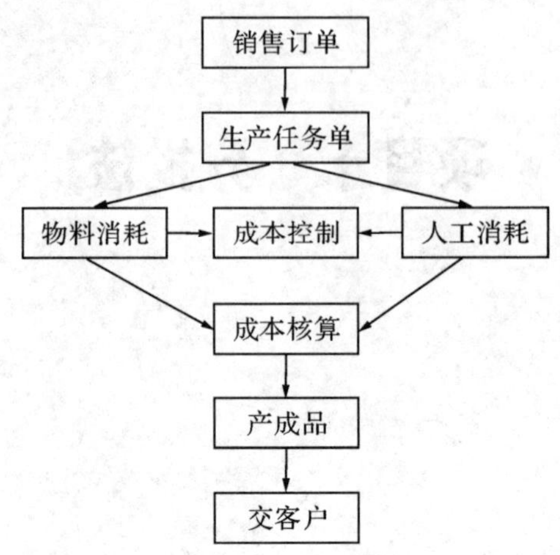

每一种产品的成本；

如果一张订单上规定只生产一种产品，但是数量较大，不便于集中一次投产，或者客户要求分批交货，也可以分成几批组织生产；

如果订单上规定只生产一种产品，但是生产周期较长，产品是由多种零部件构成的，如大型船舶的生产，可以按进度或构成产品的部件分别开设生产通知单来组织生产。

2.成本计算期不固定，与生产周期一致。

3.月末如果有在产品，需要将生产费用在完工产品和在产品之间分配。

【例 10-1】 杭州尚都服装厂是一家外贸服装企业，按生产订单生产外贸出口服装。2010 年 12 月份该厂的产品批号资料如下：1101 批：牛仔裤 100 条，11 月份投产，12 月份完工；1102 批：牛仔裤 200 条，11 月份投产，12 月份未完工；1201 批：牛仔裤 150 条，12 月份投产，12 月份完工。该厂 11、12 月份的生产资料如下表 10-1、表 10-2、表 10-3 所示。

10-1 材料费用表

单位：元

月份	牛仔裤(1101 批)	牛仔裤(1102 批)	牛仔裤(1201 批)
11	13500	7600	
12	8000	4200	21000

10-2 工时资料

单位：小时

月份	牛仔裤(1101 批)	牛仔裤(1102 批)	牛仔裤(1201 批)
11	5400	3500	
12	7600	5600	7400

10-3　生产费用

单位:元

月份	摘要	直接人工	制造费用
11	本月发生	10680	8010
12	本月发生	24720	18540

请计算每批牛仔裤的成本。

【分析】

11 月份当月有两批产品正在生产,所以 11 月份的生产费用应分给 1101 批和 1102 批。人工费用分配率为:10 680/(5 400＋3 500)＝1.2,制造费用分配率为:8 010/(5 400＋3 500)＝0.9。

12 月份当月有三批产品正在生产,所以 12 月份的生产费用应分给 1101 批、1102 批和 1201 批。人工费用分配率为:24 720/(7 600＋5 600＋7 400)＝1.2,制造费用分配率为:18 540/(7 600＋5 600＋7 400)＝0.9。

各批次产品成本计算单如下:

10-4　基本生产成本明细账

批号:1101　　　　　　　　　　　　　　　　　　开工日期:11 月
产品名称:牛仔裤　　　　批量:100 条　　　　　完工日期:12 月

年		摘要	直接材料	直接人工	制造费用	合计
月	日					
11	30	本月发生	13 500	6 480	4 860	24 840
12	31	本月发生	8 000	9 120	6 840	23 960
		合计	21 500	15 600	11 700	48 800
		完工转出	21 500	15 600	11 700	48 800

10-5　基本生产成本明细账

批号:1102　　　　　　　　　　　　　　　　　　开工日期:11 月
产品名称:牛仔裤　　　　批量:200 条　　　　　完工日期:12 月

年		摘要	直接材料	直接人工	制造费用	合计
月	日					
11	30		7 600	4 200	3 150	14 950
12	31		4 200	6 720	5 040	15 960
	31	合计	11 800	10 920	8 190	30 910

10-6 基本生产成本明细账

批号:1201　　　　　　　　　　　　　　　　　　　　　　　　开工日期:11月
产品名称:牛仔裤　　　　　　　　　　批量:150条　　　　　　　完工日期:12月

年		摘要	直接材料	直接人工	制造费用	合计
月	日					
11	30					
12	31		21 000	8 880	6 660	36 540
	31	合计	21 000	8 880	6 660	36 540
	31	完工转出	21 000	8 880	6 660	36 540

通过核算我们得知,12月份生产完毕的1101批牛仔裤的成本为48 800元,1201批牛仔裤的成本为36 540元。

【单项选择题】

1. 分批法的主要特点是 (　　)

A. 以产品批别为成本计算对象

B. 生产费用不需要在批内完工产品与在产品之间进行分配

C. 费用归集与分配比较简便

D. 成本计算期长

(2008年10月高等教育自学考试《成本会计》真题)

2. 区分品种法和分批法的主要标志是 (　　)

A. 成本计算期

B. 间接费用的分配方法

C. 产品成本计算对象

D. 完工产品与在产品之间分配费用的方法

(2008年10月高等教育自学考试《成本会计》真题)

3. 工业企业应该根据生产组织类型和管理要求的不同,确定 (　　)

A. 成本计算对象　　B. 成本计算期

C. 间接费用的分配方法　　D. 完工产品与在产品之间分配费用的方法

(2008年1月高等教育自学考试《成本会计》真题)

【判断题】

1.尽管各种成本计算方法的对象不同,但是产品成本明细账的设立和登记程序是相同的。　　　　（　　）

(2007 年 10 月高等教育自学考试《成本会计》真题)

2.采用分批法计算成本时,不存在完工产品与月末在产品之间分配费用的问题。　　　　（　　）

(2007 年 10 月高等教育自学考试《成本会计》真题)

任务二:能运用简化分批法核算

简化分批法,也叫做“累计间接费用分配法”或者“不分批计算在产品的分批法”。在小批单件生产的企业或车间,如果同一个月份中投产的产品批次特别多,月末未完工的批次也特别多,为了简化各种间接费用(直接人工、制造费用)在完工产品和在产品之间分配的工作量,可以采用简化分批法。

1.设立生产成本明细账和二级账。按生产批号设立基本生产成本明细账,只按月登记各批产品的直接计入费用(如:直接材料)和各批产品的实际耗用工时数。开设基本生产成本二级账,分成本项目登记各批产品的全部生产费用和生产工时,包括全部直接计入费用(原材料)和全部间接费用(如工资、制造费用)。

2.在有完工产品的月份,月末计算全部产品各项累计间接费用分配率(在二级账上计算),对各批完工产品分配间接计入费用,在明细账内计算各批完工产品的总成本和单位成本。

3.将所有批次完工产品的成本按成本项目在二级账中转出,二级账的月末余额表示所有批次在产品的总成本。

【例 10-2】沿用【例 10-1】,用简化分批法核算产品成本。

【分析】 11 月份没有产品完工,只需登记账户即可。明细账只需要登记生产工时和直接材料费用,二级账登记当月发生的所有费用。

12 月份明细账只需要登记生产工时和直接材料费用,二级账登记当月发生的所有费用。当月有产品完工,需要在二级账中计算直接人工费用和制造费用的分配率,并将 1101 批和 1102 批完工产品应负担的人工费用和计算费用计算登入明细账。(累计间接费用分配)

将明细账中完工转出的成本登记入二级账,并在二级账中结出余额,即为所有批次未完工产品的成本。(不分批计算在产品成本)

基本生产成本二级账

年		摘要	工时	直接材料	直接人工	制造费用	合计
月	日						
12	1	期初余额	8 900	21 100	10 680	8 010	39 790
	31	本月发生额	20 600	33 200	24 720	18 540	76 460
	31	累计	29 500	54 300	35 400	26 550	116 250
	31	间接费用累计分配率			1.2	0.9	
	31	完工转出	20 400	42 500	24 480	18 360	85 340
		余额	9 100	11 800	10 920	8 190	30 910

其中：直接人工累计费用分配率＝(10 680＋24 720)/(5 400＋3 500＋7 600＋5 600＋7 400)
＝1.2

制造费用累计费用分配率＝(8 010＋18 540))/(5 400＋3 500＋7 600＋5 600＋7 400)
＝0.9

基本生产成本明细账

批号：1101　　　　开工日期：11月

产品名称：牛仔裤　　　　批量：100条　　　　完工日期：12月

年		摘要	工时	直接材料	直接人工	制造费用	合计
月	日						
11	30	本月发生	5 400	13 500			
12	31	本月发生	7 600	8 000			
	31	累计数及累计费用分配率	13 000	21 500	1.2	0.9	
		本月完工转出	13 000	21 500	15 600	11 700	48 800

基本生产成本明细账

批号:1102　　　　　　　　　　　　　　　　　　　　　　　　开工日期:11月
产品名称:牛仔裤　　　　　　　　批量:200条　　　　　　　　完工日期:12月

年		摘要	工时	直接材料	直接人工	制造费用	合计
月	日						
11	30	本月发生	3 500	7 600			
12	31	本月发生	5 600	4 200			

基本生产成本明细账

批号:1201　　　　　　　　　　　　　　　　　　　　　　　　开工日期:11月
产品名称:牛仔裤　　　　　　　　批量:150条　　　　　　　　完工日期:12月

年		摘要	工时	直接材料	直接人工	制造费用	合计
月	日						
12	31	本月发生	7 400	21 000			
	31	累计数及累计费用分配率	7 400	21 000	1.2	0.9	
		本月完工转出	7 400	21 000	8 880	6 660	36 540

【单项选择题】

1. 在采用简化的分批法时,特别设置基本生产成本二级账是为了核算　　(　　)

A. 本期间接计入费用　　　　B. 直接生产费用

C. 累计生产费用　　　　D. 累计间接计入费用

(2010年1月高等教育自学考试《成本会计》真题)

2. 采用简化的分批法,在产品完工之前,产品成本明细账应　　(　　)

A. 登记间接费用和生产工时

B. 只登记直接材料费用

C. 只登记间接费用,不登记直接费用

D. 登记直接材料费用和生产工时

(2009年10月高等教育自学考试《成本会计》真题)

3. 采用简化的分批法进行成本计算,适用的情况是　　(　　)

A. 投产批数繁多,而且未完工批数较多

B.投产批数较少,而且未完工批数较少

C.投产批数繁多,而且完工批数较多

D.投产批数较少,而且未完工批数较多

(2009 年 1 月高等教育自学考试《成本会计》真题)

4.简化的分批法适用的企业生产特点是 ( )

A.投产批数繁多,而未完工批数较多

B.投产批数繁多,而完工批数较多

C.投产批数较少,而未完工批数较少

D.投产批数较少,而未完工批数较多

(2008 年 10 月高等教育自学考试《成本会计》真题)

5.采用简化的分批法进行成本核算的企业,为了核算累计间接计入费用,一般要求特别设置 ( )

A.制造费用二级账　　B.基本生产成本明细账

C.基本生产成本二级账　　D.基本生产成本总账

(2008 年 1 月高等教育自学考试《成本会计》真题)

6.在简化的分批法下,累计间接费用分配率 ( )

A.只是完工产品与在产品之间分配间接费用的依据

B.既是各批产品之间,也是完工产品与在产品之间分配间接费用的依据

C.只是在各批在产品之间分配间接费用的依据

D.只是在各批产品之间分配间接费用的依据

(2007 年 1 月高等教育自学考试《成本会计》真题)

【多项选择题】

1.在采用分批法计算成本时,企业组织生产确定对象的方式可以选择 ( )

A.按照定单确定批别

B.按照产品的组成部分划分批别

C.将同时期的几张定单中相同的产品合为一批

D.将一张定单中规定的一种产品分为数批

E.按照产品的品种划分批别

(2009 年 10 月高等教育自学考试《成本会计》真题)

2.在分批法下,企业可以用于组织生产,计算成本的方法有 ( )

A.按照定单

B.按照产品的组成部分分批

C.按照产品的品种划分批别

D.将一张定单中规定的一种产品分为数批

E. 将同时期的几张定单中相同的产品合为一批

(2008 年 10 月高等教育自学考试《成本会计》真题)

3. 采用简化分批法，要求　　　　　　　　　　　　　　　　　　　　　　　(　　)

A. 必须设立基本生产二级账

B. 不分批计算在产品成本

C. 在基本生产成本二级账中只登记间接计入费用

D. 分批计算在产品成本

E. 必须计算累计间接计入费用分配率

(2008 年 1 月高等教育自学考试《成本会计》真题)

知识延伸

生产跟单的总流程

1.下达生产通知书。

跟单员接到客户订单后,应将其转化为生产通知单。通知单要明确客户所订产品的名称、规格型号、数量、包装要求、交货期等。

2.分析生产能力。

生产通知单下达后,要分析企业的生产能力。能否按期,按质地交货。如不能应采取什么措施?要不要外包?

3.制订生产计划。

生产计划的制订及实施关系着生产管理及交货的成败。跟单员要协助生管人员将订单及时转化为生产通知单。

4.跟踪生产进度。

(1)生产进度控制流程;

(2)生产进度控制作业程序;

(3)生产进度控制重点;

实际进度与计划进度发生差异,要找原因。通常有下列原因:

①原计划错误;

②机器设备有故障;

③材料没跟上;

④不良率和报废率过高;

⑤临时工作或特急订单的影响;

⑥前制程延误的累积;

⑦员工工作情绪低落,缺勤或流动率高。

(4)跟踪生产进度的表单。

有生产日报表、生产进度差异分析表、生产进度控制表、生产异常处理表、生产线进度跟踪表。

5.交期延误。

如是工厂原因,要通知客户,取得同意后方可出货。如不同意,一是协商,我们可承担部分费用将货出去。二就只好取消订单了。

6.我们再提一下有关订单的更改问题。

客户对已下的订单因市场变化会有更改,有数量上的(或增加,或减少);有包装上的(彩印,或白合);有交期的变更(或提前,或推迟)。接到客户要求变更,首先要看改什么?能否接收?如我们的货已生产得差不多了,已收尾,就不可能再更改了。如还没安排,问题不大,如已安排了部分,要进行协商。比如数量要减,我们已按原数量采购了材料,通用的问题不大,但如是专用的,客户要承担部分费用。对交期,如要提前,我们要根据实际情况说明;如要推迟,时间短,问题不大,但如要延迟很长,那仓储费、损耗费如何承担等也要进行蹉商。

实训一

<table>
<tr><td>班　　级</td><td></td><td>姓　　名</td><td></td><td>学　　号</td><td></td><td>实训日期</td><td></td></tr>
<tr><td>实训项目</td><td colspan="7">感知适合分批法核算的企业(制鞋、制衣)</td></tr>
<tr><td colspan="8">实训目的:
通过访问企业及其生产人员,实地了解采用订单法生产的企业其生产组织形式和成本核算程序,通过实地感知企业的环境,将本项目所介绍的成本核算相关理论知识转化到学习者应用层面上。
注:不具备走访企业条件的院校或班级,可通过组织学生观看本教材备送全真视频案例用以替代。</td></tr>
<tr><td colspan="8">实训内容:
(1)了解订单式生产企业的生产流程。
(2)了解该企业成本核算的组织设置。
(3)了解该企业成本核算的工作流程。</td></tr>
<tr><td colspan="8">实训要求:
(1)用文字或图表描述出该企业某种产品的生产流程。
(2)用文字或图表描述出该企业生产核算流程。</td></tr>
<tr><td colspan="8">实训结果(不够纸可另附页)</td></tr>
<tr><td>教师简评</td><td colspan="7"></td></tr>
<tr><td>评定成绩</td><td colspan="3"></td><td>指导教师</td><td></td><td>日　　期</td><td></td></tr>
</table>

实训二

班　　级		姓　　名		学　　号		实训日期	
实训项目	分批法的核算						

实训目的：

练习产品成本计算的分批法

实训内容：

企业基本情况及有关资料：

1.大众工厂 9 月份投产甲产品 100 件，批号为 901，在 9 月份全部完工；9 月份投产乙产品 150 件，批号为 902，当月完工 40 件；9 月份投产丙产品 200 件，批号为 903，尚未完工。

2.本月发生的各项费用：

901 批产品耗用原材料 125 000 元；

902 批产品耗用原材料 167 000 元；

903 批产品耗用原材料 226 000 元；

车间一般耗用原材料 8 600 元；

生产工人工资 19 600 元；

车间管理人员工资 2 100 元；

车间耗用水电费 2400 元（以银行存款付讫）；

车间折旧费 3 800 元；

车间其他费用 250 元（以银行存款付讫）。

3.职工福利费按工资额 14％计提，原材料采用计划成本计价法，差异率为 4％。

4.生产工人工资按耗用工时比例分配，901 产品工时为 18 000 小时，902 产品工时为 20 000 小时，903 产品工时为 11 000 小时。

5. 制造费用按耗用工时比例分配。

6. 902 批产品完工 40 件按定额成本转出，902 批产品定额成本为：直接材料 1 100 元，直接人工 75 元，制造费用 60 元。

实训要求：

1. 编制原材料费用分配表和工资费用分配表。

2. 根据资料内容，以及原材料费用分配表和工资费用分配表，编制会计分录。

3. 根据会计分录，登记制造费用明细账、生产成本明细账。

4. 根据制造费用明细账，编制制造费用分批表，并编制会计分录，登记基本生产成本明细账。

5. 计算 901 产品总成本和单位成本，并编制完工入库的会计分录。

实训结果（不够纸可另附页）

原材料费用分配表

<table>
<tr><th colspan="2">应借科目</th><th>成本费用项目</th><th>计划成本</th><th>材料差异额</th><th>实际成本</th></tr>
<tr><td rowspan="4">基本生产成本</td><td></td><td></td><td></td><td></td><td></td></tr>
<tr><td></td><td></td><td></td><td></td><td></td></tr>
<tr><td>小计</td><td></td><td></td><td></td><td></td></tr>
<tr><td></td><td></td><td></td><td></td><td></td></tr>
<tr><td rowspan="2">制造费用</td><td></td><td></td><td></td><td></td><td></td></tr>
<tr><td></td><td></td><td></td><td></td><td></td></tr>
<tr><td colspan="3">合计</td><td></td><td></td><td></td></tr>
</table>

工资及福利费分配表

<table>
<tr><th colspan="2" rowspan="3">应借账户</th><th colspan="4">工资</th><th rowspan="3">提取的福利费(14%)</th><th rowspan="3">合计</th></tr>
<tr><th colspan="2">生产工人</th><th rowspan="2">其他人员</th><th rowspan="2">合计</th></tr>
<tr><th>工时</th><th>分配金额(分配率：)</th></tr>
<tr><td rowspan="4">基本生产成本</td><td>901 批</td><td></td><td></td><td></td><td></td><td></td><td></td></tr>
<tr><td>902 批</td><td></td><td></td><td></td><td></td><td></td><td></td></tr>
<tr><td>903 批</td><td></td><td></td><td></td><td></td><td></td><td></td></tr>
<tr><td>小计</td><td></td><td></td><td></td><td></td><td></td><td></td></tr>
<tr><td colspan="2">制造费用</td><td></td><td></td><td></td><td></td><td></td><td></td></tr>
<tr><td colspan="2">合计</td><td></td><td></td><td></td><td></td><td></td><td></td></tr>
</table>

制造费用明细账

摘要	机物料消耗	工资	福利费	水电费	折旧费	其他	合计

制造费用分配表

应借账户		成本费用项目	工时	分配率	分配金额
基本生产成本	901 批				
	902 批				
	903 批				
合计					

基本生产成本明细账

批号：901　　　　开工日期：9 月 1 日

产品名称：甲产品　　　　批量：100 件　　　　完工日期：9 月 30 日

年		摘要	直接材料	直接人工	制造费用	合计
月	日					

基本生产成本明细账

批号：902　　开工日期：9 月 10 日

产品名称：乙产品　　批量：150 件　　完工日期：

年		凭证		摘要	直接材料	直接人工	制造费用	合计
月	日	种类	号数					

基本生产成本明细账

批号：903　　开工日期：9 月 15 日

产品名称：丙产品　　批量：200 件　　完工日期：

年		凭证		摘要	直接材料	直接人工	制造费用	合计
月	日	种类	号数					

教师简评					
评定成绩		指导教师		日　　期	

实训三

班　　级		姓　　名		学　　号		实训日期	
实训项目	简化分批法的核算						

实训目的：

练习产品成本计算的简化分批法

实训内容：

华兴加工厂属于小批生产，产品特别多，生产周期长，月末经常有大量未完工的产品批数。为了简化核算工作，采用简化的分批法计算产品成本。该厂计算 2004 年 4 月份成本的有关资料如下：

月初在产品成本：

直接费用(直接材料)：101 批号 3 750 元，102 批号 2 200 元，103 批号 1 600 元。

间接费用：直接人工 1 725 元，制造费用 2 350 元。

月初在产品累计耗用工时：101 批号 1 800 工时，102 批号 590 工时，103 批号 960 工时。

本月的产品批别、发生的工时和直接材料见表。

产品的批别、工时和直接材料费用

产品名称	批号	批量	投产日期	完工日期	本月发生	
					工时	直接材料
甲	101	10 件	2 月	4 月	450 小时	250 元
乙	102	5 件	3 月	4 月	810 小时	300 元
丙	103	4 件	3 月	6 月	1 640 小时	300 元

4. 本月发生的间接费用：直接人工 1 400 元，制造费用 2 025 元。

实训要求：

根据上述资料计算该厂 4 月份的产品成本。

实训结果(不够纸可另附页)

基本生产成本二级账

年		凭证		摘要	直接材料	直接人工	制造费用	合计
月	日	种类	号数					

基本生产成本明细账

批号:101　　　　开工日期:2月

产品名称:甲产品　　　　批量:10件　　　　完工日期:4月

年		摘要	直接材料	直接人工	制造费用	合计
月	日					

基本生产成本明细账

批号:102　　　　开工日期:3月

产品名称:乙产品　　　　批量:5件　　　　完工日期:4月

年		摘要	直接材料	直接人工	制造费用	合计
月	日					

基本生产成本明细账

批号:103　　　　　　　　　　　　　　　　　　开工日期:3月

产品名称:丙产品　　　　　批量:4件　　　　　完工日期:6月

年		摘要	直接材料	直接人工	制造费用	合计
月	日					

教师简评					
评定成绩		指导教师		日　期	

实训四

班　　级		姓　　名		学　　号		实训日期	
实训项目	简化分批法的核算						

实训目的：

练习产品成本计算的简化分批法

友谊工厂 3、4 月份投产的批号，产品名称，投产批量和完工产量及投产日期，完工日期，订货单位，均在"产品成本计算单"中填明。

各批号分月发生的原材料和工时的资料如下：

＃303　3 月份原材料 5 200 元　工时 2 880 小时

　　　4 月份原材料 6 000 元　工时 4 320 小时

＃302　3 月份原材料 14 400 元　工时 11 320 小时

　　　4 月份原材料　　0 元　工时 13 080 小时

（注：该批产品的原材料是在开始生产时一次投入的，其完工 4 件的工时为 14 800 小时，在产品 8 件的工时为 9 600 小时。）

＃303　3 月份原材料 2 000 元　工时 4 000 小时

　　　4 月份原材料 5 200 元，工时 4 400 小时

3 月份该厂全部在产品的工资及福利费 11 000 元，制造费用 42 000 元。

4 月份该厂发生的全部工资及福利费 13 000 元，制造费用 54 000 元。

实训要求：

根据上述资料：

1. 采用"按完工产品分配间接费用"的分配法，计算完工产品总成本和单位成本。

2. 编制完工产品入库的会计分录。

实训结果(不够纸可另附页)

基本生产成本二级账

年		凭证号数	摘要	原材料	工时	工资及福利费	制造费用	合计
月	日							
3	31		余额					
			本月发生额					
			合计					
			全部产品累计间接费用分配率					
			完工转出					
			余额					

产品成本计算单

产品批号:#301

订货单位:新华工厂　　开工日期:20××年3月5日

产品批量:10件　　完工日期:20××年4月30日

年		摘要	原材料	工时	工资及福利费	制造费用	合计
月	日						
3	31	本月发生额					
4	30	本月发生额					
	30	累计数及累计间接费用分配率					
		完工产品成本					
		单位成本					

产品成本计算单

产品批号:＃302

订货单位:四方厂　　　　投产日期:20××年3月15日

产品名称:乙产品　　　　件　　数:4件

产品批量:12件　　　　完工日期:20××年4月30日

年		摘要	原材料	工时	工资及福利费	制造费用	合计
月	日						
3	31	本月发生额					
4	30	本月发生额					
	30	累计数及累计间接费用分配率					
	30	完工产品成本					
		单位成本					
		余　额					

产品成本计算单

产品批号:＃303

订货单位:大隆厂

产品名称:丙产品　　　　投产日期:3月25日

产品批量:8件　　　　完工日期:

年		摘要	原材料	工时	工资及福利费	制造费用	合计
月	日						
3	31	本月发生额					
4	30	本月发生额					

分配率计算:

工资分配率＝________＝

制造费用分配率＝________＝

教师简评					
评定成绩		指导教师		日　期	

项目十一　分步法

案例导入

一块电脑板是怎样生产出来的?

首先,一块印制电路板进入锡膏印刷机,进行锡膏印刷和扫描调码。然后再进入贴片机,贴装普通控制元件和大规模集成电路和 CPU 插座等元件,由于贴装精度要求很高,贴装元件用红外线定位。完成了复杂的贴片工序后,电路板要进入再流焊机进行焊接。贴装和焊接完毕后,先由机器对电路板进行检测,然后进行人工检测。

接下来,电路板进入手工流水线,手工在电路板上插装一些机器难以插装的元器件。如电源插座,总线插槽等等。经过人工插装的电路板,还要进行一次波峰焊接。

波峰焊接完毕后,工人对电路板进行检测和包装。

为了保证产品的质量,还要对产品进行抽样检验,包括高温测试、震动测试等。

终于,一块电脑板生产出来了。那么,这块电脑板的成本是多少呢?

任务一:了解分步法的特点和适用范围

在大批量、多步骤生产的企业中,为了加强对各生产步骤的成本管理,不仅要求按产品品种计算成本,而且还要求按照产品生产步骤计算成本。为此,需要采用分步法计算每一步骤的生产成本和最后步骤的完工产品成本。因而,产品成本计算的分步法主要适用于大量、大批的多步骤生产,包括连续式多步骤生产和装配式多步骤生产。

产品成本计算的分步法是指以产品的品种及其所经过的生产步骤作为成本计算对象归集生产费用、计算产品成本的方法。其主要特点表现为:

1. 以产品品种和生产步骤作为成本计算对象。

采用分步法计算产品成本,如果只生产一种产品,成本计算对象就是该种产品及其所经过的各个生产步骤,生产成本明细账应分别按产品品种及其所经过的各个生产步骤设置,计算各个步骤的成本和完工产品成本;如果生产多种产品,其成本计算对象就是各种完工产品的成本及其所经过的各个生产步骤的成本，生产成本明细账应分别按照每种产品及其各个生产步骤设置，计算各个步骤的为生产各种产品所发生的成本和各种完工产品的成本。

2.成本计算期与成本报告期一致。

3.月末如果有在产品，需要将生产费用在完工产品和在产品之间分配。

分步法按其是否计算半成品成本为标志，又可分为逐步结转分步法和平行结转分步法。

【单项选择题】

1.产品成本计算的分步法适用于 （　　）

A.大量大批的多步骤生产

B.小批生产

C.单件生产

D.品种繁多，但又可以划分为若干类别的企业或车间

（2010年1月高等教育自学考试《成本会计》真题）

2.品种法和分步法的最大区别在于 （　　）

A.产品成本计算对象　　B.间接费用的分配方法

C.成本计算期　　D.完工产品与在产品费用的分配

（2009年10月高等教育自学考试《成本会计》真题）

3.产品成本计算的分步法可以分为 （　　）

A.逐步结转法　　B.品种法

C.分类法　　D.平行结转法

E.分批法

（2009年10月高等教育自学考试《成本会计》真题）

【多项选择题】

1.在大量大批生产的情况下，根据管理要求的不同可以采用的产品成本计算的基本方法有 （　　）

A.品种法　　B.分批零件法

C.约当产量法　　D.分步法

E.定额法

（2010年1月高等教育自学考试《成本会计》真题）

2.产品成本计算的分步法中，若第一车间生产半成品，第二车间生产产成品，则登

记第二生产车间成本明细账的相关凭证有 （　　）

A. 各种费用分配表　　B. 采购发票

C. 产成品交库单　　D. 半成品领用单

E. 第一车间在产品定额成本资料

（2009 年 1 月高等教育自学考试《成本会计》真题）

【判断题】

1. 产品成本计算分步法中的分步与实际生产过程中的步骤一致。 （　　）
（2009 年 10 月高等教育自学考试《成本会计》真题）

2. 所有采用多步骤生产产品的企业，都要求按照生产步骤分步计算产品成本。 （　　）
（2009 年 1 月高等教育自学考试《成本会计》真题）

3. 在生产工艺采用多步骤生产的企业，都要求按照生产步骤分步计算成本。 （　　）
（2008 年 10 月高等教育自学考试《成本会计》真题）

【简答题】

1. 为什么说分步计算成本和分车间计算成本，有时不是同一概念？
（2008 年 10 月高等教育自学考试《成本会计》真题）

任务二：掌握逐步结转分步法的核算

逐步结转分步法是按产品加工步骤的先后顺序，逐步计算并结转各步骤半成品成本，直至最后计算出产成品成本的一种成本计算方法。

计算程序如下图所示。

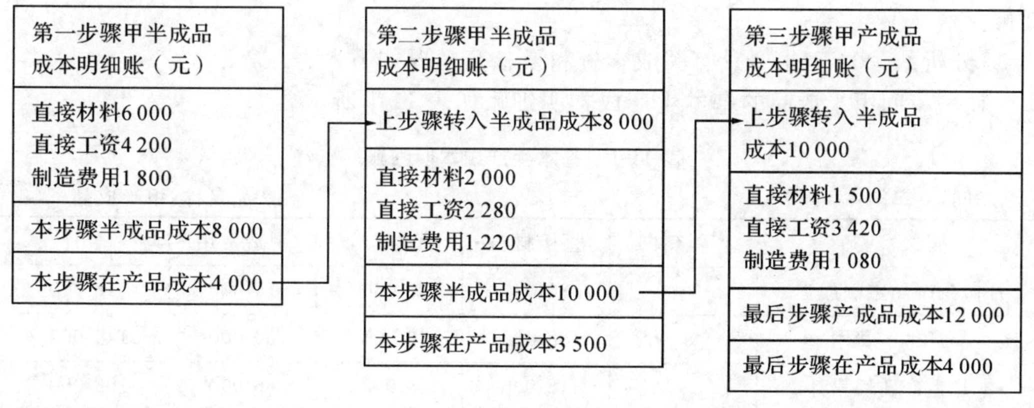

采用逐步结转分步法时，按半成品成本在下一步骤生产成本明细账中反映方式不同，可以分为综合结转法和分项结转法。

1.综合结转法

综合结转分步法是将各生产步骤所耗上一步骤的半成品成本，综合计入该步骤生产成本明细账的“原材料”或“半成品”成本项目来计算成本的一种方法。综合结转，可以按半成品的实际成本结转，也可按半成品的计划成本结转。

(1)按实际成本综合结转，各步骤所耗上一步骤的半成品费用，根据所耗半成品的实际成本计算。半成品通过仓库收发的，其实际单位成本可采用先进先出法、个别计价法及加权平均法等方法确定。

(2)半成品按计划成本综合结转，自制半成品明细账要反映其实际成本、计划成本、成本差异额及成本差异率；基本生产成本明细账中，半成品成本可以按调整后的实际成本登记，也可按计划成本、成本差异、实际成本分别登记(在半成品项目下增设计划成本、成本差异、实际成本三栏)，其核算原理与材料按计划成本核算的原理基本相同。

(3)综合结转法的成本还原。所谓成本还原，就是从最后一个步骤起，将其所耗上一步骤的半成品综合成本逐步分解，还原为“原材料”、“工资及福利费”、“制造费用”等原始成本，从而求得按原始成本项目反映的产成品成本。

其公式如下：

$$成本还原率=\frac{本月产成品中耗用上一步骤半成品的综合成本}{上步骤本月所产该种半成品的总成本}$$

成本还原是倒序还原，即从最后一个步骤开始向上还原，还原的次数为成本计算步骤减1(n－1)。

【例11-1】 北方工厂生产甲产品，须顺序经过两个车间加工完成(半成品通过仓库收发，半成品成本按加权平均法计算)。为了简化举例，各步骤月末在产品按定额成本计价。

【分析】 20×1年2月有关成本资料及核算情况如下：

1.一车间甲半成品的基本生产成本明细账如表11-1所示。

表11-1 基本生产成本明细账

车间：一车间　　　　产品名称：甲半成品

摘　要	产量(件)	直接材料	直接人工	制造费用	合计
月初在产品定额成本		30 000	2 000	16 000	48 000
本月生产费用		88 000	6 000	50 000	144 000
本月生产费用累计		118 000	8 000	66 000	192 000

续表

摘　　要	产量(件)	直接材料	直接人工	制造费用	合计
完工半成品成本转出	200	90 000	7 200	54 000	151 200
半成品单位成本		450	36	270	756
在产品成本(定额成本)		28 000	800	12 000	40 800

根据一车间自制半成品交库单编制分录如下：

借:自制半成品——甲半成品

　　贷:基本生产成本——一车间(甲半成品)

2.根据一车间自制半成品交库单和二车间领用单编制会计分录。

表 11-2　自制半成品明细账

摘要	收入			发出			结存		
	数量	单价	金额	数量	单价	金额	数量	单价	金额
结存							100	700	70 000
入库	200	756	151 200	200	737.33	147 466	300	737.33	221 200
下步领用							1 000	737.33	73 734

借:基本生产成本——二车间(甲产品)　　147 466

　　贷:自制半成品——甲半成品　　147 466

3.根据各种费用分配表、二车间半成品领用单以及二车间相关定额资料登记二车间基本生产成本明细账。

表 11-3　基本生产成本明细账

车间:二车间　　　　产品名称:甲产品

摘要	产量(件)	直接材料	直接人工	制造费用	合计
月初在产品定额成本		40 500	12 000	14 000	66 500
本月生产费用		147 466	46 000	50 000	243 466
本月生产费用累计		187 966	58 000	64 000	309 966
结转完工产品成本	210	154 966	47 000	49 000	250 966
甲产品单位成本		737.93	223.82	233.33	1 195.8
在产品定额成本		33 000	11 000	15 000	59 000

根据产成品入库单和二车间基本生产明细账,结转完工产品成本分录。

借:库存商品——甲产品　250 966

　贷:基本生产成本——二车间(甲产品)　250 966

【例 11-2】沿用【例 11-1】,说明半成品按计划成本综合结转的方法。假定半成品计划单位成本为 750 元。

【分析】

1. 第一步骤的基本生产成本明细账同前不变。

2. 登记自制半成品明细账。

表 11-4　自制半成品明细账

甲半成品　　计量单位:件　计划单价:750 元

年		摘要	增加			减少				结存				
月	日		数量	计划成本	实际成本	数量	计划成本	实际成本	成本差异	数量	计划成本	实际成本	成本差异	成本差异率(%)
2	1	期初数								100	75 000	70 000	−5 000	−6.67
2	28	入库数	200	150 000	151 200					300	225 000	221 200	−3 800	−1.69
2	28	发出数				200	151 200	147 466	−2 534	100	75 000	73 734	−1 266	−1.69

3. 登记二车间基本生产成本明细账。

表 11-5　基本生产成本明细账

二车间:甲产品

摘要	产量	半成品			工资及福利费	制造费用	合计
		计划成本	成本差异	实际成本			
月初在产品定额成本		40 500		40 500	12 000	14 000	66 500
本月生产费用		150 000	−2 534	147 466	46 000	50 000	243 466
本月累计		190 500	−2 534	187 966	58 000	64 000	309 966
结转完工成本	210	57 500	2 534	154 966	47 000	49 000	250 966
甲产品单位成本		750	−12.07	737.93	223.82	233.33	1 195.05
在产品定额成本		33 000		33 000	11 000	15 000	59 000

【例 11-3】沿用【例 11-1】,对产品成本进行成本还原。

【分析】

表 11-6　成本计算还原表(按还原率还原)

项目	还原前产成品总成本	本月上步所产半成品成本	成本还原率	第二步骤产成品中半成品成本还原	还原后的总成本	还原后产成品单位成本(产量 210 件)
半成品	154 966			−154 966		
原材料		90 000		92 241.63	92 241.63	439.25
工资及福利费	47 000	7 200		7 379.33	54 379.33	258.95
制造费用	49 000	54 000		55 345.04	104 345.04	496.88
成本合计	250 966	151 200	1.024 907	0	250 966	1 195.08

2.分项结转法

分项结转分步法是指各步骤所耗上一步骤半成品成本,按照成本项目分项转入本步骤基本生产成本明细账中,计算产品成本的一种方法。如果半成品通过半成品仓库收发,自制半成品明细账中,需按成本项目分别登记。

【例 11-4】沿用【例 11-1】,说明分项结转法的计算程序。

【分析】

1.第一步骤成本计算同综合结转法。

2.根据一车间半成品交库单和二车间半成品领用单,登记自制半成品明细账。表中期初成本为已知资料,半成品单位成本按加权平均法计算。

表 11-7　自制半成品明细账

摘要	数量	实际成本			
		原材料	工资及福利费	制造费用	成本合计
月初余额	100	44 800	3 700	21 500	70 000
入库	200	90 000	7 200	54 000	151 200
合计	300	134 800	10 900	75 500	221 200
单位成本		449.33	36.33	251.67	737.33
本月发出	200	89 866	7 266	50 334	147 466
月末余额	100	44 934	3 634	25 166	73 734

3.根据费用分配表、二车间领用半成品单,登记二车间甲产品基本生产明细账。

表 11-8　基本生产成本明细账

二车间：甲产品

摘要	产量(件)	原材料	工资及福利费	制造费用	成本合计
月初在产品定额成本		24 126	13 928	28 446	66 500
本步加工费用			46 000	50 000	96 000
领用半成品		89 866	7 266	50 334	147 466
本月生产费用		89 866	53 266	100 334	243 466
本月累计	210	113 992	67 194	128 780	309 966
完工产品转出		94 342	56 034	100 590	250 966
完工单位成本		449.25	266.83	479	1 195.08
在产品定额成本		19 650	11 160	28 190	59 000

可以看出，采用分项结转法和综合结转法成本还原后的结果是一致的，但各成本项目金额却有不同。这是因为成本还原是按当月所产甲半成品的成本结构还原的，没有考虑期初库存 100 件甲半成品成本结构的影响；而本例分项结转，则考虑了期初半成品成本的影响。

【单项选择题】

1. 在产品成本计算的分步法下，假设本月产成品所耗半成品费为 a 元，而本月所产半成品成本为 b 元，则还原分配率为　(　　)

A. a/(a－b)　　B. (a－b)/a

C. a/b　　D. b/a

(2010 年 1 月高等教育自学考试《成本会计》真题)

2. 在逐步结转分步法下，如果半成品完工后，不直接为下一步骤领用，在验收入库时的会计分录为　(　　)

A. 借：自制半成品
　　贷：生产成本

B. 借：产成品
　　贷：半成品费用

C. 借：半成品费用
　　贷：产成品

D. 借：生产成本
　　贷：自制半成品

(2009 年 10 月高等教育自学考试《成本会计》真题)

3. 分项结转分步法的缺点是　(　　)

A. 成本结转工作比较复杂　　　B. 需要进行成本还原

C. 不能提供原始项目的成本资料　　　D. 不便加强各生产步骤的成本管理

(2008 年 10 月高等教育自学考试《成本会计》真题)

4. 采用逐步结转分步法时，前一生产步骤完工的半成品直接转入后一生产步骤，半成品成本应借记的科目是　　（　　）

A. “自制半成品”　　　B. “基本生产成本”

C. “原材料”　　　D. “制造费用”

(2007 年 1 月高等教育自学考试《成本会计》真题)

5. 在逐步结转分步法下，产成品成本中的半成品费用可以按____还原。　　（　　）

A. 本月所耗半成品成本的结构　　　B. 本月所产产成品成本的结构

C. 半成品定额成本的结构　　　D. 半成品计划成本的结构

E. 本月所产半成品成本的结构

(2007 年 1 月高等教育自学考试《成本会计》真题)

任务三：掌握平行结转分步法的核算

平行结转分步法，是指各生产步骤只计算本步骤发生的各项费用，月末各步骤将本步骤发生的生产费用在最终产成品和本步骤广义在产品之间进行分配，以计算这些费用中应计入产成品成本的份额，然后将各步骤相同产品的“份额”平行结转汇总，计算出产成品成本。它亦称为不计算半成品成本的分步法。

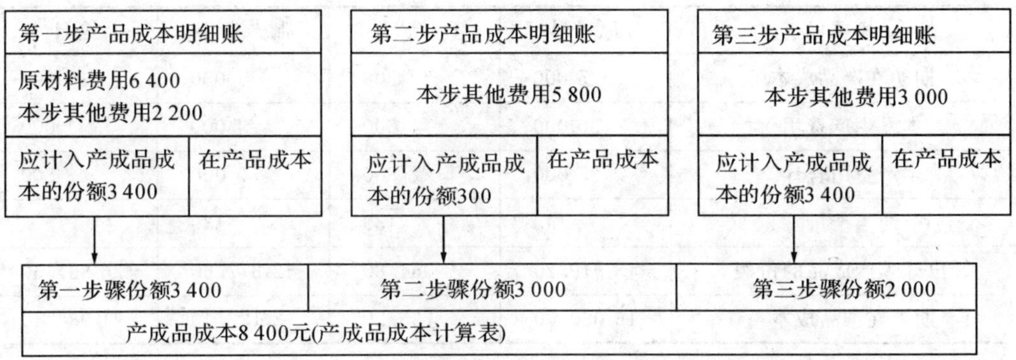

【例 11-5】　南方工厂生产的乙产品依次经过三个生产车间完成。第一车间加工成 A 半成品，转给第二车间深加工成 B 半成品，再转给第三车间加工成乙产品。原材料于生产开始时一次性投入，各生产车间在产品完工程度均为 50%。使用平行结转分步法，月末费用分配采用约当产量法。20×1 年 3 月份有关资料见下表。

表 11-9　乙产品生产情况表

项目	一车间	二车间	三车间
期初在产品数量	8	14	26
本月投入或上车间转入数量	100	90	80
本月完工或转入下车间数量	90	80	80
期末在产品数量	18	24	26
在产品完工程度	50%	50%	50%

表 11-10　各步骤生产费用表

成本项目 生产车间	月初在产品				本月生产费用			
	原材料	直接人工	制造费用	合计	原材料	直接人工	制造费用	合计
一车间	5 000	18 00	1 000	7 800	30 000	7 000	4 000	41 000
二车间	/	1 000	700	1 700	/	7 000	4 200	11 200
三车间	/	500	600	1 100	/	4 000	2 800	6 800

【分析】

产品成本计算过程如下：

1. 登记一车间基本生产成本明细账。

表 11-11　基本生产成本明细表

一车间：A 半成品

摘要	原材料	直接人工	制造费用	合计
期初在产品成本	5 000	1 800	1 000	7 800
本月生产费用	30 000	7 000	4 000	41 000
生产费用合计	35 000	8 800	5 000	48 800
约当产量	148	139	139	
转出计入产成品的份额	−18 919.20	−5 064.80	−2 877.60	−26 861.60
期末在产品成本	16 080.80	3 735.20	2 122.40	21 938.40

一车间成本计算：

①直接材料

月末广义在产品约当产量＝18×100%＋24＋26＝68(件)

约当总产量＝80＋68＝148(件)

直接材料费用分配率＝(5 000＋30 000)/148＝236.49(元/件)

原材料费用应计入完工产品成本的份额＝80×236.49＝18 919.20(元)

月末广义在产品的原材料费用＝5 000＋30 000－18 919.20＝16 080.80(元)

②直接人工

月末广义在产品约当产量＝18×50％＋24＋26＝59(件)

约当总产量＝80＋59＝139(件)

直接人工费用分配率＝(1 800＋7 000)÷139＝63.31(元/件)

直接人工费用应计入产成品成本的份额＝80×63.31＝5 064.80(元)

月末广义在产品直接人工费用＝1 800＋7 000－5 064.80＝3 735.20(元)

③制造费用

制造费用分配率＝(1 000＋4 000)÷139＝35.97(元/件)

制造费用应计入产成品成本的份额:80×35.97＝2 877.60(元)

月末广义在产品成本＝1 000＋4 000－2 877.60＝2 122.40(元)

2.登记二车间基本生产成本明细账。

表 11-12　基本生产成本明细账

二车间:B半成品

摘要	原材料	直接人工	制造费用	合计
期初在产品成本		1 000	700	1 700
本月生产费用		7 000	4 200	11 200
生产费用合计		8 800	4 900	12 900
约当产量		118	118	
转出计入产成品的份额		－5 424	－3 322.40	－8 746.40
月末在产品成本		2 576	1 577.60	4 153.60

二车间成本计算:

月末广义在产品约当产量＝24×50％＋26＝38(件)

约当总产量＝80＋38＝118(件)

①直接人工

直接人工分配率＝(1 000＋7 000)÷(80＋38)＝67.80(元/件)

直接人工费用应计入产成品成本的份额＝80×67.80＝5 424(元)

月末广义在产品成本＝1 000＋7 000－5 424＝2 576(元)

②制造费用

制造费用分配率＝(700＋4 200)÷(80＋38)＝41.53(元/件)

应计入完工产品成本的份额＝80×41.53＝3 322.40(元)

月末广义在产品成本＝700＋4 200－3 322.40＝1 577.60(元)

3.登记三车间基本生产成本明细账。

表 11-13　基本生产成本明细账

三车间:乙产品

摘要	原材料	直接人工	制造费用	合计
期初在产品成本		500	600	1 100
本月生产费用		4 000	2 800	6 800
生产费用合计		4 500	3 400	7 900
约当产量		93	93	
转出计入产成品的份额		3 871.20	2 924.80	6 796
月末在产品成本		628.80	475.20	1 104

第三车间成本计算:

月末广义在产品数量＝约当总产量:26×50%＝93(件)

约当总产量＝80＋13＝93(件)

①直接人工

直接人工分配率＝(500＋4 000)÷(80＋13)＝48.39(元/件)

应计入产成品成本的份额＝80×48.39＝3 871.20(元)

月末在产品成本＝500＋4 000－3 871.20＝628.80(元)

②制造费用

制造费用分配率＝(600＋2 800)÷(80＋13)＝36.56(元/件)

应计入产成品成本的份额＝80×36.56＝2 924.80(元)

月末广义在产品成本＝600＋2 800－2 924.80＝475.20(元)

4.平行汇总各车间应计入产成品成本的份额。

表 11-14　乙产品成本汇总计算表

20×1 年 3 月　　　　产量:80 件

摘要	原材料	直接人工	制造费用	合计
一车间	18 919.20	5 064.80	2 877.60	26 861.60
二车间		5 424	3 322.40	8 746.40
三车间		3 871.20	2 924.80	6 796
总成本	18 919.20	14 360	9 124.80	42 404
单位成本	236.49	179.50	114.06	530.05

结转完工产品入库分录为

借:库存商品——乙产品　　42 404

　　贷:基本生产成本——一车间(A 半成品)　　26 861.60

　　　　基本生产成本——二车间(B 半成品)　　8 746.40

　　　　基本生产成本——三车间(乙产品)　　6 796

【单项选择题】

1. 平行结转分步法下,在企业的产成品入库时,应计入产成品成本的份额,从各步骤产品成本明细账中转出,则会计分录为　(　　)

A. 借:生产成本
　　贷:自制半成品

B. 借:生产成本
　　贷:产成品

C. 借:自制半成品
　　贷:生产成本

D. 借:产成品
　　贷:生产成本

(2009 年 1 月高等教育自学考试《成本会计》真题)

2. 在平行结转分步法下,其完工产品与在产品之间的费用分配,是指下列两者之间的费用分配　(　　)

A. 完工半成品与广义在产品　　B. 广义在产品与狭义在产品

C. 产成品与月末广义在产品　　D. 产成品与月末狭义在产品

(2007 年 1 月高等教育自学考试《成本会计》真题)

【多项选择题】

1. 平行结转分步法中,费用分配通常采取　(　　)

A. 固定成本法　　B. 定额成本法

C. 定额比例法　　D. 约当产量法

E. 在产品按所耗原材料费用计价法

(2010 年 1 月高等教育自学考试《成本会计》真题)

【判断题】

1. 分步法下,无论是逐步结转还是平行结转,最终都需要通过“自制半成品”会计科目进行成本核算。　(　　)

(2009 年 1 月高等教育自学考试《成本会计》真题)

【简答题】

1. 简述平行结转分步法的优缺点。

(2009 年 10 月高等教育自学考试《成本会计》真题)

知识延伸

在实际工作中，多步骤生产的企业往往按照生产步骤设立生产车间，通常可将生产车间视为生产步骤，作为成本计算对象。

然而，当企业生产车间的规模很大，生产车间内又按生产工段划分生产步骤，管理上也需要在车间内分步骤计算和考核产品成本时，则要以生产车间内生产工段作为成本计算对象；反之，当企业生产车间的规模较小，管理上又不要求分车间计算和考核产品成本时，也可以将几个车间合并为一个生产步骤计算产品成本。

因此，分步法中所指的生产步骤与产品生产的实际生产步骤并不完全一致，企业应根据具体情况确定分步法的成本计算对象。

实训一

班　　级		姓　　名		学　　号		实训日期	
实训项目	逐步结转分步法(综合结转)						

实训目的：

会逐步结转分步法的核算。

实训内容：

东方公司生产A产品，经过一、二两个基本生产车间连续加工完成，半成品经过半成品库领用。原材料于生产开始时一次性投入。该公司的成本计算采用综合结转分步法，半成品按实际成本计价(全月一次加权平均法)，月末在产品采用约当产量法核算，在产品完工率为50%，1月份有关资料如下表。

产量资料

产量记录	一车间	二车间
月初在产品数量	75	125
本月投产数量	425	475
本月完工产品数量	450	500
月末在产品数量	50	100

自制半成品期初结存100件，单位成本178.5元。

实训要求：

采用逐步结转分步法、综合结转法，计算产品成本。

实训结果(不够纸可另附页)

一车间产品成本计算单

产品名称：　　　　本月完工：　　　　在产品：

摘要	直接材料	直接人工	制造费用	合计
月初在产品	18 000	5 250	7 500	30 750
本月发生	42 000	9 000	13 875	64 875
合计				
分配率				
完工产品成本				
月末在产品成本				

自制半成品明细账

月份	月初余额		本月增加		合计			本月减少	
	数量	成本	数量	成本	数量	成本	单位成本	数量	成本

二车间产品成本计算单

产品名称：　　　　本月完工：　　　　在产品：

摘要	半成品	直接人工	制造费用	合计
月初在产品	17 400	6 000	9 000	32 400
本月发生		15 450	20 700	
合计				
分配率				
完工产品成本				
月末在产品成本				

成本还原表

项目	半成品	直接材料	直接工资	制造费用	成本合计
第一步骤半成品成本					
第二步骤产成品成本					
原始成本项目金额					

教师简评					
评定成绩		指导教师		日　　期	

实训二

班　　级		姓　　名		学　　号		实训日期	
实训项目	逐步结转分步法的成本还原						

实训目的：

会逐步结转分步法成本还原的核算。

实训内容：

东风公司A产品按三个步骤顺序加工完成，半成品通过半成品库收发，2010年12月份有关成本资料如下表。

一车间成本计算单

产品名称：甲半成品

摘要	原材料	工资及福利费	制造费用	合计
月初在产品成本	600	150	100	850
本月生产费用	3 720	1 600	670	5 990
合计	4 320	1 750	770	6 840
完工半成品成本	2 000	600	400	3 000
月末在产品成本	2 320	1 150	370	3 840

二车间成本计算单

产品名称：乙半成品

摘要	原材料	工资及福利费	制造费用	合计
月初在产品成本	860	210	130	1 200
本月生产费用	4 200	1 950	1 400	7 550
合计	5 060	2 160	1 530	8 750
完工半成品成本	2 800	700	500	4 000
月末在产品成本	2 260	1 460	1 030	4 750

三车间成本计算单

产品名称:A 产品

摘要	原材料	工资及福利费	制造费用	合计
月初在产品成本	3 800	200	460	4 460
本月生产费用	2 500	700	230	31 800
合计	6 300	900	690	7 890
完工半成品成本	6 000	800	600	7 400
月末在产品成本	300	100	90	490

实训要求:

进行成本还原。

实训结果(不够纸可另附页)

成本还原表

项目	半成品	直接材料	直接工资	制造费用	成本合计
第一步骤半成品成本					
第二步骤产成品成本					
第三步骤半成品成本					
原始成本项目金额					

教师简评					
评定成绩		指导教师		日　　期	

实训三

班　　级		姓　　名		学　　号		实训日期	
实训项目	逐步结转分步法(分项结转)						

实训目的:

会逐步结转分步法(分项结转)的核算。

实训内容:

飞龙公司生产甲产品按两个步骤顺序加工完成,半成品通过半成品库收发。原材料在生产开始时一次性投入,每件产成品耗用一件半成品。月初在产品及自制半成品的成本和数量如下:

月初在产品数量及成本资料

项目	数量	直接材料	直接人工	制造费用	合计
一车间月初在产品	20	2 100	300	280	2 680
二车间月初在产品	40	4 000	600	550	5 150
月初自制半成品	200	21 000	2 200	3 600	26 800

2010 年 6 月份发生以下业务:

(1)一车间投产 500 件,投入费用:直接材料 52 500 元,直接人工 4 760 元,制造费用 7 540 元。本月完工甲半成品 400 件,月末在产品 120 件。

(2)二车间领用甲半成品 300 件(采用全月一次加权平均法计价)。投入费用:直接人工 4 200 元,制造费用 3 300 元。本月完工甲产品 260 件,月末在产品 80 件。各步骤在产品按月当产量法计算,加工程度为 50%。

实训要求:

(1)采用分项结转分步法计算成本,开设和登记各步骤产品成本明细账。

(2)开设和登记自制半成品明细账,并编制结转半成品和产成品成本的分录。

实训结果(不够纸可另附页)

一车间成本计算单

产品名称:甲半成品

摘要	原材料	工资及福利费	制造费用	合计
月初在产品成本				
本月生产费用				
合计				
完工半成品成本				
月末在产品成本				

半成品明细账

年		摘要	数量	实际成本			
月	日	月初余额		原材料	工资及福利费	制造费用	成本合计
		入库					
		合计					
		单位成本					
		本月发出					
		月末余额					

二车间成本计算单

产品名称:甲产品

摘要	原材料	工资及福利费	制造费用	合计
月初在产品成本				
本月本步骤生产费用				
本月领用半成品成本				
合计				
完工产品成本				
月末在产品成本				

教师简评					
评定成绩		指导教师		日　期	

实训四

班　　级		姓　　名		学　　号		实训日期	
实训项目	平行结转分步法						

实训目的：

会平行结转分步法的核算。

实训内容：

飞龙公司经过三个制造车间大量生产丙产品。原材料在一车间一次性投入，在生产过程中，二车间单位产品(半成品、在产品)耗用一车间半成品2件，三车间单位产品(半成品、在产品)耗用二车间半成品2件。各步骤月末加工中在产品完工程度均按50%计算，生产费用采用约当产量比例法在完工产品与在产品之间分配。产量资料如下表：

项目	第一步骤	第二步骤	第三步骤
期初在产品数量	40	100	80
本期投入产品数量(上步骤转入数量)	560	500	300
本期完工产品数量	500	300	150
期末在产品数量	100	50	80

实训要求：

完成各个步骤成本计算单。

实训结果(不够纸可另附页)

第一步骤　成本计算单

产品名称：　　　　　　　　　　　　　　　　完工数量：

项目	直接材料	直接人工	制造费用	合计
月初在产品	24 000	7 000	6 000	37 000
本月生产费用	312 000	100 000	79 600	491 600
生产费用累计				
费用分配率				
产成品成本中本步骤份额				
月末广义在产品费用				

第二步骤　成本计算单

产品名称：　　　　　　　　　　　　　　　　完工数量：

项目	直接材料	直接人工	制造费用	合计
月初在产品		3 200	7 000	10 200
本月生产费用		16 200	34 225	50 425
生产费用累计				
费用分配率				
产成品成本中本步骤份额				
月末广义在产品费用				

第三步骤　成本计算单

产品名称：　　　　　　　　　　　　　　　　完工数量：

项目	直接材料	直接人工	制造费用	合计
月初在产品		5 000	2 500	7 500
本月生产费用		15 140	7 000	22 140
生产费用累计				
费用分配率				
产成品成本中本步骤份额				
月末广义在产品费用				

产品成本汇总表

产品名称：　　　　　　　　　　　　　　　　完工数量：

车间份额	产量(件)	原材料	工资及福利费	制造费用	成本合计
一车间份额					
二车间份额					
三车间份额					
合计					
产成品单位成本					

教师简评					
评定成绩		指导教师		日　期	

项目十二　成本核算的辅助方法

案例导入

陈西、李娜和林珊在大学时是同一宿舍的好朋友，大学毕业以后，由于对玩具很感兴趣，就合伙开办了一家玩具厂，专门生产玩具，销往国外。根据需要，他们选定了厂址后，购置了一批新型生产设备，招聘了20多名技术工人和管理人员。玩具厂开张后，摆在三人面前的第一道难题就是，在设厂之前，他们每天只记流水账，就能知道每天发生的费用；可是，现在玩具厂正式成立之后，每天因为产品生产会有各种成本费用的发生，只靠登记流水账，根本无法分清各种类别，不同型号的玩具成本分别是多少，很难控制每个月的成本费用。到底如何计算产品成本？产品定价又是多少？如何做好成本的核算工作？以及如何设置成本核算岗位？这些都让他们感到很茫然。如何解决这些问题呢？

任务一：会应用分类法进行成本核算

分类法是以产品类别为成本计算对象，归集生产费用，在计算出各类产品成本的基础上，再按一定标准在类别内部的各种产品之间分配费用的成本计算方法。

在一些工业企业中，生产的产品品种、规格繁多的情况下，可以先按照一定的标准对产品进行分类，然后按产品类别归集生产费用并计算各类产品的总成本，期末对各类产品的总成本按一定的标准在类内各种产品之间进行分配，计算出各种规格产品成本。

一、分类法的特点

1. 成本计算对象

分类法以产品类别为计算对象。采用分类法计算产品成本时，首先要根据企业所生产产品的工艺技术过程和所用原材料的不同，将产品划分为若干类，按照产品的类别开设“基本生产成本”明细账或计算单来汇集各类产品的生产费用，直接费用直接计入某类产品的成本,间接费用按一定程序和方法归集分配后计入相关各类产品成本。

2.成本计算期

分类法的成本计算期应结合基本成本计算方法确定。如果是大量大批生产,与品种法或分步法结合运用,则应定期在月末进行成本计算;如果是单件小批生产,与分批法结合运用,则应按产品的生产周期计算成本。

3.月末生产费用的分配

采用分类法计算成本时,月末一般要将各类产品的生产费用总额在完工产品和月末在产品之间进行分配。

二、成本计算的基本程序

1.按产品类别设置"生产成本"明细账或成本计算单。如鞋厂可以按照耗用的原材料不同的情况,将产品分为皮鞋、塑料鞋、布鞋三个类别,以其作为成本计算对象设立成本计算单。

2.在"生产成本"明细账或成本计算单中,按照确定的成本项目汇集生产费用,计算各类完工产品的总成本。

3.采用适当方法将各类完工产品成本在该类产品中各种不同规格、型号的产品之间进行分配,计算类内各种规格、型号产品的总成本和单位成本。

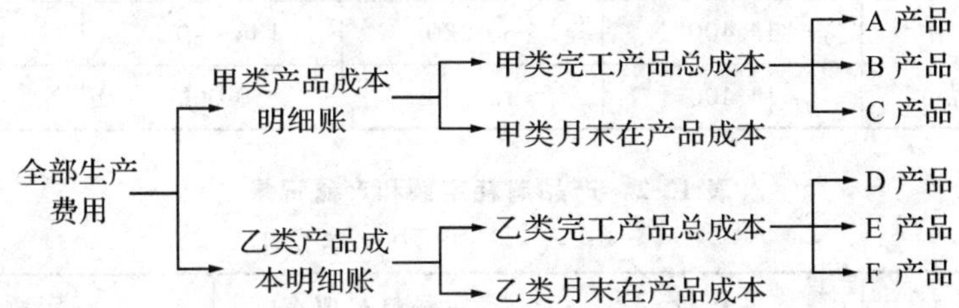

三、划分类内产品成本的方法

分类法下各类别产品的总成本在类内各种产品之间分配的方法,是根据各类产品的生产特点确定的。因此,必须选择与产品成本高低有密切关系的分配标准,才能使计算出的各种产品成本既符合实际,又相对准确。一般来说,常见的分配标准有:

(1)产品的经济价值指标,如产品售价、计划成本、定额成本等;

(2)产品的技术性指标,如重量、体积、长度、含量等;

(3)产品的原材料消耗定额或工时定额或系数等。

常用的分配方法有定额比例法和系数分配法两种。

1.定额比例法

定额比例法是先确定类内各种产品的单位定额成本或定额消耗量，然后按照类内各种产成品的定额成本或定额消耗量的比例，计算各种产成品成本的方法。其计算公式为：

$$\text{某类产品材料（人工、制造）费用分配率}=\frac{\text{该类产品材料（人工、制造）费用总额}}{\text{该类各种产品材料（人工、制造）定额成本之和}}$$

类内某产品材料（人工、制造）费用实际成本＝类内该产品材料（人工、制造）定额成本×某类产品材料（人工、制造）费用分配率

上述公式可以根据成本计算要求进行变换，如某项费用分配率可以变换为类内某产品该项费用定额成本占类内全部产品该项费用定额成本的比例，再以该项费用的实际金额乘以该产品该项定额成本比例，求得该产品的该项费用成本。

【例 12-1】 新兴有限公司生产的产品规格很多，其中，A 产品和 B 产品使用的原材料相同，生产工艺技术过程接近，因而将其归并为甲类，采用分类法计算成本。该公司 2009 年 8 月份有关资料如表 12-1、表 12-2 所示。

表 12-1 在产品成本和本月生产费用资料

产品类别：甲类　　　　2009 年 8 月

项　目	直接材料	直接人工	制造费用	合　计
月初在产品	13 200	11 700	6 400	31 300
本月生产费用	314 400	50 030	136 700	501 130
月末在产品	14 400	12 560	9 000	35 960

表 12-2 产品消耗定额和产量记录

产品类别：甲类　　　　2009 年 8 月

产品名称	产量	定额材料成本	定额工时
A 产品	6 500	12	2
B 产品	8 500	20	2.4

根据上述资料，采用定额比例法计算甲、乙皮包成本。

(1)根据 A 产品、B 产品的定额成本与定额工时计算定额比例。

A 产品材料成本定额比例＝6 500×12/(6 500×12＋8 500×20)≈31.5%

B 产品材料成本定额比例＝8 500×20/(6 500×12＋8 500×20)≈68.5%

A 产品工时定额比例＝6 500×2/(6 500×2＋8 500×2.4)≈38.9%

B 产品工时定额比例＝8 500×2.4/(6 500×2＋8 500×2.4)≈61.1%

(2)按产品类别设置并登记产品成本明细账。

表 12-3　产品成本明细账

产品类别:甲类　　　　生产车间:第一车间　　　　第×页

××年		凭证		摘要	成本项目			合计
月	日	字	号		直接材料	直接人工	制造费用	
8	1			月初在产品	13 200	11 700	6 400	31 300
	31		略	本月生产费用	314 400	50 030	136 700	501 130
	31			生产费用合计	327 600	61 730	143 100	532 430
	31			完工产品成本	313 200	49 170	134 100	496 470
	31			月末在产品	14 400	12 560	9 000	35 960

(3)分配计算 A 产品、B 产品的完工产品成本。

表 12-4　各种产品成本计算单

产品类别:甲类　　　　2009 年 8 月 31 日

项　目	材料定额比例	直接材料	工时定额比例	直接人工	制造费用	合　计
完工产品成本		313 200		49 170	134 100	496 470
A 产品	31.5%	98 658	38.9%	19 127	52 165	169 950
B 产品	68.5%	214 542	61.1%	30 043	81 935	326 520

会计主管　吴月　　　　复核　王芳　　　　制单　李力

根据产品成本计算单和完工产品入库单,编制会计分录:

借:库存商品——A 产品　　169 950

　　　　　——B 产品　　326 520

　贷:生产成本——基本生产成本——甲类　　496 470

2.系数法

系数法是将分配标准折算成相对固定的系数,按照系数在类内各种产品之间分配费用,计算产品成本。

类内各种产品之间的分配是以类别总成本为标准的。需要注意的是分配标准与成本之间要联系紧密,否则会影响类内各种产品成本计算的正确性。分配标准可以根据相关依据与产品成本的关系是否密切,采用价值指标(如销售价格、计划成本、定额成本等)或技术指标(如长度、重量、体积等),也可按成本项目进行划分,如直接材料可以按材料消耗重量比例分配,直接人工费用和制造费用按工时比例分配。在实际工作中,常常采用系数分配法。

系数分配法的有关计算公式如下：

(1)系数的确定方法

确定系数时，一般是在同类产品中选择一种产量较大、生产较稳定或规格适中的产品为标准产品。将单位标准产品的分配标准数量的系数定为1，再将类内其他各产品的分配标准数量与标准产品的分配标准数量相比，其比率即为类内其他各产品系数。

(2)系数法的计算公式

将各种产品的实际产量按系数折算为标准产品产量。

某产品标准产量(总系数)＝该产品实际产量×该产品系数

(3)计算费用分配率

$$某类产品某项费用分配率=\frac{该类完工产品该项费用总额}{该类内各种产品标准产量之和}$$

(4)计算类内各种产品成本

某种产品应负担的某项费用＝该种产品标准产量(总系数)×该类产品该项费用分配率

【例 12-2】 新兴工厂为大量大批单步骤小型生产企业，设有一个基本生产车间，大量生产五种规格不同的电子元件，根据产品结构特点和耗用的原材料等不同，将这五种产品划为一类(甲类)，甲类产品包括 A、B、C、D、E 五种不同规格的产品。根据该厂产品生产特点和成本管理要求，可先采用品种法计算出甲类产品本月完工产品的实际总成本，然后采用系数分配法将本类产品的总成本分配于类内各种规格的产品。本月生产的甲类产品的成本已经按照品种法进行归集和分配，甲类产品的成本计算单见表 12-5。本类产品的生产费用在本月完工产品和月末在产品之间的分配采用定额比例法。甲类产品中各种产品的消耗定额见表 12-6。要求根据资料计算甲类产品中各种产品的成本。

表 12-5　新兴工厂产品成本计算单

产品：甲类　　　　2009 年 6 月　　　　单位：元

项目	直接材料	直接人工	制造费用	合计
月初在产品成本	24 000	4 800	3 600	32 400
本月生产费用	120 000	36 000	26 400	182 400
生产费用合计	144 000	40 800	30 000	214 800
本月完工产品总成本	120 000	38 250	28 050	186 300
月末在产品成本	24 000	2 550	1 950	28 500

表 12-6　新兴工厂甲类产品的材料和工时消耗定额

产品:甲类　　2009 年度　　编号:01

产品名称	材料消耗定额	工时消耗定额
A 产品	3.60	0.84
B 产品	3.30	0.72
C 产品	3.00	0.60
D 产品	2.40	0.54
E 产品	2.10	0.48

1.选定标准产品

新兴工厂甲类产品中,C 产品生产比较稳定、产量较大、规格比较适中,故选择 C 产品为标准产品。

2.确定各类产品系数

新兴工厂甲类产品中,直接材料费用按材料消耗定额比例进行分配,直接人工和制造费用按工时消耗定额确定系数,类内产品系数的计算见表 12-7。

表 12-7　新兴工厂甲类产品系数计算表

产品:甲类　　2009 年度使用　　编号:01

产品名称	材料消耗定额	系数	工时消耗定额	系数
A 产品	3.60	1.2	0.84	1.4
B 产品	3.30	1.1	0.72	1.2
C 产品	3.00	1.0	0.60	1.0
D 产品	2.40	0.8	0.54	0.9
E 产品	2.10	0.7	0.48	0.8

3.计算各类产品本月总系数

生产成本在类内各种产品之间分配,分配标准是总系数(标准产量),根据表 12-7 所列各种产品的系数和本月各种产品产量资料,编制“新兴工厂产品总系数计算表”,见表 12-8。

表 12-8　新兴工厂产品总系数计算表

产品名称	产品产量	材　料		工　时	
		系数	总系数	系数	总系数
A 产品	600	1.2	720	1.4	840
B 产品	500	1.1	550	1.2	600
C 产品	2 000	1.0	2 000	1.0	2 000
D 产品	600	0.8	480	0.9	540
E 产品	700	0.7	490	0.8	560
合计			4 240		4 540

4.计算各种产品的总成本和单位成本

(1)根据表 12-5 所列甲类产品本月完工产品总成本,以及表 12-8 所列各种产品总系数,可以计算出各成本项目的费用分配率。

直接材料费用分配率＝120 000÷4 240≈28.3

直接人工费用分配率＝38 250÷4 540≈8.4

制造费用分配率＝28 050÷4 540≈6.2

(2)根据各种产品的总系数和费用分配率,编制"新兴工厂产品成本计算表"(见表 12-9),计算各种产品的总成本和单位成本。

表 12-9　新兴工厂产品成本计算表

产品:甲类产品　　2009 年 6 月　　金额单位:元

产品名称	产品产量	材料总系数	直接材料分配金额	工时总系数	直接人工分配金额	制造费用分配金额	产成品成本	单位成本
分配率			28.3		8.4	6.2		
A 产品	600	720	20 376	840	7 056	5 208	32 640	54.4
B 产品	500	550	15 565	600	5 040	3 720	24 325	48.65
C 产品	2 000	2 000	56 600	2 000	16 800	12 400	85 800	42.9
D 产品	600	480	13 584	540	4 536	3 348	21 468	35.78
E 产品	700	490	13 875	560	4 818	3 374	22 067	31.52
合计		4 240	120 000	4 540	38 250	28 050	186 300	

注:由于分配率小数点不能除尽的原因,E 产品分配数额通过倒挤方式取得。

(3)根据上述产品成本计算资料,编制结转本月完工入库产品成本的会计分录。

借:库存商品——A 产品　32 640
　　　　　——B 产品　24 325
　　　　　——C 产品　85 800
　　　　　——D 产品　21 468
　　　　　——E 产品　22 067
　贷:生产成本——基本生产成本——甲类产品　186 300

四、分类法的优缺点、适用范围

1. 优点

(1)可以简化成本计算工作;

(2)不仅提供各种产品的成本水平信息,还提供各类产品的成本水平信息,从而便于对各类产品成本进行考核和分析。

2. 缺点

分类法按产品类别归集生产费用,类内各种产品按一定标准分配成本,分配结果具有一定的假定性。

3. 适用范围

分类法与产品的生产类型没有直接联系,可以在各种类型生产中应用。但产品的分类和分配标准的确定是否适当,是采用分类法的关键。

【单项选择题】

1. 产品成本计算方法中,属于成本计算辅助方法的是　(　　)

A. 品种法　B. 分批法

C. 分类法　D. 分步法

(2010 年 10 月高等教育自学考试《成本会计》真题)

【多项选择题】

1. 在实际成本计算工作中,可以采用分类法的所属行业有　(　　)

A. 钢铁企业　B. 无线电元件企业

C. 针织企业　D. 食品企业

E. 有联产品的化工企业

(2010 年 1 月高等教育自学考试《成本会计》真题)

【判断题】

1.同类产品的类内各种产品之间分配费用时，所有的成本项目要选择相同的分配标准。（　　）

（2010 年 1 月高等教育自学考试《成本会计》真题）

【计算题】

1.某企业的丙类产品中有 A、B、C 三种产品，三种产品的材料费用定额分别为 A 产品 200 元/件，B 产品 300 元/件，C 产品 500 元/件。企业将 A 产品确定为标准产品，其材料费用的定额系数为 1。2008 年 6 月份，丙类产品的完工产品总成本为 822 000 元，完工产品产量分别为：A 产品 50 件，B 产品 80 件，C 产品 100 件。

要求：(1)采用系数法，填列各种产品原材料费用系数表。

(2)计算材料费用分配率，并计算各种产品应分摊的材料费用。（计算结果保留小数点后两位）。

各种产品原材料费用系数表

产品名称	单位产品系数	产量	总系数
A 产品	1	50	50
B 产品		80	
C 产品		100	
合计	—	—	

（2010 年 10 月高等教育自学考试《成本会计》真题）

任务二：会应用定额法进行成本核算

前述各种成本计算方法——品种法、分批法、分步法和分类法下，生产费用日常核算是按照生产费用的实际发生额进行的，产品的实际成本是根据实际生产费用计算的。生产费用和脱离定额的差异及其发生的原因，只有在月末时通过实际资料与定额资料的对比、分析才能得到反映，不能在费用发生的当时就能得到反映，这样做不利于更好地加强定额管理，加强成本控制，更有效地发挥成本核算对于节约生产费用、降低产品成本的作用。而产品成本计算的定额法（也称定额成本法），就是为了及时反映和监督生产费用和产品脱离定额的差异，加强成本管理和成本控制而采用的一种成本计算方法。

一、定额法含义

定额法是以定额成本为基础，根据定额成本、脱离定额差异和定额变动差异计算产品实际成本的一种成本管理和成本计算相结合的方法。

定额法核算产品成本要考虑产品定额成本、脱离定额差异、材料成本差异和定额变动差异四个因素。四个因素与产品的实际成本的关系是：

产品的实际成本＝产品定额成本±脱离定额差异±材料成本差异±定额变动差异

二、定额法的特点

1. 需事先制定产品的各项消耗定额、费用定额和定额成本，作为成本控制的目标、成本计算的基础。

2. 在发生生产耗费的当时，就将符合定额的耗费与脱离定额的差异分别进行计量和反映，以加强对生产费用的日常控制。

3. 定额法下，成本计算建立在日常揭示差异的基础之上。月末计算产成品成本时，根据产品的定额成本，加减各种成本差异，调整计算出完工产品的实际成本，可以为成本的定期分析和考核提供依据。

4. 定额法不是一种独立的成本计算方法。无论是归集定额生产费用，还是归集脱离定额的各种差异，只要是计算生产成本，总要有一定的对象。因此，定额法必须与前述品种法、分步法、分批法相结合使用。

三、定额法成本计算方法

1. 计算产品定额成本

产品的定额成本包括直接材料定额成本、直接人工定额成本、制造费用定额成本。其计算公式分别如下：

直接材料定额成本＝∑(某种材料消耗定额×材料计划单价)

直接人工定额成本＝产品生产定额工时×计划小时薪酬率

制造费用定额成本＝产品生产定额工时×计划小时费用率

确定产品定额成本，必须先制定产品的消耗定额，然后，再根据材料计划单价、计划工资率、计划费用率等确定各项费用定额和单位产品定额成本。

【例 12-3】　飞天公司生产甲产品耗用 A、B、C 三种材料，A 材料单位消耗定额为 100 千克，计划单价为 8 元；B 材料单位消耗定额为 130 千克，计划单价为 9 元；C 材料单位消耗定额为 14 千克，计划单价为 20 元，本月投产量为 120 件。

要求：列表计算甲产品直接材料定额成本。

甲产品的直接材料定额成本见表12-10。

表12-10 甲产品直接材料定额成本计算表

金额单位：元

材料名称	计量单位	计划单价	定额耗用		
			单位定额消耗量	耗用量	金额
A材料	千克	8	100	12 000	96 000
B材料	千克	9	130	15 600	140 400
C材料	千克	20	14	1 680	33 600
合计					270 000

此外，还可以根据上述公式计算直接人工和制造费用项目的定额成本（甲产品的直接人工和制造费用项目的定额成本在以后的内容中要涉及，此处略）。

2.核算脱离定额差异

脱离定额差异包括直接材料脱离定额差异的计算、直接人工脱离定额差异的计算、制造费用脱离定额差异的计算，这是定额法的主要内容。

(1)直接材料脱离定额差异的计算

在成本项目中，原材料（包括自制半成品）费用一般占有较大的比重，而且属于直接费用，因而更有必要，也有可能在费用发生的当时就按产品计算定额费用和脱离定额差异，以加强控制。原材料脱离定额差异的计算方法通常有三种：限额领料法、切割核算法和盘存法等。

①限额领料法。限额领料法是根据产品产量和核定的单位消耗定量控制领料数量的一种方法。采用限额法计算直接材料定额差异，企业应实行限额领料制度。凡属限额之内的领料，通常应根据限额领料单向仓库领取；超过限额的领料，应填制专设的差额领料单等差异凭证。如果领用代用材料，则应按照一定比例转换成原定额确定的材料数量，仍需通过填制限额领料单或代用材料领料单领用。

采用限额法，各车间在月末应根据本月生产中未用完的剩余材料编制"退料单"，并将退料单视为差异凭证。因为退料单中所列的材料数额和限额领料单中的未领材料余额，都是材料脱离定额的节约差异。

采用限额法计算本期直接材料消耗量与定额差异时，应按下列公式计算：

本期直接材料实际消耗量＝本期领用直接材料数量＋期初结余直接材料数量－期末结余直接材料数量

假定限额领料单规定的产品数量为2 000件，每件产品的原材料消耗定额为5千克，则领料限额为10 000千克；本月实际领料9 500千克。

若本月投产产品数量符合限额领料单规定的产品数量，即 2 000 件。且期初期末均无余料，则少领 500 千克的领料差异就是用料脱离定额的节约差异。

若本期投产产品的数量为 2 000 件，但车间期初余料为 100 千克，期末余料为 110 千克。则原材料实际消耗量为：9 500＋100－110＝9 490（千克）。

原材料脱离定额差异为：9 490－10 000＝－510（千克）（节约）

若本月投产产品数量为 1 800 件，车间期初余料为 100 千克，期末余料为 110 千克。则原材料脱离定额差异为：（9 500＋100－110）－1 800×5＝490（千克）（超支）。

只有在产品投产数量等于规定的产品数量，而且车间没有余料或者期初、期末余料数量相等的情况下，领料的差异才是用料脱离定额差异。因此，要控制用料不超支，不仅要控制领料不超过限额，而且还要控制产品的投产量不少于计划规定的产品数量；此外，还要注意车间有无余料和余料的数量。

②切割核算法。切割核算法是根据材料切割消耗定额和应切割毛坯数量控制材料消耗量的一种方法。适用于使用必须经过切割的板材、棒材和棍材等材料的定额管理。采用切割核算法进行用料控制时，应先采用限额法控制领料，然后通过材料切割核算单核算用料差异，达到控制用料。材料切割核算单应该按切割材料的批别开立，单中填明发交切割材料的种类、数量、消耗定额、应切割成的毛坯数量和材料的实际消耗量。根据实际切割成的毛坯数量和消耗定额，求出材料定额消耗量，再与材料的实际消耗量相比较，确定用料脱离定额的差异。

利用材料切割核算单进行材料切割的核算，可以及时反映材料的耗用情况和发生差异的具体原因，加强材料耗用的控制。如果条件具备，材料切割也可以同车间或班组的经济核算结合起来。

③盘存法。盘存法是定期通过对生产领用材料的余料进行盘存，确定材料脱离定额差异的一种方法。适用于不能采用切割核算法的原材料。盘存法的计算方法是：在从严控制材料领用的前提下，按一定的间隔日数，对生产中的余料进行盘点，根据材料领用数和盘点所确定的余额，算出一定期间材料的实际耗用量，以材料的实际耗用量和这一期间投产的产品数量乘以单位产品耗用定量所求得的定额耗用量相比较，计算出材料脱离定额的数量差异，再计算出材料费用脱离定额的差异。原材料脱离定额差异的计算公式为：

直接材料脱离定额差异＝实际消耗量×材料计划单价－定额消耗量×材料计划单价
＝（实际消耗量－定额消耗量）×材料计划单价（量差）

在定额法下，原材料的日常核算一般按计划成本进行，原材料脱离定额差异只是按计划单价反映的消耗量上的差异（量差），并未考虑材料计划价格与实际价格不一定相同的因素。因此，月末计算产品的实际材料费用时，还需要单独计算各种产品应负担的原材料成本差异。

【例 12-4】 依上例，假设甲产品实际耗用 A 材料 10 800 千克，实际耗用 B 材料 15 900 千克，实际耗用 C 材料 1 800 千克。试计算甲产品直接材料脱离定额差异。

解答：甲产品直接材料脱离定额差异＝(10 800－12 000)×8＋(15 900－15 600)×9＋(1 800—1 680)×20＝－4 500(元)

2. 直接人工费用脱离定额差异的计算

(1)计件工资制度下直接人工脱离定额差异的计算

在计件工资形式下，生产工人薪酬费用属于直接计入费用，其定额差异的核算与直接材料定额差异的计算基本类似。计算方法如下：

计件单价＝计划单位工时的直接人工费用/每工时定额产量

直接人工定额费用＝计件数量×计件单价

(2)计时工资制度下直接人工脱离定额差异的计算

在计时工资制下，直接人工一般为间接计入费用，其脱离定额的差异不能在平时分产品(成本计算对象)计算，只有在月末确定本月实际直接人工费用总额和产品生产总工时后才能计算。有关计算如下：

计划小时工资率＝计划产量的定额直接人工费用÷某车间计划产量的定额生产工时

实际小时工资率一某车间实际直接人工费用总额÷某车间实际生产总工时

某产品定额直接人工费用＝该产品实际完成的定额生产工时×计划小时工资率

某产品实际直接人工费用＝该产品实际生产工时×实际小时工资率

某产品直接人工脱离定额的差异＝该产品实际直接人工费用—该产品定额直接人工费用

上列计算公式表明，要降低单位产品的计时工资，必须降低单位小时的生产工资和单位产品的生产工时。为此，要进行以下三个方面的日常控制：

第一，控制生产工资总额不超过计划。

第二，控制非生产工时不超过计划，即在工时总数固定的情况下充分利用工时，使生产工时总额不低于计划。这样，如果其他条件不变，可以控制单位小时的生产工资不超过计划。

第三，控制单位产品的生产工时不超过工时定额。这样，如果单位小时的生产工资不变，就可以控制单位产品的生产工资不超过定额。

【例 12-5】 飞天公司生产甲、乙、丙三种产品实际生产工时为 200 000 小时，其中，甲产品 85 000 小时，乙产品 50 000 小时，丙产品 65 000 小时，本月三种产品实际完成定额工时 205 000 小时，其中，甲产品 86 000 小时，乙产品 55 000 小时，丙产品 64 000 小时；本月实际产品生产工人薪酬为 822 000 元，本月计划小时工资率为 4 元，实际小时工资率为 4.11(822 000÷200 000)。要求根据上述资料，编制“直接人工费用定额和脱离定额差异汇总表”,见表 12-11。

表 12-11　飞天公司直接人工费用定额和脱离定额差异汇总表

2009 年 9 月　　金额单位:元

产品名称	定额人工费用			实际人工费用			脱离定额差异
	定额工时(小时)	计划小时工资率	定额工资	实际工时(小时)	实际小时工资率	实际工资	
甲产品	86 000		344 000	85 000		349 350	5 350
乙产品	55 000		220 000	50 000		205 500	－14 500
丙产品	64 000		256 000	65 000		267 150	11 150
合计	205 000	4	820 000	200 000	4.11	822 000	2 000

3.制造费用定额差异的计算

制造费用通常与计时工资一样,属于间接计入费用,在日常核算中不能按照产品直接计算脱离定额的差异,只能在月末实际费用总额计算出来后才能与定额费用对比,确定差异定额。月末按工时分配计入产品的制造费用时,比照计时工资下计算脱离定额差异的公式进行计算,计算时要注意将小时薪酬率改为小时制造费用率,计算公式如下:

计划小时制造费用分配率＝某车间计划制造费用总额÷某车间计划产量的定额生产工时总数

实际小时制造费用分配率＝某车间实际制造费用总额÷某车间实际生产工时总数

某产品定额制造费用＝该产品定额生产工时×计划小时制造费用分配率

某产品实际制造费用＝该产品实际工时×实际小时制造费用分配率

某产品制造费用定额差异＝某产品实际制造费用－某产品定额制造费用

【例 12-6】　飞天公司本月各种产品实际生产工时和实际完成定额工时同【例 12-5】,本月实际制造费用总额为 411 000 元,本月制造费用计划分配率为每小时 2 元(见表 12-12);实际分配率为每小时 2.055 元(411 000÷200 000)。要求根据上述资料,编制“制造费用定额和脱离定额差异汇总表”,见表 12-12。

表 12-12　飞天公司制造费用定额和脱离定额差异汇总表

2009 年 9 月　　金额单位:元

产品名称	定额人工费用			实际人工费用			脱离定额差异
	定额工时（小时）	计划小时费用率	定额费用	实际工时（小时）	实际小时费用率	实际费用	
甲产品	86 000		172 000	85 000		174 675	2 675
乙产品	55 000		110 000	50 000		102 750	－7 250
丙产品	64 000		128 000	65 000		133 575	5 575
合计	205 000	2	410 000	200 000	2.055	411 000	1 000

3.计算材料成本差异

采用定额法计算产品成本,为了便于产品成本的分析和考核,原材料的日常核算必须按计划成本进行。正因如此,原材料的定额费用和脱离定额差异都按原材料的计划成本计算。前者是原材料的定额消耗量与其计划单位成本的乘积,后者是原材料实际消耗量与定额消耗数量之间的差异与其计划单位成本的乘积。两者之和,就是原材料的实际消耗量与其计划单位成本的乘积。因此,月末计算产品的实际原材料费用时,还必须计算所耗原材料应分摊的成本差异,即所耗原材料的实际成本与计划成本之间的价格差异(价差)。定额法下材料成本差异计算公式如下:

某产品应负担的原材料成本差异＝(该产品的原材料定额费用±原材料脱离定额差异)×材料成本差异率

为简化核算,各种产品应分配的材料成本差异,一般由各产品的完工产品成本负担,月末在产品不负担材料成本差异。在实际工作中,材料成本差异的计算和分配是通过编制“耗用材料汇总表”、“材料成本差异分配表”进行的。

【例 12-7】 甲产品所耗直接材料定额费用为 270 000 元(见表 12-10),材料脱离定额差异为节约 4 500 元(见【例 12-4】),本月材料成本差异率为节约 1.1%,要求计算甲产品应负担的材料成本差异。

甲产品应负担的材料成本差异＝(270 000－4 500)×(－1.1%)＝－2 920.5(元)

4.计算定额变动差异

定额变动差异,是指由于修订消耗定额或生产耗费的计划价格而产生的新旧定额之间的差额。在消耗定额或计划价格修订以后,定额成本也应随之及时修订。定额成本一般在月初、季初或年初定期进行修订,但在定额变动的月份,月初在产品的定额成本并未修订,它仍然是按照旧的定额计算的。为了将按旧定额计算的月初在产品定额成本和按新定额计算的本月投入产品的定额成本,在新定额的同一基础上相加起来,以便计算产品的实际成本，还应计算月初在产品的定额变动差异，用以调整月初在产品的定额成本。

月初在产品定额变动的差异，可以根据定额发生变动的在产品盘存数量或在产品账面结存数量和修订前后的消耗定额，计算月初在产品消耗定额修订前和修订后的定额消耗量，从而确定定额消耗量的差异和差异金额。这种计算要按照零、部件和工序进行，工作量较大。为了简化计算工作，也可以按照单位产品采用下述系数折算的方法计算：

系数＝按新定额计算的单位产品费用÷按旧定额计算的单位产品费用

月初在产品定额变动差异＝按旧定额计算的月初在产品费用×(1－系数)

月末，对计算出的定额成本、脱离定额差异、定额变动差异以及材料成本差异，应在完工产品和月末在产品之间按照定额成本比例进行分配。

【例 12-8】 飞天公司甲产品的一些零件从 9 月 1 日起修订原材料消耗定额，单位产品新的直接材料费用为 2 250 元，旧的直接材料费用定额为 2 343.75 元，甲产品月初在产品按旧定额计算的直接材料费用为 46 875 元。要求：根据以上资料，计算甲产品月初在产品定额变动差异。

定额变动系数＝2 250÷2 343.75＝0.96

甲产品月初在产品定额变动差异＝46 875×(1－0.96)＝1 875(元)

消耗定额变动一般表现为不断降低的趋势，因而月初在产品定额变动差异，通常表现为月初在产品价值的降低，即贬值。这时，一方面应如上述从月初在产品定额费用中扣除该项差异；另一方面，还应将属于月初在产品生产费用实际支出的该项差异，加入本月产品成本中。相反，如果消耗定额不是降低而是提高，月初在产品增值的差异则应加入月初在产品定额费用之中，同时从本月产品成本中予以扣除(因为实际并未发生该部分支出)。也就是说，本月产品成本总额未变，即月初在产品费用与本月生产费用之和，或者本月完工产品费用与月末在产品费用之和都不变，只是内部的表现形式有所改变：定额降低时，减少了定额成本，增加了定额变动差异；定额提高时，情况相反，否则账目就不平。

甲产品月初在产品定额成本减少了 1 875 元，甲产品实际成本中就应当加上定额变动差异 1 875 元。

5.计算产品实际成本

(1)登记本月发生的生产费用

根据本月实际发生的生产费用，将符合定额的费用和脱离定额的差异分别核算，编制有关会计分录，计入产品生产成本明细账(产品成本计算单)中的相应项目。

【例 12-9】根据【例 12-3】和【例 12-4】，计入飞天公司甲产品生产成本明细账。【例 12-8】月初在产品定额调整不属于实际发生费用，可以直接计入甲产品生产成本明细账相应栏内，不编会计分录。

①结转产品生产领用材料计划成本,编制会计分录如下:

借:生产成本——甲产品(定额成本) 270 000

——甲产品(脱离定额差异) −4 500

贷:原材料 265 500

②分配职工薪酬。根据【例 12-5】,本月应付产品生产工人薪酬为 822 000 元(见表 12-11),编制会计分录如下:

借:生产成本——甲产品(定额成本) 344 000

——甲产品(脱离定额差异) 5 350

——乙产品(定额成本) 220 000

——乙产品(脱离定额差异) −14 500

——丙产品(定额成本) 256 000

——丙产品(脱离定额差异) 11 150

贷:应付职工薪酬——工资 822 000

③分配结转制造费用。根据【例 12-6】本月实际制造费用 411 000 元(见表 5-12),编制会计分录如下:

借:生产成本——甲产品(定额成本) 172 000

——甲产品(脱离定额差异) 2 675

——乙产品(定额成本) 110 000

——乙产品(脱离定额差异) −7 250

——丙产品(定额成本) 128 000

——丙产品(脱离定额差异) 5 575

贷:制造费用 411 000

④分配结转材料成本差异。根据【例 12-7】中飞天公司甲产品应负担的材料成本差异为 2 920.5 元,编制会计分录如下:

借:材料成本差异 2 920.5

贷:生产成本——甲产品 2 920.5

(2)分配脱离定额差异

登记本月生产费用后,应将月初在产品成本、月初在产品定额变动和本月生产费用各相同项目分别汇总,计算出生产费用合计数(见表 12-13)。生产费用合计数包括定额成本、脱离定额差异、材料成本差异和定额变动差异。为了简化计算,材料成本差异和定额变动差异可以全部由完工产品成本负担,脱离定额差异则要在本月完工产品和月末在产品之间进行分配。脱离定额差异一般按照本月完工产品和月末在产品定额成本的比例进行分配,具体方法如下。

表 12-13　飞天公司产品成本计算单

产品:甲产品　产量:120 件　　　　2009 年 9 月　　　　金额单位:元

项目	行次	直接材料	直接人工	制造费用	合计
一、月初在产品成本					
定额成本	1	46 875	31 000	15 500	93 375
脱离定额差异	2	−850	410	225	−215
二、月初在产品定额调整					
定额成本调整	3	−1 875	0	0	−1 875
定额变动差异	4	1 875	0	0	1 875
三、本月发生生产费用					
定额成本	5	270 000	344 000	172 000	786 000
脱离定额差异	6	−4 500	5 350	2 675	3 525
材料成本差异	7	−2 920.5			
四、生产费用合计					
定额成本	8	315 000	375 000	187 500	877 500
脱离定额差异	9	−5 350	5 760	2 900	3 310
材料成本差异	10	−2 920.5			−2 920.5
定额变动差异	11	1 875	0	0	1 875
差异分配率	12	−1.7%	1.54%	1.55%	
六、完工产品成本					
定额成本	13	290 000	360 000	182 000	832 000
脱离定额差异	14	−4 930	5 544	2 821	3 435
材料成本差异	15	−2 920.5			−2 920.5
定额变动差异	16	1 875	0	0	1 875
实际成本	17	284 024.5	365 544	184 821	834 389.5
七、月末在产品					
定额成本	18	25 000	15 000	5 500	45 500
脱离定额差异	19	−420	216	79	−125

(1)直接材料项目

直接材料脱离定额差异分配率＝(－5 350)÷(290 000＋25 000)≈－1.7％

完工产品分配脱离定额差异＝290 000×(－1.7％)＝－4 930(元)

月末在产品分配脱离定额差异＝－5 350－(－4 930)＝－420(元)

(2)直接人工项目

直接人工脱离定额差异分配率＝5 760÷(360 000＋15 000)≈1.54％

完工产品分配脱离定额差异＝360 000×1.54％＝5 544(元)

月末在产品分配脱离定额差异＝5 760－5 544＝216(元)

(3)制造费用项目

制造费用脱离定额差异分配率＝2 900÷(182 000＋5 500)≈1.55％

完工产品分配脱离定额差异＝182 000×1.55％＝2 821(元)

月末在产品分配脱离定额差异＝2 900－2 821＝79(元)

(4)本月在完工产品和在产品之间分配脱离定额差异

本月完工产品分配脱离定额差异＝－4 930＋5 544＋2 821＝3 435(元)

月末在产品分配脱离定额差异＝－420＋216＋79＝－125(元)

3.计算结转完工产品实际成本

通过以上分配和计算，飞天公司本月完工甲产品120件的实际总成本为834 389.5[832 000＋3 435＋(－2 920.5)＋1 875]元。编制的会计分录如下：

借：库存商品——甲产品	834 389.5
贷：生产成本——甲产品(定额成本)	832 000
——甲产品(脱离定额差异)	3 435
——甲产品(材料成本差异)	－2 920.5
——甲产品(定额变动差异)	1 875

四.定额法的优缺点和适用范围

1.定额法的主要优点

(1)通过生产耗费及其脱离定额和计划的差异的日常核算，能在各项耗费发生的当时反映和监督脱离定额(或计划)的差异，以便及时有效地节约生产耗费，降低产品成本。

(2)对产品的实际成本按定额成本和各种差异分别反映，便于对各项生产耗费和产品成本进行定期分析，有利于挖掘降低成本的潜力。

(3)通过脱离定额差异和定额变动差异的核算，有利于提高成本的定额管理和计划管理水平。

(4)利用现有的定额成本资料，能够比较合理、简便地解决完工产品和月末在产品之间分配费用(即分配各种成本差异)的问题。

2. 定额法的主要缺点

采用定额法计算产品成本，必须制定定额成本，单独核算脱离定额差异，在定额变动时还必须修订定额成本资料，因此核算工作量较大。

3. 定额法的适用范围

定额法与生产类型没有直接关系。无论何种生产类型，只要同时具备下列两个条件，都可采用定额法计算产品成本。其一，企业的定额管理制度比较健全，定额管理工作基础较好；其二，产品的生产已经定型，消耗定额比较准确、稳定。由于大批大量生产比较容易具备这些条件，因而定额成本法最早应用在大批大量生产的机械制造企业中，以后才逐渐扩散应用到具备上述条件的其他工业企业中。

【单项选择题】

1. 采用定额法时，实际所消耗材料应分配的材料成本差异是　(　　)

A. 材料定额费用×材料成本差异率

B. 材料实际消耗量×材料成本差异率

C. (材料定额费用＋材料脱离定额差异)×材料成本差异率

D. 材料定额消耗量×材料计划单价×材料成本差异率

(2011年1月高等教育自学考试《成本会计》真题)

2. 影响定额变动差异的因素是　(　　)

A. 定额本身变动　　B. 生产费用超支

C. 生产费用节约　　D. 产品成本增加

(2010年1月高等教育自学考试《成本会计》真题)

3. 在脱离定额差异的核算中，月末制造费用的脱离定额差异的计算可以比照　(　　)

A. 原材料　　B. 计件工资

C. 计时工资　　D. 自制半成品

(2010年1月高等教育自学考试《成本会计》真题)

【多项选择题】

1. 原材料脱离定额差异的计算方法有　(　　)

A. 限额法　　B. 盘存法

C. 材料切割法　　D. 年限法

E. 计划成本法

(2011 年 1 月高等教育自学考试《成本会计》真题)

2. 定额法的主要优点包括 (　　)

A. 促进节约生产消耗，降低产品成本

B. 便于进行产品成本的定期分析，挖掘降低成本的潜力

C. 有利于提高成本的定额管理和计划管理工作的水平

D. 能合理简便地解决完工产品和在产品之间分配费用问题

E. 产品成本核算工作量小

(2010 年 1 月高等教育自学考试《成本会计》真题)

【判断题】

1. 分类法和定额法是成本计算的辅助方法，可以单独应用于各种类型的生产。 (　　)

(2011 年 1 月高等教育自学考试《成本会计》真题)

2. 定额法不仅是一种成本计算方法，也是一种成本管理方法。 (　　)

(2010 年 1 月高等教育自学考试《成本会计》真题)

知识延伸

联产品、副产品和等级产品的成本计算方法

一、联产品的成本计算

（一）联产品的含义及其成本计算的特点

联产品是指企业在生产过程中，使用相同的原材料，经过共同的生产工艺，进行相同的加工过程，生产出来的具有同等地位、不同用途的几种主要产品，如炼油厂从原油中可以同时提炼出汽油、煤油、柴油、机油等几种主要产品，这些产品都是炼油厂的联产品。

联产品在生产过程中使用同样的原材料，并且又是在同一生产过程中生产出来的。各种联产品一般要在生产过程结束时才能分离出来，有时也可能在生产过程的某一个步骤中先分离出来某一种产品，这个分离时的生产步骤称为分离点。在联产品分离之前，不可能按照每种产品归集和分配生产费用，只能将其归为一类，计算总成本。然后，采用一定的分配标准，采用适当的方法，将联合成本在联产品之间进行分配，求出各个联产品应负担的联合成本；然后可以按类别归集费用计算成本，但它与分类法是有区别的。有些联产品分离后有时还需要继续加工，这样，就需要按照分离后产品的生产特点，选择适当的方法计算分离后的产品成本。通常情况下，将分离前发生的成本称为联合成本，而把分离后每种产品发生的成本称为可归属成本。因此，联产品的成本包括其应负担的联合成本加上分离后的可归属成本。

（二）联产品成本的计算程序

1. 采用分类法，计算联产品分离前的联合成本；

2. 采用适当的标准在各种联产品之间分配联合成本；

3. 将分配的联合成本和分离后的加工成本进行汇总，计算联产品的总成本和单位成本。

（三）联合成本的分配方法

采用什么样的方法分配联合成本，关系到联产品成本计算的准确性和合理性，因此，企业可根据具体情况确定应采用的分配方法。通常的分配方法包括：

1. 实物量分配法。实物量分配法就是根据分离点上各种联产品的重量、长度、容积或其他实物量比例来分配联合成本的一种方法。其计算公式如下：

联产品成本分配率＝联合成本÷各种联产品实物产量之和

某种产品应分配的联合成本＝该种联产品实物产量×联合成本分配率

【例 1】　假设阳光公司生产 A、B、C 三种联产品，本期发生的联合成本为 360 000

元,根据各种产品的重量分配联合成本,计算结果见表 12-14。

表 12-14 联合产品成本计算单

单位:元

产品名称	实物量(千克)	分配率	应分配成本
A 产品	500	300	150 000
B 产品	400		120 000
C 产品	300		90 000
合计	1 200		360 000

2.系数分配法。系数分配法是根据各种联产品的实际产量,按系数将其折算为标准产量来分配联合成本的一种方法。具体计算程序是:第一,确定各种联产品的系数;第二,用每种产品的产量乘以各自的系数,计算出标准产量;第三,将联合成本除以各种联产品标准产量之和,求得联合成本分配率;第四,用联合成本分配率乘以每种产品的标准产量,就可以计算出各种产品应负担的联合成本。

【例 2】 假设江源公司用同一原材料,在同一工艺过程中生产甲乙丙丁四种主要产品。分配联合成本时,以产品售价为标准确定系数,以乙产品为标准产品,其系数为1,甲产品分离后还继续加工。有关资料见表 12-15、表 12-16。

表 12-15 联产品产量、售价和系数分配表

产品名称	产量(吨)	单位售价(元)	系数
甲产品	120	72	1.2
乙产品	600	60	1
丙产品	300	48	0.8
丁产品	150	42	0.7

表 12-16 联产品成本计算资料

单位:元

项目	直接材料	直接人工	制造费用	合计
分离前的联合成本	19 602	7 187.4	5 880.6	32 670
各成本项目占总成本比重	60%	22%	18%	
分离后甲产品的加工成本	900	400	200	1 500

要求:按照系数分配法分配联合产品成本,并计算各种产品的总成本和单位成本。

解析如下:

(1)根据上述资料,编制联产品成本计算单,见表12-17。

表12-17 联产品成本计算单

单位:元

产品名称	产量(吨)	系数	标准产量	联合成本	分配率	应分配的联合成本
	(1)	(2)	(3)=(1)×(2)	(4)	(5)=(4)÷(3)	(6)=(3)×(5)
甲产品	120	1.2	144			4 320
乙产品	600	1	600			18 000
丙产品	300	0.8	240			7 200
丁产品	150	0.7	105			3 150
合计			1 089	32 670	30	32 670

(2)编制甲产品成本计算汇总表,见表12-18。

表12-18 甲产品成本计算汇总表

单位:元

项 目	分配的联合成本		分离后的加工成本	总成本	单位成本
	比重%	金额			
	(1)	(2)=(1)×总金额	(3)	(4)=(2)+(3)	(5)=(4)÷产量
直接材料	60	2 592	900	3 492	29.1
直接人工	22	950.4	400	1 350.4	11.25
制造费用	18	777.6	200	977.6	8.15
合计	100	4 320	1 500	5 820	48.5

注:其他产品的单位成本由读者根据各成本项目的比例自己计算。

3.相对售价比例分配法。相对售价比例分配法是按照生产出的各联产品销售价格的比例,将联合成本在各种联产品之间进行分配,以计算各联产品的总成本和单位成本的一种联产品成本分配方法。在这种情况下,售价较高的联产品负担的联合成本较多,售价较低的联产品负担的联合成本较少,以使各联产品取得大致相同的毛利率。这种方法弥补了实物量比例分配法的缺陷,使各联产品应负担的联合成本与售价联系了起来。相对售价比例分配法的计算公式如下:

联产品成本分配率=联合成本÷各种联产品销售价格之和

某种产品应分配的联合成本=该种联产品销售价格×联合成本分配率

应当指出,相对售价比例分配法中的销售价格即指产品的销售收入,但是,这里的销售收入不是按照产品销售量计算的，而是按照产品产量计算的。

【例 3】 华夏公司生产甲、乙、丙三种联产品，单位售价分别为 14 元、12 元和 10 元。2008 年 7 月份发生的联合成本为 89216 元，其中：直接材料 60 000 元，直接人工 11 216 元，制造费用 18 000 元，生产完工甲产品 3 200 件，乙产品 4 000 件，丙产品 1 600 件。要求：按照相对售价比例分配联产品成本。计算结果见表 12-19。

表 12-19 联产品成本计算表

2008 年 7 月　　　　金额单位：元

产品名称	产量(件)	单价(元)	售价(元)	分配率	分配联合成本(元)	单位成本(元)
甲产品	3 200	14	44 800		36 736	11.48
乙产品	40 00	12	48 000		39 360	9.84
内产品	1 600	10	16 000		13 120	8.2
合计			108 800	0.82	89 216	

这一分配法将联产品成本与产品的销售价格联系在一起，可以避免售价低的产品可能因为分配标准的选用不当而造成其负担的费用较多的不合理现象。但是，产品成本的高低并非都与产品售价有关，价格高的产品不一定成本也高，因此，此种方法只适用成本高低与售价关系密切的联产品的成本分配。

二、副产品的成本计算

（一）副产品的含义及其成本计算的特点

副产品是指企业在生产主要产品的过程中，附带生产出一些非主要产品。副产品不是企业的主要产品，但它们却有一定的价值和用途。如在制皂工业中产生的甘油、在生产生铁过程中产生的煤气以及炼油厂在提炼原油的过程中产生的渣油、石油焦等。有些企业在生产过程中所产生的一些废水、废气、废渣，对于“三废”的综合利用、回收或提炼出来的产品，也可以称为副产品。

由于副产品和主要产品是在同一生产过程中生产出来的，它们发生的费用很难分开，因此，一般是将副产品和主要产品归为一类，按照分类法归集费用，计算总成本。主、副产品分离前的成本可为共同成本。一般来说，副产品的价值相对较低，在企业全部产品中所占比例较小，所以，可将副产品按照简化的方法计价，从主副产品的总成本中扣除，从而确定主产品的产品。

（二）副产品成本的计价方法

1. 副产品成本不计价。副产品不计价是指副产品不负担分离前的成本，副产品的成本由主要产品负担，副产品销售取得的收入作为其他业务收入处理。这种方法一般适用于副产品分离后不再加工，而且价值较低的情况。采用此法的优点是手续简便，但由于副产品成本是由主要产品负担，因而会影响主要产品成本计算的准确性。

2.副产品成本按销售价格扣除销售税金、销售费用后的余额计算。副产品成本按销售价格扣除销售税金、销售费用后的余额计算或按售价减去按正常利润率计算的销售利润后的余额计价，以此作为分离前的共同成本中副产品应负担的部分。这种方法适用于副产品价值较高的情况。如果副产品在分离后还需进一步加工才能出售，则按这一方法对副产品进行计价时，还应从其售价中扣除分离后的加工费。

3.副产品成本按固定成本计价。这种计价方法是指按确定的固定成本作为副产品的成本，从联合成本中扣除，其中，固定成本可按固定价格计价，也可以按计划成本计价。这种计算方法手续简便，但是当副产品成本变动较大、市价不稳定时，会影响主要产品成本计算的准确性。

（三）副产品成本计算应用举例

【例 4】 假设远大公司在生产主要产品甲产品的同时，附带生产出乙、丙、丁三种副产品。乙副产品按售价扣除销售税金、销售费用等有关项目后的余额计价，并按比例从联合成本项目中进行扣除；丙副产品按计划成本计价，从联合成本的直接材料项目中扣除；丁副产品由于数量较少、价值较低采用简化的方法不予计价。2008 年 3 月份有关产量、成本资料见表 12-20 和表 12-21。

表 12-20　产品、单价、计划成本资料

单位：元

产品名称	产量（吨）	单位售价	单位税金	单位销售费用	计划单位成本
甲	3 000				
乙	540	40	5	6	
丙	160				20
丁	2				

表 12-21　有关成本费用资料

单位：元

项目	直接材料	直接人工	制造费用	合计
本月主副产品共同成本	72 000	8 000	20 000	100 000
乙产品分离后加工费用		1 000	1 160	2 160

要求：根据以上资料编制完工产品成本计算表。

解析：计算结果见表 12-22。

表 12-22　产品成本计算表

项目	共同成本		丙产品(160 吨)		乙产品(540 吨)				甲产品(3 000 吨)	
	金额	比重	总成本	单位成本	总成本			单位成本	总成本	单位成本
					分离前	分离后	合计			
	(1)	(2)	(3)	(4)	(5)	(6)	(7)	(8)	(9)	(10)
直接材料	72 000	72%	3 200	20	9 720		9 720	18	59 080	19.69
直接人工	8 000	8%			1 080	1 000	2 080	3.85	6 920	2.31
制造费用	20 000	20%			2 700	1 160	3 860	7.15	17 300	5.77
合计	100 000		3 200	20	13 500	2 160	15 660	29	83 300	27.77

表 12-22 中相关数据的计算过程如下：

丙产品：总成本＝160×20＝3 200(元)

乙产品：总成本＝540×(40－5－6)＝15 660(元)

其中：分离前的总成本＝15 660－2 160＝13 500(元)

直接材料＝13 500×72%＝9 720(元)

直接人工＝13 500×8%＋1 000＝2 080(元)

制造费用＝13 500×20%＋1 160＝3 860(元)

甲产品：总成本＝100 000－3 200－13 500＝83 300(元)

直接材料＝72 000－3 200－13 500＝59 080(元)

直接人工＝8 000－1 080＝6 920(元)

制造费用＝20 000－2 700＝17 300(元)

三、等级品的成本计算

等级产品是指使用同种原料，经过相同加工过程生产出来的品种相同，但质量不同的产品。等级产品和废品是两个不同的概念。等级产品是合格品，而废品是非合格品。等级产品成本的计算方法，需视等级产品造成的原因而定。等级产品产生的原因如表 12-23。

表 12-23　等级产品产生的原因

原因	成本计算上的特点
1.经营管理不善或技术操作上的原因	不同等级品的单位成本相同，见例 5
2.自然的原因或产品内部结构、工艺技术不同等原因	不同等级品的单位成本一般不同(一般使售价高的等级品多负担成本)，见例 6

【例 5】 某企业 2008 年 9 月共生产 A 产品 12 200 件，其中：一等品 10 000 件，二等品 1 000 件，三等品 1 200 件。共发生成本 62 342 元。企业按产量比例分配计算各等级品的成本。

计算结果见下表 12-24：

表 12-24

	产量(件)	单位成本	分配成本
一等品	10 000		51 100
二等品	1 000		5 110
三等品	1 200		6 132
合计	12 200	5.11	62 342

【例 6】 某企业 2009 年 10 月份共生产 B 产品 30 000 件，其中：一等品 20 000 件，二等品 6 000 件，三等品 4 000 件。共发生成本 850 640 元。企业按售价折成系数(一等品为标准产品)，按系数比例分配计算各等级品的成本。

计算结果见下表 12-25：

表 12-25

	产量(件)	售价	系数	标准产量	标准产量单位成本	分配成本	单位成本
一等品	20 000	50	1	20 000		620 000	31.00
二等品	6 000	42	0.84	5 040		156 240	26.04
三等品	4 000	30	0.6	2 400		74 400	18.60
合计	30 000	—	—	27 440	31	850 640	—

对于第一种原因形成的等级产品，其成本不应有别，即不同等级的产品应具有相同的成本，这样，次级产品可能由于售价较低而造成亏损，正好可以说明企业生产经营管理上的缺陷，从而促进企业不断改善工作、提高产品质量。对于后种原因造成的等级产品，往往以单位售价比例定出系数，按系数比例来分配各等级产品应分摊的联合成本，其计算结果是售价高的产品负担较多的联合成本。

实训一

班　　级		姓　　名		学　　号		实训日期	
实训项目	分类法核算产品成本						

实训目的：

1.了解分类法与其他成本计算方法之间的关系。

2.能运用分类法准确核算出产品成本。

实训要求：

江海企业所属一分厂成本计算采用分类法，2009 年 3 月其所生产的产品按产品结构分为 A，B 两大类，每类产品的月末在产品均按所耗直接材料成本计算，其他费用全部由完工产品负担，月末在产品成本按定额成本计价法计算。

本月有关资料如下表。

直接材料定额成本

产品类别	单耗定额(千克)	计划单价(元)	定额成本(元)
A 类产品	10	1	10
B 类产品	8	2	16

产量和单位定额成本

产品类别	规格	产量(件)	单位定额成本(元)
A 类产品	A1	100	12
	A2	300	10
	A3	200	14
B 类产品	B1	300	20
	B2	100	25
	B3	50	32

月初在产品成本及本月发生费用

产品类别	月初在产品直接材料定额成本	本月发生费用			
		直接材料	直接人工	制造费用	合计
A类产品	260	5 600	2 300	3 000	10 900
B类产品	180	8 400	2 700	2 000	13 100

月末在产品数量及单位定额成本

产品类别	数量(件)		单位定额成本(元)	定额成本(元)
A类产品	A1	15	12	500
	A2	18	10	
	A3	10	14	
B类产品	B1	3	20	320
	B2	4	25	
	B3	5	32	

要求：1. 编制成本计算表，完成A、B各类产品成本和类内的各种产品成本的计算。

实训结果(不够纸可另附页)

成本计算单

产品：A类产品　　　　2009年3月　　　　单位：元

20×6年		摘　要	直接材料	直接工资	制造费用	合　计
月	日					
7	31	期初在产品成本(定额成本)				
8	31	本月生产费用				
8	31	生产费用合计				
8	31	本月完工产品成本				
8	31	期末在产品成本(定额成本)				

成本计算单

产品:B类产品　　2009年3月　　单位:元

20×6年		摘　要	直接材料	直接工资	制造费用	合　计
月	日					
7	31	期初在产品成本（定额成本）				
8	31	本月生产费用				
8	31	生产费用合计				
8	31	本月完工产品成本				
8	31	期末在产品成本（定额成本）				

2.计算各类产品的类内各种产品的系数

各类产品类内各种产品系数计算表

产品类别	规格	产量(件)	单位定额成本(元)	系数	标准产量
A类产品	A1				
	A2				
	A3				
B类产品	B1				
	B2				
	B3				

3.计算各种产品的总成本和单位成本

各类产品类内的各种产成品成本计算表

2009 年 3 月　　　　　　　　　　　　　　　　金额单位：元

项　目	产量（件）	总系数	直接材料分配额	直接工资分配额	制造费用分配额	各种产品总成本	单位成本
A 类产品							
分配率							
A1							
A2							
A3							
合计							
B 类产品							
分配率							
B1							
B2							
B3							
合计							

教师简评					
评定成绩		指导教师		日　期	

实训二

班　　级		姓　　名		学　　号		实训日期	
实训项目	定额法核算产品成本						

实训目的：

1.了解分类法与其他成本计算方法之间的关系。

2.能运用分类法准确核算出产品成本。

实训要求：

黄海任公司专业生产甲产品。该公司的定额管理制度比较健全、稳定，采用定额法计算产品成本。2009年8月，甲产品成木计算的有关资料如下：

产品定额成本

产品名称：甲产品　　2009年8月　　金额单位：元

材料编号及名称	计量单位	材料消耗定量		计划单价	材料费用定额
A材料	千克	50		10	500
工时定额	直接人工		制造费用		产品定额成本合计
	小时薪酬率	金额	小时费用率	金额	
50	3	150	2.5	125	775

月初在产品定额成本和脱离定额差异

产品名称：甲产品　　2009年8月　　单位：元

成本项目	定额成本	脱离定额差异
直接材料	5 000	－100
直接人工	750	＋50
制造费用	625	＋25
合　计	6 375	－25

产品投产情况

产品名称：甲产品　　2009年8月　　单位：件

月初在产品	本月投产	本月完工	月末在产品
10	100	80	30

注：月初、月末在产品完工程度均为50%。

生产费用发生情况

产品名称:甲产品　　　　2009 年 8 月　　　　单位:元

投入定额工时(小时)	实际领用材料			实际工人薪酬	实际制造费用
	数量(千克)	计划成本	材料成本差异率		
4 500	4 800	48 000	+2%	13 950	10 800

材料在生产开始时一次性投入。由于工艺技术的改进,于 2009 年 8 月 1 日起对材料消耗定额进行修订,原材料消耗定量为 50 千克,修订后材料费用定量为 47.5 千克。

3.实训要求:

(1)计算本月定额成本和脱离定额差异;

(2)计算材料成本差异;

(3)计算月初在产品定额变动差异;

(4)编制生产费用分配的记账凭证;

(5)编制产品成本计算表,采用定额法计算完工产品和月末在产品的实际成本;

(6)编制结转完工产品成本的会计分录。

实训结果(不够纸可另附页)

教师简评					
评定成绩		指导教师		日　期	

项目十三　成本报表编制与分析

案例导入

齐飞知道，会计有自己的一整套报表体系，综合地反映出企业生产经营情况的全貌，那么对于企业生产经营中重要的一环，企业的成本情况，也应该有自己的报表作出具体的反映啊。为此，他特别请教了会计师老许。老许说，反映成本情况当然有自己的报表，主要的报表是商品产品成本报表、主要产品单位成本表等几种，而成本信息对于企业来说，是一种内部信息，有的企业甚至视其为机密，所以和传统的资产负债表等会计报表不一样，一般是不会对外公布的。并且，对于成本报表而言，企业管理者更应重视的是对其的分析，以便于今后的生产经营中做出更有利的决策。那么，成本报表到底应该如何编制？如何对其进行分析呢？

任务一　成本报表认知

成本报表是根据企业日常产品成本和期间费用的核算资料以及其他有关资料编制的，用以综合反映企业一定时期成本费用水平和构成情况及其变动情况的一种报告性书面文件，是会计报表体系的重要组成部分。编制和分析成本报表是成本会计日常工作的一项重要内容。

一、成本报表的特点

成本报表作为对内报表，与现行的对外报表（财务报表）相比较，具有如下特点：

1.编报目的主要为满足企业内部经营管理的需要，具有针对性

企业编制的财务报表主要是为政府部门、企业投资人和债权人及企业内部经营管理者服务，主要反映企业的财务状况和经营成果。但在市场经济条件下，成本资料属于商业秘密，一般不宜对外公开。因而成本报表主要是为内部经营管理服务，满足企业领导及各车间、部门和岗位责任人员对成本管理的需要。因此，企业编制成本报表时，应遵循实质重于形式的要求，力求简明扼要，讲求实效；报表的内容要有针对性，而不是千

篇一律地简单提供情况；管理者通过观察、分析、考核成本的动态变化，有利于控制计划成本目标的实现和为企业进行成本预测、决策和修订成本计划提供重要依据。

2.成本报表的种类、内容和格式由企业自行决定，更具有灵活性

外部报表的种类、内容、格式及报送对象等均由企业会计准则统一规定，企业不能随意改动。而成本报表属于内部报表，其种类、内容、格式及编制方法均由企业自行决定、自己设计，不受企业外部的种种因素的制约和影响。因此，企业可以根据管理要求对某一方面的成本问题，或从某一侧面对某一方面的成本情况进行重点反映；报表格式可以灵活多样，内容指标可多可少；可以事后编报，也可以事中编报或事前预报。

3.成本报表更注重时效性

对外财务报表一般都是定期编制和报送，并规定在一定时间必须报送。而内部成本报表主要是为企业内部成本管理服务，所以，除了为满足定期考核和分析成本计划的完成情况，需要定期编报一些报表外，为了及时反馈成本信息，及时揭示成本工作中存在的问题，还可采用日报、周报或旬报的形式，定期或不定期地向有关部门和人员提供成本报表，并尽可能地使提供的信息与其反映的内容在时间上保持一致，以发挥成本报表及时指导生产的作用。

4.按生产经营组织体系上报

内部成本报表是根据企业生产经营组织体系逐级上报，或者是为解决某一特定问题的权责范围内进行传递，使有关部门和成本责任者及时掌握成本计划目标执行的情况，揭示差异，查找原因和责任，评价内部环节和人员的业绩。而对外报表一般是按时间编报的，目前主要是报送财政、银行和主管部门。

二、成本报表的作用

正确、及时地编报与分析成本报表，对于加强成本管理，降低成本费用支出，提高企业的经济效益具有十分重要的作用。

1.企业的主管部门或上级机构通过成本报表，可以了解企业的成本状况，检查企业成本计划的执行情况，考核企业成本工作的业绩，对企业成本工作进行评价。

2.通过成本报表分析，可以揭示影响产品成本指标和费用项目变动的因素，从生产技术、生产组织和经营管理等各方面挖掘节约费用和降低产品成本的潜力，提高企业经济效益。

3.成本报表提供的实际产品成本和费用资料，不仅可以满足企业、车间和部门加强日常成本、费用管理的需要，而且是企业进行成本、利润的预测、决策，编制产品成本和各项费用计划，制定产品价格的重要依据。

三、成本报表的分类

成本报表属于内部报表，主要是为满足企业内部经营管理的需要而编制的，一般不对外公开。因此，成本报表的种类、格式、内容、编制方法和报送对象等，企业会计准则均未统一规范，而是由企业自行设计和确定。业务主管部门或上级机构为了对本系统所属企业的成本管理工作进行领导和指导，也可以要求企业将其成本报表作为会计报表的附表上报。这时，企业成本报表的种类、格式、内容和编制方法，应由业务主管部门或上级机构会同企业共同商定。

1. 按成本报表反映的内容分类

(1)反映产品成本情况的报表。主要反映企业为生产一定种类和数量的产品所耗费的生产费用水平及其构成情况，并与计划、上年实际、历史最好水平或同行业同类产品先进水平相比较，反映产品成本的变动情况和变动趋势。此类报表有全部产品生产成本表，主要产品单位成本表等。

(2)反映费用支出情况的报表。主要反映企业在一定时期内各种费用支出的总额及其构成情况，并与计划(预算)、上年实际对比，反映费用支出的变动情况和变动趋势。此类报表有制造费用明细表、销售费用明细表、管理费用明细表和财务费用明细表等。

2. 按成本报表编制的时间分类

成本报表按编制的时间可分为年报、季报、月报。成本报表根据管理上的要求一般可按月、按季、按年编报。此外，为了加强成本的日常管理，对于成本耗费的某些主要指标，也可以按旬、周、日编报，甚至按班编报，及时提供给有关部门和人员，以便对生产进行及时指导。

任务二 商品产品成本报表的编制

商品产品成本报表是反映企业在报告期内生产的全部商品产品总成本和各种主要商品产品(含可比产品和不可比产品)单位成本及总成本的报表。该表一般分为两种形式反映，一种按成本项目，另一种按产品种类。

商品产品成本报表按其反映内容的范围和编报时间的不同，一般可编制两种报表：商品产品成本表和主要产品单位成本表。

商品产品成本表的作用在于：可以考核全部商品产品和各种主要商品产品成本计划的执行结果，对商品产品成本节约或超支情况进行评价；可以考核可比产品成本降低计划的执行结果，计算各种因素对计划执行结果的影响程度，分析其中有利的因素和不利的因素，挖掘进一步降低产品成本的潜力。

一、按产品种类反映的商品产品成本报表的编制

1.按产品种类反映的商品产品成本报表的结构

按产品种类反映的商品产品成本表，是按产品种类汇总反映企业在报告期内生产的全部商品产品的单位成本和总成本的报表。该表将全部产品分为可比产品和不可比产品，列示各种产品的单位成本、本月总成本、本年累计总成本。

该表分为基本报表和补充资料两部分。

基本报表部分应按可比产品和不可比产品分别填列。

可比产品是指企业过去曾经正式生产过，有完整的成本资料可以进行比较的产品。

不可比产品是指企业本年度初次生产的新产品，或虽非初次生产，但以前仅属试制而未正式投产、缺乏可比的成本资料的产品。

在成本计划中，对不可比产品只规定有本年的计划成本，而对可比产品不仅规定有计划成本指标，而且规定有成本降低计划指标，即本年度可比产品计划成本比上年度（或以前年度）实际成本的降低额和降低率。

基本报表部分，应反映各种可比和不可比产品本月及本年累计的实际产量、实际单位成本和实际总成本。对于其中各种主要产品，还分别反映其实际产量、单位成本、本月总成本和本年累计总成本。

本月数应根据本月产品成本明细账中的有关记录填列，本年累计实际产量和累计实际总成本应根据本月数加上上月本表的累计数计算填列，累计实际平均单位成本应根据累计实际总成本除以累计实际产量计算填列。

为了反映企业当年产品成本计划的完成情况，表中还应反映各种可比产品和不可比产品本月和本年累计按计划单位成本计算的总成本。计划单位成本应根据本年计划填列，本月和本年累计计划总成本应根据计划单位成本分别乘以本月实际产量和本年累计实际产量计算填列。

为了计算可比产品成本降低额和降低率，表中还应反映可比产品本月和本年按上年实际平均单位成本计算的总成本。上年实际平均单位成本应根据上年度12月份本表全年累计实际平均单位成本填列，本月和本年累计实际总成本应根据上年实际平均单位成本分别乘以本月实际产量和本年累计实际产量计算填列。

补充资料部分，主要反映可比产品成本的降低额和降低率等资料。

可比产品成本的降低额＝可比产品按上年实际平均单位成本计算的本年累计总成本—本年累计实际总成本

$$可比产品成本降低率=\frac{可比产品成本降低额}{按上年实际平均单位成本计算的本年累计总成本}$$

按产品种类反映的商品产品生产成本表的格式见表13-1。

表 13-1 商品产品成本表

编制单位:宏达制造有限责任公司　　　　2009 年 12 月　　　　单位:元

产品名称	计量单位	实际产量		单位成本				本月总成本			本年累计总成本		
		本月	本年累计	上年实际平均	本年计划	本月实际	本年累计实际平均	按上年实际平均单位成本计算	按本年计划单位成本计算	本月实际	按上年实际平均单位成本计算	按本年计划单位成本计算	本年实际
		(1)	(2)	(3)	(4)	(5)=(9)÷(1)	(6)=(12)÷(2)	(7)=(1)×(3)	(8)=(1)×(4)	(9)	(10)=(2)×(3)	(11)=(2)×(4)	(12)
可比产品合计								2 240	2 112	2 248	28 000	26 400	27 800
A 产品	台	16	200	65	62	63	61	1 040	992	1 008	13 000	12 400	12 200
B 产品	台	8	100	150	140	155	156	1 200	1 120	1 240	15 000	14 000	15 600
不可比产品合计									525	535		5 250	5 300
C 产品	件	5	50		105	107	106		525	535		5 250	5 300
全部商品产品成本									2 637	2 783		31 650	33 100

补充资料(本年实际数):

1. 可比产品成本降低额 200 元(28 000－27 800＝200),本年计划降低额为 1 250 元。
2. 可比产品成本降低率 0.71%(200/28 000＝0.71%),本年计划降低率为 5.75%。
3. 按现行价格计算的商品产值 93 500 元。
4. 产值成本率 35.40 元/百元(本年计划产值成本率为 35 元/百元)。

2.按产品种类反映的商品产品成本报表的编制

编制商品产品生产成本表，主要依据有关产品的“产品成本明细账”、年度成本计划、上年本表等资料填列下列有关项目。

(1)“产品名称”项目

本项目应填列主要的“可比产品”与“不可比产品”的名称。

(2)“实际产量”项目

分为本月数和本年累计数两栏，分别反映本月和从本年 1 月 1 日起至报表编制月月止各种主要商品的实际产量。应根据成本计算单或产品成本明细账的记录计算填列。

(3)“单位成本”项目

按上年度本报表资料、本期成本计划资料、本期实际成本资料和本年累计成本资料分别计算填列。

①“上年实际平均单位成本”项目：根据上年度本表所列各种可比产品的全年累计实际平均单位成本填列。

②“本年计划单位成本”项目：根据年度成本计划的有关资料填列。

③“本月实际单位成本”项目：根据有关产品成本明细账中的资料，按下述公式计算填列：

某产品本月实际单位成本＝该产品本月实际总成本÷该产品本月实际产量

④“本年累计实际平均单位成本”项目，根据有关产品成本明细账资料计算填列。计算方法为：某产品本年累计实际平均单位成本＝该产品本年累计实际总成本÷该产品本年累计实际产量。

(4)“本月总成本”项目

包括本月实际总成本、按上年实际平均单位成本计算的总成本和本年计划单位成本计算的总成本三项内容。具体如下：

①“本月实际”项目：根据本月有关产品成本明细账的记录填列。

②“按上年实际平均单位成本计算”项目：本月实际产量与上年实际平均单位成本之积。

③“按本年计划单位成本计算”项目：本月实际产量与本年计划单位成本之积。

(5)“本年累计总成本”各项目

包括按上年实际平均单位成本计算、按本年计划单位成本计算和本年实际总成本三栏。具体计算如下：

①“按上年实际平均单位成本计算”项目：本年累计实际产量与上年实际平均单位成本之积。

②“按本年计划单位成本计算”项目：本年累计实际产量与本年计划单位成本

之积。

③"本年实际成本"项目:根据有关的产品成本明细账资料填列。

(6)补充资料部分只填列本年累计实际数

其中:

①可比产品成本降低额。指可比产品累计实际总成本比按上年实际单位成本计算的累计总成本降低的数额,超支用负数表示。其计算公式如下:

可比产品成本降低额=可比产品按上年实际平均单位成本计算的总成本-可比产品本年累计实际总成本

根据表13-1的资料可计算如下:

可比产品成本降低额= 28 000-27 800 =200(元)

本年计划降低额为1 250元。

②可比产品成本降低率。指可比产品本年累计实际总成本比按上年实际平均单位成本计算的累计总成本降低的比率,超支率用负数表示。其计算公式如下:

$$可比产品成本降低率=\frac{可比产品成本降低额}{可比产品按上年实际平均单位成本计算的总成本}$$

根据表13-1的资料可计算如下:

$$可比产品成本降低率=\frac{200}{28\ 000}\times 100\%=0.71\%$$

本年计划降低率为5.75%。

③按现行价格计算的商品产值。根据有关的统计资料填列。

④产值成本率。指商品产品总成本与商品产值的比率,通常以每百元商品产值总成本表示。计算公式如下:

$$产值成本率=\frac{商品产品成本}{商品产值}\times 100$$

根据表13-1的资料可计算如下:

$$产值成本率=\frac{33\ 100}{93\ 500}\times 100=35.40(元/百元)$$

二、按成本项目反映的商品产品成本报表的编制

1.按成本项目反映的商品产品成本报表的结构

按成本项目反映的商品产品成本表,是按成本项目汇总反映企业在报告期内发生的全部生产费用以及商品产品生产总成本的报表。

该表可以分为生产费用和生产成本两部分,其格式见表13-2。

表 13-2　商品产品成本表(按成本项目反映)

编制单位:长城公司　　　　2009 年 6 月　　　　单位:元

项　目	上年实际	本年计划	本月实际	本年累计实际
生产费用				
直接材料费用		116 788	21 573	123 705
直接人工费用		64 160	10 152	64 430
制造费用		76 992	11 267	67 316
生产费用合计		257 940	42 992	255 451
加:在产品、自制半成品期初余额		8 000	10 200	10 980
减:在产品、自制半成品期末余额		8 500	10 092	8 371
商品产品生产成本合计		257 440	43 100	258 060

该表可以反映报告期内全部商品产品生产费用的支出情况和各种费用的构成情况。通过该表可以对企业的生产费用进行一般评价。

2. 按成本项目反映的商品产品成本报表的编制方法

表中的"本月实际"栏的生产费用数,应根据各种产品成本明细账所记本月生产费用合计数,按照成本项目分别汇总填列。在此基础上,加上在产品和自制半成品的期初余额,减去在产品和自制半成品的期末余额,就可以计算出本月完工的商品产品成本合计。

任务三　主要产品单位成本报表的编制

主要产品单位成本表是反映企业在报告期内生产的各种主要产品单位成本构成情况和各项主要技术经济指标报告情况的报表。该表按主要产品分别编制,它是对商品产品成本表的有关单位成本作进一步补充说明,该表通常每月编制。

所谓主要产品,是指企业经常生产,在企业全部产品中所占比重比较大,能概括反映企业生产经营面貌的那些产品。

主要产品单位成本表的作用是:可以按照成本项目分析和考核主要产品单位成本计划的执行情况;可以按照成本项目将本月实际和本年累计实际平均单位成本,与上年实际平均单位成本和历史先进水平进行对比,了解单位成本的变动情况;可以分析和考核各种主要产品的主要技术经济指标的执行情况,进而查明主要产品单位成本升降的具体原因。

一、主要产品单位成本表的结构

主要产品单位成本表的结构可分为表首、基本部分(正表)和补充资料三大部分。该表内容一般包括:产量、单位成本和主要技术经济指标三部分。

产量部分:反映报告期的计划产量和实际产量,以及本年累计的计划产量和实际产量,此外还反映产品的销售单价。

单位成本部分:按照成本项目分别反映历史先进、上年实际平均、本年计划、本月实际和本年累计实际平均的单位成本。

主要技术经济指标部分:主要反映原料、主要材料、燃料和动力的消耗数量。

主要产品单位成本表的格式见表 13-3 所示。

表 13-3 主要产品单位成本表

编制单位:宏达制造有限责任公司　　2009 年 12 月　　单位:元

<table>
<tr><td colspan="2">产品名称</td><td colspan="2">B 产品</td><td colspan="2">本月计划产量</td><td>6</td></tr>
<tr><td colspan="2">规　　格</td><td colspan="2"></td><td colspan="2">本月实际产量</td><td>8</td></tr>
<tr><td colspan="2">计量单位</td><td colspan="2">台</td><td colspan="2">本年累计计划产量</td><td>80</td></tr>
<tr><td colspan="2">销售单价</td><td colspan="2">150</td><td colspan="2">本年累计实际产量</td><td>100</td></tr>
<tr><td colspan="2">成本项目</td><td>历史先进水平</td><td>上年实际平均</td><td>本年计划</td><td>本月实际</td><td>本年累计实际平均</td></tr>
<tr><td colspan="2">直接材料</td><td>98</td><td>108</td><td>100</td><td>121</td><td>120</td></tr>
<tr><td colspan="2">直接人工</td><td>20</td><td>24</td><td>25</td><td>20</td><td>23</td></tr>
<tr><td colspan="2">制造费用</td><td>12</td><td>18</td><td>15</td><td>14</td><td>13</td></tr>
<tr><td colspan="2">生产成本</td><td>130</td><td>150</td><td>140</td><td>155</td><td>156</td></tr>
<tr><td>主要技术经济指标</td><td>单位</td><td>用量</td><td>用量</td><td>用量</td><td>用量</td><td>用量</td></tr>
<tr><td>1. 主要材料</td><td>千克</td><td>10</td><td>10.8</td><td>10</td><td>11</td><td>10.75</td></tr>
<tr><td>2. 生产工时</td><td>小时</td><td>8</td><td>9</td><td>8.5</td><td>8</td><td>8.2</td></tr>
</table>

补充资料：

项目	上年实际	本年实际
资金利润率(%)		
净产值率(%)		
流动资金周转次数(次)		
实际利税总额		
职工工资总额		
年末职工人数		
全年平均职工人数		

二、主要产品单位成本表的编制方法

编制主要产品单位成本表，主要依据有关产品的“产品成本明细账”资料、成本计划、历年有关成本资料、上年度本表有关资料及产品产量、材料和工时的消耗量等资料。该表应按主要产品分别编制。

主要产品单位成本表各项目的填列方法如下：

1.“本月计划产量”和“本年累计计划产量”项目：根据本月和本年产品产量计划资料填列。

2.“本月实际产量”和“本年累计实际产量”项目：根据统计提供的产品产量资料，或产品入库单填列。

3.“主要技术经济指标”项目：反映主要产品每一单位产量所消耗的主要原材料、燃料、工时等的数量。应根据产品成本计算资料(包括领料单等凭证)以及统计资料整理填列。

4.“历史先进水平”栏各项目：指本企业历史上该种产品成本最低年度的实际平均单位成本和实际单位用量。应根据有关年份成本资料填列。

5.“上年实际平均”栏各项目：反映上年实际平均单位成本和单位用量，根据上年度本表的“本年累计实际平均”单位成本和单位用量的资料填列。

6.“本年计划”栏各项目：是指本年计划单位成本和单位用量，应根据年度成本计划中的资料填列。

7.“本月实际”栏各项目：指本月实际单位成本和单位用量。应根据本月完工的该种产品成本明细账上的有关数字计算后填列。

8.“本年累计实际平均”栏各项目：反映本年年初至本月月末该种产品的平均实际

单位成本和单位用量，根据年初至本月月末的已完工产品成本明细账等有关资料，采用加权平均计算后填列。

其计算公式如下：

$$某产品的实际平均单位成本=\frac{该产品累计总成本}{该产品累计产量}$$

$$某产品的实际平均单位用量=\frac{该产品累计总用量}{该产品累计产量}$$

9.补充资料：有关指标的计算公式如下

$$成本利润率=\frac{产品销售利润}{产品销售成本}\times 100\%$$

$$资金利润率=\frac{利润总额}{资金总额}\times 100\%$$

$$净产值率=\frac{工业净产值}{产品销售收入}\times 100\%$$

$$流动资金周转次数(次)=\frac{产品销售收入}{流动资金平均余额}$$

由于主要产品单位成本表是商品产品成本表的补充报表，因此，木表中按成本项目反映的“上午实际平均”、“本年计划”、“本月实际”、“本年累计实际平均”的单位成本合计，应与产品生产成本表中的各该产品单位成本金额分别相等。

任务四　制造费用明细表的编制

制造费用明细表是反映企业在报告期内发生的制造费用及其构成情况的一种成本报表。由于辅助生产车间的制造费用已通过辅助生产费用的分配转入基本生产车间的制造费用和管理费用等有关的成本费用账户，因而本表只反映基本生产车间的制造费用，不包括辅助生产车间制造费用。

制造费用明细表是反映工业企业在报告期内发生的制造费用及其构成情况的报表。利用制造费用明细表所提供的资料，可以分析各项制造费用的构成情况及增减变动的原因，以便进一步采取措施，节约开支，降低费用。并为编制下期制造费用预算提供可靠的参考资料。制造费用明细表一般按月编制。

一、制造费用明细表的结构

制造费用明细表的结构是按规定的制造费用项目，分别反映“本年计划”、“上年同期实际数”、“本月实际”和“本年累计实际数”的数据。报表使用者可以通过表中的数据进行对比分析，了解制造费用的构成与变动情况，以便加强对制造费用的管理。

制造费用明细表的格式和内容，如表 13-4 所示。

表 13-4　制造费用明细表

2009 年 6 月

项　　目	本年计划	上年同期实际数	本月实际数	本年累计实际
工资	（略）	（略）	（略）	4 300
职工福利费				560
折旧费				7 800
办公费				780
取暖费				1 230
水电费				1 430
机物料消耗				2 790
低值易耗品摊销				680
劳动保护费				780
租赁费				0
运输费				540
保险费				4 100
设计制图费				1 500
试验检验费				800
在产品盘亏和毁损（减盘盈）				460
其他				0
制造费用合计				27 750

二、制造费用明细表的编制方法

此表应按照制造费用项目分别反映各该费用的本年计划数、上年同期实际数、本月实际数和本年累计实际数。其中：

“本年计划数”应根据成本计划中的制造费用计划填列；

“上年实际数”应根据上年同期制造费用明细表“本年累计实际数”填列；

“本月实际数”应根据“制造费用”账户所属各基本生产车间制造费用明细账的本月

合计数汇总计算填列；

“本年累计实际数”填列自年初起至编报月末止的累计实际数。应根据各车间制造费用明细账的本月末累计数汇总计算填列，或根据本月实际数加上期本表的本年累计实际数填列。

任务五 成本报表分析

成本报表分析属于事后分析。它以成本报表所提供的、反映企业一定时期成本水平和构成情况的资料和有关的计划、核算资料为依据，运用科学的分析方法，通过分析各项指标的变动以及指标之间的相互关系，揭示企业各项成本指标计划的完成情况和原因，从而对企业一定时期的成本工作情况获得比较全面的、本质的认识。

一、成本报表分析的作用

企业进行成本分析，就是为了改进企业内部生产经营管理，节约生产耗费降低成本，提高经济效益。成本分析的意义在于：

1. 可以检查企业成本计划的完成情况，分析原因，并对成本计划本身和成本计划执行结果进行评价，为以后的成本管理服务。

2. 可以明确生产各部门各环节的成本管理责任，有利于考核和评估其管理业绩。

3. 可以促使企业不断降低成本，节约费用，从而提高产品在市场上的竞争力。

4. 可以为企业编制成本计划、预算和进行经营决策提供可靠的依据。

二、成本报表分析的方法

1. 比较分析法

比较分析法也称对比分析法。它是通过实际数与基数的对比来揭示实际数与基数之间的差异，借以了解经济活动的成绩和问题的一种分析方法。它是成本分析中最简便、运用范围最广泛的一种方法。

在成本分析中运用比较分析法，主要有以下几种对比方式：

(1)实际数与计划数对比。主要了解企业计划完成情况，找出脱离计划的差距和产生差距的原因。

(2)报告期实际数与基期实际数据对比。基期实际数据可以是本企业上期、上年同期或历史上的最好水平。主要是了解企业成本动态变化，找出差距，总结经验，进而改进企业成本管理工作。

(3)企业与同类先进企业的相同指标实际数据相对比。主要是了解企业与国内外先进企业之间的差距，以便采取措施，挖掘潜力，提高企业在同行业中的竞争力。

比较分析法是一种绝对数分析法，一般适用于同类型企业、同类指标进行对比分析。采用此法进行成本分析时，必须注意指标间的可比性，注意指标计算的口径，计价的基础是否一致等。在进行与同类先进企业进行对比时，要注意它们在技术经济上的可比性。

【例 13-1】 联华实业有限责任公司对生产的 A 产品单位消耗材料进行分析，编制产品材料消耗对比表，如表 13-5 所示。

表 13-5　甲产品材料消耗比较分析表

产品名称：甲产品　　2009 年 12 月 31 日　　单位：元

指标	上年实际	本年		先进企业实际	差异		
		计划	实际		比计划	比上年	比先进
材料消耗	60	58	56	52	－2	－4	＋4

由上表 13-5 可知，甲产品的材料消耗量本年实际比计划、比上年实际都有所降低，但与先进水平相比还有较大差距，说明在降低材料消耗方面企业还有很大潜力可挖。

2. 比率分析法

比率分析法是指通过计算和对比经济指标的比率，进行数量分析的一种方法。采用这一方法，先要将对比的数值变成相对数，求出比率，然后再进行对比分析。一般有以下三种形式。

(1)相关比率

即将两个性质不同而又相关的指标进行对比相除，得出各种指标的比率，并据以分析成本管理活动的质量、水平和结构的分析方法。在实际的工作中，由于各个企业的规模不同，单纯采用比较分析法进行对比，很难说明企业经济效益和成本管理的优劣。如将利润与成本相比计算的成本利润率，可以反映每耗费 1 元成本所获得的盈利额。其计算公式：

相关比率＝(某项经济指标的绝对数值/另一有联系的某经济指标的绝对值)×100％

(2)构成比率

主要是计算某项指标的各个组成部分在总体中所占的比重，即部分与总体的比率，进行数量分析构成内容的变化，以便进一步掌握该项经济活动的特点和变化趋势。通过计算分析，了解这些构成变化与技术改造、经营管理之间的相互关系，从而确定加强管理的重点。其计算公式：

某项结构比率＝(某项经济指标的部分数值/某项经济指标的总体数值)×100％

(3)趋势比率

指对某项经济指标不同时期数值进行对比，求出比率，揭示该项成本指标发展方向和增减速度，以观察成本费用的变化趋势的一种分析方法，也称为动态比率分析法。主要有两种形式：

①定基比率，也称为定基发展速度，就是将报告期水平与某一固定基期水平相除，用来反映现象在较长时间内变化的相对程度。其计算公式为：

定基发展速度＝（报告期发展水平/某一固定基期水平）×100％

②环比比率，也称为环比发展速度，就是将报告期水平与其前一期的发展水平相除，用来反映现象在相应的时期内变化的相对程度。其计算公式：

环比发展速度＝（报告期水平/前一期发展水平）×100％

通过比率计算，把一些平时不可比的企业变成可比的企业，可以为外部或内部决策者在选择决策方案时进行比较分析。但也存在不足，指标比率只反映其比值，不能说明其绝对数额的变动；且同比较分析法一样，无法说明指标变动的具体原因，达不到成本分析的目标。

3.因素分析法

因素分析法是依据分析指标与其影响因素之间的关系，确定各因素对各分析指标影响程度的一种技术方法。

连环替代法是因素分析法的一种主要形式，是根据因素之间的内在依存关系，依次测定各因素变动对经济指标差异影响的一种分析方法。运用此方法可以测算各因素的影响程度，有利于查明原因，分清责任，评估业绩，并针对问题提出相应的措施。可解决比较分析法和比率分析法无法说明和解决的问题。

(1)连环替代法的程序

①确定分析指标与其影响因素之间的关系。确定分析指标与其影响因素之间的关系，通常采用指标分解法，即将经济指标在计算公式的基础上进行分解或扩展，得出各影响因素与分析指标之间的关系式。如对于材料费用指标，要确定它与影响因素之间的关系，可分解为：

材料费用＝产品产量×单位产品材料费用

＝产品产量×单位产品材料消耗量×材料单价

分析指标与影响因素之间的关系式，既说明哪些因素影响分析指标，又说明这些因素与分析指标之间的关系及顺序。如上式中影响材料费用的有产品产量、材料单耗和材料单价三个因素。它们都与材料费用成正比关系。它们的排列顺序是：产品产量在先，其次是材料单耗，最后是材料单价。

注意各因素排列的顺序：要根据指标与各因素的内在联系加以确定，一般是数量因素排列在前，质量因素排列在后；用实物与劳动量表示的因素排列在前，用货币表示的因素排列在后；主要因素与原始因素排列在前，次要因素与派生因素排列在后。

②根据分析指标的报告期数值与基期数值列出关系式或指标体系，确定分析对象。如材料费用的指标体系是：

基期材料费用＝基期产品产量×基期材料单耗×基期材料单价

实际材料费用＝实际产品产量×实际材料单耗×实际材料单价

分析对象(材料费用差异额)＝实际材料费用－基期材料费用

③连环顺序替代，计算替代结果。连环顺序替代，就是以基期指标体系为计算基础，用实际指标体系中的每一因素的实际数顺序地替代其相应的基期数。每进行一次替代，替代的实际数保留下来。有几个因素就替代几次，并相应确定计算结果。

④比较各因素的替代结果，确定各因素对分析指标的影响程度。比较替代结果是连环进行的，即将每次替代所计算的结果与这一因素被替代前的结果进行对比，二者的差额就是替代因素对分析对象的影响程度。

⑤检验分析结果。即将各因素对分析指标的影响额相加，其代数和应等于分析对象。如果二者相等，说明分析结果可能是正确的；如果二者不相等，则说明分析结果一定是错误的。

(2)因素分析法的计算原理

连环替代法的程序和原理也可用简单的数学公式表示。

设某一经济指标 N 是由相互联系的 a、b、c 三个因素组成(假定该经济指标是以组成因素的乘积的形态出现)，其计划指标 N_0 是由 a_0、b_0、c_0 三个因素综合影响的结果，其实际指标 N_1 是由 a_1、b_1、c_1 三个因素综合影响的结果。即：

$N_0 = a_0 \times b_0 \times c_0$　　　(1)

$N_1 = a_1 \times b_1 \times c_1$　　　(2)

该指标实际脱离计划差异 $d=(N_1-N_0)$ 同时受 a、b、c 三个因素变动的影响。现在要测定各因素变动对 N 的影响，必须补充两个中间环节。

假定变动 a 因素

$N_2 = a_1 \times b_0 \times c_0$　　　(3)

在 a 因素变动的基础上再变动 b 因素

$N_3 = a_1 \times b_1 \times c_0$　　　(4)

这样就可以计算各个因素的影响程度，计算结果是：

式(3)—式(1)＝N_2-N_0，是由 a_0-a_1 产生的影响。

式(4)—式(3)＝N_3-N_2，是由 b_0-b_1 产生的影响。

式(2)—式(4)＝N_1-N_3，是由 c_0-c_1 产生的影响。

把各个因素加以综合

$(N_2-N_0)+(N_3-N_2)+(N_1-N_3)=N_1-N_0=d$

下面举例说明连环替代法的步骤和应用。

【例 13-2】 假设红星企业有关产量、单位产品材料消耗量、材料单价及材料费用总额资料如下表 13-6 所示。

表 13-6 甲材料成本资料

指标	单位	计划数	实际数
产品产量	件	90	100
单位产品材料消耗量	公斤	7	6
材料单价	元	4	5
材料费用总额	元	2 520	3 000

要求:采用连环替代法计算各因素变动对材料费用总额的影响程度。

根据表 13-6 中的资料采用连环替代法计算分析如下:

分析对象:3 000－2 520＝480(元)

材料费用总额计划指标:90×7×4＝2 520(元) (1)

第一次替代: 100×7×4＝2 800(元) (2)

第二次替代: 100×6×4＝2 400(元) (3)

第三次替代(实际指标):100×6×5＝3 000(元) (4)

(2)－(1)＝2 800－2 520＝280(元) 产量增加的影响

(3)－(2)＝2 400－2 800＝－400(元) 材料单位消耗的节约的影响

(4)－(3)＝3000－2400＝600(元) 材料单价提高的影响

280－400＋600＝480(元)全部因素的影响

可见,虽然单位产品材料消耗量降低使直接材料费用节约 400 元,但由于产量增加和材料单价升高使直接材料费用增多 880 元,最终使直接材料费用总额超支 480 元。应进一步分析查明材料价格升高的原因。

(3)应用连环替代法应注意的问题

连环替代法作为因素分析方法的主要形式,在实践中主要用于分析计算综合经济指标变动的原因及其各因素影响程度。但该方法也有一定的局限性,在应用的过程中必须注意以下几个问题:

①因素分解的相关性。所谓因素分解的相关性,是指分析指标与其影响因素之间必须真正相关,即有实际经济意义,各影响因素的变动确实能说明分析指标差异产生的原因。这就是我们需要在因素分解时,根据分析的目的和要求,确定合适的因素分解式,以找出分析指标变动的真正原因。

②分析前提的假定性。所谓分析前提的假定性,是指分析某一因素对经济指标差异的影响时,必须假定其他因素不变,否则就不能分清各单一因素对分析对象的影响程

度。一般地，在分析数量指标时，质量指标固定在基期；分析质量指标时，为数量指标固定在报告期。且并非分解的因素越多越好，而应根据实际情况，具体问题具体分析，尽量减少相互影响较大的因素再分解。

③替换因素的顺序性。因素分解不仅要准确，而且因素排列顺序不能交换，不存在乘法交换率问题。因为分析前提假定性的原因，按不同顺序计算结果是不同的。传统的方法是依据数量指标在前、质量指标在后的原则进行排列。

④替代因素的连环性。连环替代法是严格按照各因素排列顺序逐次以一个因素的实际数替换其基数。除第一次替换外，每个因素的替换都是在前一个因素替换的基础上进行的。只有保持这一连环性，才能使所计算出来的各因素的影响等于所要分析的综合经济指标的总差异。

4. 差额分析法

差额分析法是直接利用各因素的实际数和基期数之间差额计算确定各因素变动对综合指标影响程度的方法，是因素分析法的简化形式。

【例 13-3】 仍以【例 13-2】的资料，采用差额计算法测算如下：

(1)分析对象：3 000－2 520＝480(元)

(2)各因素影响程度：

①产量变动的影响＝(100－90)×7×4＝280(元)

②单位产品材料消耗量变动的影响＝100×(6－7)×4＝－400(元)

③材料单价变动的影响＝100×6×(5－4)＝＋600(元)

合计：280－400＋600＝480(元)

可见，差额计算法与连环替代法的计算分析结果完全相同。由于此方法计算简便，在实际中应用比较广泛，特别是对只有两个影响因素的经济指标进行分析时更为适用。

三、商品产品成本表的分析

商品产品成本表的分析，就是要揭示商品产品总成本计划的完成情况，找出影响成本升降的因素，确定各个因素对成本计划完成情况的影响程度，为进一步挖掘降低成本的潜力，为寻求降低成本途径指明方向。商品产品成本表的分析主要包括商品产品成本计划完成情况分析和可比产品成本分析。

1. 商品产品成本计划完成情况的分析

商品产品成本计划完成情况分析，主要分析本期全部产品的实际总成本较计划总成本的升降情况，分析和研究升降的原因，为进一步寻求降低成本的途径和措施提供线索。在实际工作中，分析商品产品总成本计划完成情况，可以从产品类别和成本项目两个方面进行。

(1)按产品类别分析全部产品成本计划完成情况

按产品类别分析全部产品成本计划完成情况，可以确定全部产品的实际成本脱离计划成本的差异，查明产生差异主要是由哪几种产品造成的，以便分别产品采取措施，挖掘降低成本的潜力。

【例 12-4】 以表 13-1 所列的宏达制造有限责任公司 2009 年 12 月份商品产品成本报表资料，说明按产品类别分析全部产品成本计划完成情况的方法。

①将全部产品的实际总成本与计划总成本进行对比，确定实际总成本比计划总成本的成本降低额与成本降低率。

成本降低额＝计划总成本－实际总成本

＝∑[实际产量×(计划单位成本－实际单位成本)]

＝31 650－33 100＝－1 450

计划总成本＝∑(各种产品实际产量×各该产品计划单位成本)

$$成本降低率=\frac{成本降低额}{全部产品计划总成本}\times 100\%$$

$$=\frac{-1\ 450}{31\ 650}\times 100\%=-4.58\%$$

②按产品类别分析考核可比产品和不可比产品成本计划完成情况，分别计算可比产品和不可比产品的成本降低额和降低率。

可比产品成本降低额＝可比产品计划总成本－可比产品实际总成本

＝26 400－27 800＝－1 400(元)

$$可比产品成本降低率=\frac{可比产品成本降低额}{可比产品计划总成本}\times 100\%$$

$$=\frac{-1\ 400}{26\ 400}\times 100\%=-5.3\%$$

不可比产品成本降低额＝不可比产品计划总成本－不可比产品实际总成本

＝5 250－5 300＝－50(元)

$$不可比产品成本降低率=\frac{不可比产品成本降低额}{不可比产品计划总成本}\times 100\%$$

$$=\frac{-50}{5\ 250}\times 100\%=-0.95\%$$

③按每种产品考核其成本计划的完成情况，计算每种产品的降低额和降低率。根据计算结果编制全部商品产品成本计划完成情况表如表 13-7 所示。

表 13-7　全部商品产品成本计划完成情况表(按产品类别)

产品名称	单位	产量		单位成本			总成本			降低指标	
		计划	实际	上年	计划	实际	按上年计算	按计划计算	按实际计算	降低额	降低率
可比产品							28 000	26 400	27 800	－1 400	－5.3%
A	台	180	200	65	62	61	13 000	12 400	12 200	200	1.61%
B	台	100	100	150	140	156	15 000	14 000	15 600	－1 600	－11.43%
不可比产品								5 250	5 300	－50	－0.95%
C	件		50		105	106		5 250	5 300	－50	－0.95%
全部商品产品								31 650	33 100	－1 450	－4.58%

从以上分析中可以看出，该企业全部商品产品未能完成成本降低任务，实际成本比计划成本超支 1 450 元，成本降低率为－4.58%。其中，可比产品总成本超支 1 400 元。降低率为－5.3%，不可比产品成本超支 50 元，降低率为－0.95%。在可比产品成本中，B 产品成本较计划成本超支了 1 600 元，A 产品成本较计划成本降低了 200 元。显然，对产品成本进行进一步分析的重点，应当查明 B 产品超支的原因。

(2)按成本项目分析全部产品成本计划完成情况

该种分析是将全部商品产品的总成本按成本项目汇总，以实际总成本的成本项目构成与计划总成本的成本项目构成进行对比，确定每个成本项目的降低额和降低率。

【例 13-5】　仍以表 13-1 资料为例，假设宏达制造有限责任公司 2009 年度生产的全部商品产品成本的各成本项目的计划与实际构成情况如表 13-8 所示。

表 13-8　全部商品产品成本计划完成情况表(按成本项目类别)

成本项目	全部商品产品成本		降低指标	
	计划	实际	降低额	降低率
直接材料	21 300	24 000	－2 700	－12.68%
直接人工	6 200	5 360	840	13.55%
制造费用	4 150	3 740	410	9.88%
生产成本	31 650	33 100	－1 450	－4.58%

从上表可以看出，全部商品产品总成本超支的原因，主要是直接材料成本项目超支造成的，而直接人工和制造费用等成本项目是降低的。所以，还需要进一步对各成本项目进行分析，特别是直接材料成本项目。通过分析找出成本超支和降低的具体原因。

2.可比产品成本降低任务完成情况的分析

可比产品成本降低任务，是指本年度可比产品计划总成本与按上年实际单位成本计算的产品总成本进行对比所要求达到的降低额和降低率。可比产品成本降低任务完成情况分析，就是将可比产品的实际总成本比上年实际总成本的降低额和降低率与成本计划中确定的降低额和降低率进行对比，以检查可比产品成本降低任务的完成情况，分析各项因素的影响程度，提出改进措施。当实际的成本降低额和降低率等于或大于后者，说明完成或超额完成了任务；反之，则说明没有完成任务。

可比产品成本计划降低额和计划降低率、实际降低额和实际降低率的计算公式如下：

$$计划成本降低额=\sum 计划产量\times(上年实际单位成本-计划单位成本)$$

$$计划成本降低率=\frac{计划成本降低额}{\sum(计划产量\times 上年实际单位成本)}\times 100\%$$

$$实际成本降低额=\sum 实际产量\times(上年实际单位成本-本年实际单位成本)$$

$$实际成本降低率=\frac{实际成本降低额}{\sum(实际产量\times 上年实际单位成本)}\times 100\%$$

在计算确定可比产品成本的计划降低额和降低率、实际降低额和降低率的基础上，通过实际成本降低额与计划成本降低额、实际成本降低率与计划成本降低率进行对比，确定实际成本降低额和降低率脱离计划成本降低额和降低率的差异，明确计划完成情况。

【例 13-6】 承表 13-1 资料，宏达制造有限责任公司生产 A、B 两种可比产品，该公司确定的可比产品成本降低计划如表 13-8 所示。其成本降低任务完成情况如表 13-9 所示。

表 13-9 可比产品成本降低任务表

2009 年　　　　单位：元

可比产品名称	计划产量	单位成本		总成本		计划成本降低任务	
		上年	计划	上年	计划	降低额	降低率
A	180	65	62	11 700	11 160	540	4.62%
B	100	150	140	15 000	14 000	1 000	6.67%
合计				26 700	25 160	1 540	5.77%

表 13-10　可比产品成本降低任务完成情况分析表

2009 年　　单位:元

可比产品名称	实际产量	单位成本			总成本			降低情况	
		上年	计划	实际	上年	计划	实际	降低额	降低率
A	200	65	62	61	13 000	12 400	12 200	800	6.15%
B	100	150	140	156	15 000	14 000	15 600	−600	−4%
合计					28 000	26 400	27 800	200	0.71%

从表 13-9 中可知,该公司可比产品成本计划降低额为 1 540 元,计划降低率为 5.77%。通过表 13-10 的计算得知,该公司可比产品成本实际降低额为 200 元,降低率为 0.71%。

从总体上看,该公司的可比产品成本降低额计划和成本降低率计划均未完成。针对可比产品而言,A 产品计划成本降低额为 540 元,实际成木降低额为 800 元;计划成本降低率 4.62%,实际成本降低率 6.15%;成本降低额和降低率计划均超额完成。而 B 产品的计划成本降低额和降低率分别为 1 000 元和 6.67%,执行的结果不但没有降低成本,反而超支了 600 元,使成本降低率为−4%。

实际脱离计划差异如下:

降低额=200−1 540=−1 340(元)

降低率=0.71%−5.77%=−5.06%

由此可见,本期可比产品成本降低额和降低率都没有完成计划。为此,应对成本降低计划执行情况作进一步的分析。

影响可比产品成本降低任务完成情况的因素有三个:可比产品的产量变动、可比产品的品种结构变动和可比产品单位成本变动。

(1)产量变动

成本降低计划是根据计划产量制定的,实际降低额和降低率是根据实际产量计算的。因此,产量的增减必然会影响可比产品成本降低计划的完成情况。但是,产量变动影响有其特点:假定其他条件不变(即产品品种构成和产品单位成本不变),单纯产量变动,只影响成本降低额,不影响成本降低率。

产品产量变动对可比产品总成本降低额的影响可采用差额分析法进行分析。其计算公式如下:

产品产量变动对成本降低额影响=[∑(实际产量×上年单位成本)−∑(计划产量×上年单位成本)]×计划降低率

根据表 13-9 和表 13-10 的资料计算如下:

产品产量变动对成本降低额的影响＝(28 000－26 700)×5.77％＝75.01(元)

由于产品产量变动使实际成本降低额比计划多75.01元。

产品产量变动不影响成本降低率。

(2)品种结构变动

全部可比产品成本降低率实质上是以各种产品的个别降低率为基础的，以各种产品的产量比重(即品种结构)为权数计算的平均成本降低率。由于各种产品的产量比重不同，因而各种产品成本降低的幅度也不相同。由于产品的成本降低程度不同，如果成本降低程度大的产品在全部可比产品产量中所占比重比计划提高，全部可比产品成本降低额和降低率的计划完成程度就会增大；相反，则会缩小。其计算公式如下：

产品品种结构的变动对成本降低额的影响＝∑[按上年实际单位成本计算的实际总成本×(某产品实际产品结构－该产品计划产品结构)×该产品的计划成本降低率]

$$\text{某产品的产品结构}=\frac{\text{该产品产量}\times\text{该产品上年实际单位成本}}{\sum\text{某产品产量}\times\text{某产品上年实际单位成本}}\times 100\%$$

根据表13-9、表13-10所示，计算可比产品品种结构变动对成本降低计划的影响如下：

①A、B可比产品的计划产品品种结构分别为：

$$\text{A 产品比重}=\frac{11\ 700}{26\ 700}\times 100\%=43.82\%$$

$$\text{B 产品比重}=\frac{15\ 000}{26\ 700}\times 100\%=56.18\%$$

②A、B可比产品的实际产品品种结构分别为：

$$\text{A 产品比重}=\frac{13\ 000}{28\ 000}\times 100\%=46.43\%$$

$$\text{B 产品比重}=\frac{15\ 000}{28\ 000}\times 100\%=53.57\%$$

③结构变动对成本降低额的影响为：

A产品结构变动的影响＝28 000×(46.43％－43.82％)×4.62％＝33.76(元)

B产品结构变动的影响＝28 000×(53.57％－56.18％)×6.67％＝－48.74(元)

合计：－14.98(元)

④结构变动对成本降低率的影响

$$\begin{array}{l}\text{产品品种结构变动}\\\text{对成本降低率影响}\end{array}=\frac{\text{产品品种结构变动对成本降低额的影响}}{\sum(\text{某产品实际产量}\times\text{某产品上年实际单位成本})}\times 100\%$$

$$=\frac{-14.98}{28\ 000}\times 100\%=-0.05\%$$

(3)单位成本变动

可比产品成本计划降低额是本年计划成本比上年实际成本的降低数，而实际降低额则是本年实际成本比上年实际成本的降低数。因此，当本年可比产品实际单位成本比计划单位成本降低或升高时，必然会引起成本降低额和降低率的变动。

在其他因素保持不变的前提下，单位产品成本的变动正好与成本降低额和成本降低率相反。产品实际单位成本比计划降低得越多，成本降低额和降低率就越大；反之，就越小。以表13-10中的资料为例，运用公式计算如下：

单位成本的变动对成本降低额的影响 $=\sum$(某产品的实际产量×该产品计划单位成本)$-\sum$(某产品的实际产量×该产品实际单位成本)

$=26\ 400-27\ 800=-1\ 400$(元)

单位成本的变动对成本降低率的影响 $=\dfrac{\text{单位成本变动对成本降低额的影响}}{\sum(\text{某产品实际产量}\times\text{某产品上年实际单位成本})}\times 100\%$

$=\dfrac{-1\ 400}{28\ 000}\times 100\%=-5.0\%$

通过计算可以看出，单位产品成本变动对成本降低额的影响值为－1 400元，对成本降低率的影响为－5.0%。

将各因素对成本降低计划的影响结果进行汇总如表13-11所示。

表13-11　各因素对成本降低额和降低率的影响

2009年　　单位:元

影响因素	影响程度	
	降低额	降低率(%)
产品产量变动	75.01	0
产品品种结构变动	－14.98	－0.05
产品单位成本变动	－1 400	－5
合计	－1 340	－5.05

根据计算可对宏达制造有限责任公司2009年度可比产品成本降低任务完成情况作出评价。该企业的可比产品成本降低任务未能完成，计划成本降低额为1 540元，实际成本降低额仅为200元，未完成成本降低额1340元；成本降低率为0.71%，脱离计划5.05%。

就具体产品而言，A产品的成本降低任务完成良好，而B产品成本降低计划未能完成。从具体影响因素分析，造成实际成本超支的根本原因是产品单位成本提高，特别是B产品，实际单位成本较计划单位成本提高了16元之多，单项超支1 600元，应进一步查明原因；产量变动使产品成本降低了75.01元；产品品种结构变动使产品成本超支了14.98元。这些说明该企业在成本管理方面取得了一定成绩，但尚需加强成本管理。

四、主要产品单位成本报表的分析

主要产品是指企业经常生产、在企业全部产品中所占比重较大，能概括反映企业生产经营面貌的那些产品。

主要产品单位成本表是反映企业在报告期内生产的各种主要产品单位成本水平和构成情况的报表。该表应按主要产品分别编制，是对产品生产成本表(按产品种类反映)所列各种主要产品成本的补充说明。

利用此表，可以按照成本项目分析和考核主要产品单位成本计划的执行情况；可以按照成本项目将本月实际和本年累计实际平均单位成本，与上年实际平均单位成本和历史先进水平进行对比，了解单位成本的变动情况；可以分析和考核各种主要产品的主要技术经济指标的执行情况，进而查明主要产品单位成本升降的具体原因。

主要产品单位成本分析的内容是：主要产品单位成本计划完成情况的分析；主要产品单位成本项目的因素分析；技术经济指标对产品单位成本的影响分析等。

1. 主要产品单位成本计划完成情况的分析

对主要产品单位成本计划完成情况分析，要依据产品单位成本各项目的实际数与计划数，确定其差异额和差额率以及各成本项目变动对单位成本计划的影响程度。

【例13-7】 根据表13-3资料，对宏达制造有限责任公司的主要产品B产品的单位成本进行分析，比较分析表如表13-12所示。

表13-12 B产品单位成本分析表

单位：元

项 目	计划成本	实际成本	升降情况		各项目升降对单位成本影响的%
			升降额	升降率(%)	
直接材料	100	120	20	20	14.29
直接人工	25	23	−2	−8	−1.43
制造费用	15	13	−2	−13.33	−1.43
合计	140	156	16	11.43	11.43

从表13-12中可以看出，B产品单位成本实际比计划的增加额为16元，降低率为−11.43%，主要是直接材料成本超支导致，直接人工与制造费用比计划均有所降低。从降低额对单位成本的影响看，由于材料成本的上升，使B产品的单位成本有大幅增加，直接人工费用与制造费用的降低相对减缓了B产品单位成本上升的速度。说明企

业在加强生产管理和提高劳动生产率方面取得了较好的成绩，但材料费用上升过快，需要查明其原因，并提出改进措施。

2.产品单位成本项目的因素分析

(1)直接材料费用的分析

直接材料费用的变动主要受单位产品材料消耗数量和材料价格两个因素的变动影响。

单位产品材料成本＝∑(单位产品材料消耗量×材料单价)

其变动影响可用差额计算法计算如下：

单耗变动对单位材料成本的影响＝∑〔(实际单耗－计划单耗)×计划材料单价〕

单价变动对单位材料成本的影响＝∑〔实际单耗×(实际材料单价－计划材料单价)〕

【例13-8】 根据宏达制造有限责任公司的主要产品单位成本表(表13-3)所列B产品单位材料成本资料，整理后如表13-13所示。

表13-13　B产品单位材料成本资料

单位：元

材料名称	计划			实际			差异		
	单耗(千克)	材料单价	材料成本	单耗(千克)	材料单价	材料成本	单耗(千克)	材料单价	材料成本
甲材料	10	10	100	10.75	11.16	120	0.75	1.16	20
合计			100			120			20

根据表13-13的资料，分析计算B产品单位材料成本的变动情况。

分析对象＝120－100＝20(元)

单位材料成本＝单耗材料数量×材料单价

单耗变动对单位材料成本的影响＝(10.75－10)×10＝7.5(元)

材料单价变动对单位材料成本的影响＝10.75×(11.16－10)＝12.5(元)

两因素影响合计：7.5＋12.5＝20(元)

上述分析说明，B产品材料成本实际比计划上升20元，是单耗与材料单价两个因素共同变动影响的结果。其中：单耗变动使单位材料成本比计划上升了7.5元，材料单价变动使单位材料成本比计划上升了12.5元。

单耗上升或下降，与企业的生产管理有关，需要进一步分析引起单耗变动的原因。通常而言，影响单耗变动的原因有材料质量的变化、材料加工方式的改变、利用废料或代用材料、材料利用程度的变化、产品零部件结构的变化、废料回收情况等等，应结合上述原因深入生产环节进行具体分析。

发生材料单价变动，同样要分析其升高的原因。影响材料单价变动的原因有：材料采购地点、采购方式、材料买价、运费、运输途中的损耗、材料入库前的挑选整理费用等因素的变动，这些原因既有主观的因素，又有客观的因素，也应结合具体情况加以深入分析。

(2)直接人工费用的分析

在计件工资制度下，计件单价不变，单位成本中的工资耗用一般也不变，除非生产工艺或劳动组织方面有所改变，或者出现了问题。

在计时工资制度下，如果企业生产多种产品，产品成本中的人工费用一般是按生产工时比例分配计入的。这时，产品单位成本中人工费用的多少，取决于生产单位产品的工时消耗和每小时工资两个因素。生产单位产品消耗的工时越少，成本中分摊的工资费用也越少，而每小时工资的变动则受计时工资总额和生产工时总数的影响，其变动原因需从这两个因素的总体去查明。

因此，分析单位成本中的工资费用，应结合生产技术、工艺和劳动组织等方面的情况，重点查明单位产品生产工时和每小时工资变动的原因。

(1)单一产品的人工成本的分析。当企业只生产一种产品时，单位产品的人工成本，是根据人工成本总额除以产品总量求得的。其计算公式为：

$$单位产品人工成本=\frac{生产工人薪酬总额}{完工产品产量}$$

该种情况下，影响单位产品人工成本的因素只有两个，即工人薪酬因素和产品产量因素。两个因素变动对单位人工成本的影响，可用如下公式计算：

$$\begin{matrix}产品产量变动对单位\\产品人工成本的影响\end{matrix}=\frac{计划工人薪酬总额}{实际产品产量}-\frac{计划工人薪酬总额}{计划产品产量}$$

$$\begin{matrix}工人薪酬总额变动对单\\位产品人工成本的影响\end{matrix}=\frac{实际工人薪酬总额-计划工人薪酬总额}{实际产品产量}$$

【例 13-9】 兴业公司一车间只生产一种产品 W，2009 年 12 月份产量、工时、工资资料如表 13-14 所示。

表 13-14　W 产品产量、工时、工资资料统计表

编制单位：兴业公司　　　　2009 年 12 月份

项目	计划	实际	差异
产量	500	600	+100
工资总额	15 000	15 600	+600
单位产品人工费用	30	26	−4

从表 13-14 中可以看出，W 产品 12 月份单位产品中人工费用实际比计划节约 4 元。而其影响因素主要有两个，即产品产量和工资总额。具体影响分析如下：

产量变动的影响额＝(15 000/600)－(15 000/500)＝－5(元)

工资总额变动的影响额＝(15 600/600)－(15 000/600)＝1(元)

两因素产生的共同影响＝－5＋1＝－4(元)

人工成本总额的变动与企业工资政策、岗位定员、出缺勤等情况有关，所以应结合有关因素深入分析；产品总量的变动结合企业生产和销售的具体情况进行分析。

(2)多种产品的人工成本的分析

在多数企业中，往往生产多种产品，各产品的人工费用一般按生产工时比例分配计入各种产品成本。因此，单位产品人工成本的高低取决于单位产品的生产工时和小时薪酬分配率这两个因素。其公式为：

单位产品人工成本＝单位产品生产工时×小时工资率

每个因素变动对单位产品人工成本的影响，可以用下列公式计算：

单位产品工时变动对单位产品人工成本的影响＝(单位产品实际工时－单位产品计划工时)×计划小时薪酬率

小时薪酬率的变动对单位产品人工成本的影响＝单位产品实际工时×(实际小时薪酬率－计划小时薪酬率)

【例 13-9】 根据宏达制造有限责任公司的主要产品单位成本表(表 13-3)所列 B 产品定额工时和单位产品人工成本资料，整理后如表 13-15 所示。

表 13-15　B 产品单位产品人工费用分析资料

项目	计划	实际	差异
单位产品工时	8.5	8.2	0.3
小时薪酬率	2.94	2.8	－0.14
单位产品人工费用	25	23	－2

单位产品人工费用变动额＝23－25＝－2(元)

单位产品人工费用＝生产工时×小时薪酬率

单位产品工时变动对单位工资成本的影响＝(8.2－8.5)×2.94＝－0.88(元)

小时薪酬率变动对单位工资成本的影响＝8.2×(2.8－2.94)＝－1.15(元)

两因素影响程度合计＝－0.88＋(－1.15)≈－2(元)

以上分析计算表明：该种产品直接人工费用节约 2 元，是由工时消耗节约和每小时的薪酬费用减少所致，应当进一步查明单位产品工时消耗节约和每小时薪酬费用变动的原因。

单位产品所耗工时的节约，可能是由于改进了生产技术或工人提高了劳动的熟练程度，从而提高了劳动生产率的结果，每小时工资的提高，由于它受计时工资和生产工时总数两个因素的变动影响，因而应结合这两个因素的分析查明原因。

通过分析，企业若想降低产品的直接材料费用，应在生产车间加大改革生产工艺，加强成本管理，但决不能偷工减料，影响产品质量破坏企业的信誉；也可以对材料价格进行监督管理，坚决杜绝由于企业采购人员不得力或是从中谋取私利，导致企业材料买价偏高或是材料运杂费增加。

3.制造费用的分析

制造费用在生产两种以上产品的企业是间接计入费用的，与生产工人计时工资一样，一般是根据生产工时等分配标准分配计入产品成本的。因此，产品单位成本中制造费用的分析与计时工资制度下的直接人工费用分析相类似。

(1)单一产品制造费用的分析

企业只生产一种产品时，单位产品制造费用的因素分解公式为：

$$\text{单位产品制造费用}=\frac{\text{制造费用总额}}{\text{完工产品产量}}$$

上式中各因素变动对单位产品制造费用影响的计算公式为：

$$\begin{array}{l}\text{产品产量变动对单位}\\\text{产品制造费用的影响}\end{array}=\frac{\text{计划制造费用}}{\text{实际产品产量}}-\frac{\text{计划制造费用}}{\text{计划产品产量}}$$

$$\begin{array}{l}\text{制造费用总额变动对单}\\\text{位产品制造费用的影响}\end{array}=\frac{\text{实际制造费用总额}-\text{计划制造费用总额}}{\text{实际产品产量}}$$

【例 13-10】 仍以兴业公司 W 产品为例，有关资料见表 13-16 所示。

表 13-16　兴业公司 W 产品产量、制造费用资料

2009 年 12 月

项目	计划	实际	差异
产量	500	600	＋100
制造费用总额	8 000	8 400	＋400
单位产品制造费用	16	14	－2

从表中可以看出，W 产品单位产品中制造费用实际比计划节约 2 元(14－16)。根据影响 W 产品单位产品制造费用的两因素，即产量和制造费用总额，进行具体分析：

产量变动的影响额＝(8 000/600)－(8 000/500)＝－2.67(元)

制造费用总额变动的影响额＝(8 400－8 000)/600＝0.67(元)

两因素影响合计＝－2.67＋0.67＝－2(元)

以上分析计算表明：W 产品单位成本中，制造费用节约 2 元，是由产量提高和制造费用总额增加所致，产量提高降低了单位产品制造费用 2.67 元，制造费用的增加使单位制造费用提高 0.67 元，应当再结合制造费用构成情况分析，查明制造费用增加的真正原因。

(2)多种产品制造费用的分析

企业生产多种产品，则单位产品的制造费用应按以下公式进行分析：

单位产品制造费用＝单位产品生产工时×小时制造费用率

每个因素变动对单位制造费用的影响，可按以下公式计算：

单位产品工时变动对单位产品制造费用的影响＝(单位产品实际工时－单位产品计划工时)×计划小时费用率

小时费用率的变动对单位产品制造费用的影响＝单位产品实际工时×(实际小时费用率－计划小时费用率)

【例 13-11】 根据宏达制造有限责任公司的主要产品单位成本表(表 13-3)所列 B 产品定额工时和单位产品制造费用资料，整理后如表 13-17 所示。

表 13-17　B 产品单位产品制造费用分析资料

单位：元

项目	计划	实际	差异
单位产品工时	8.5	8.2	－0.3
小时费用率	1.77	1.59	－0.18
单位产品制造费用	15	13	－2

根据表 13-17 对 B 产品单位产品制造费用进行分析如下：

单位产品制造费用变动额＝13－15＝－2(元)

单位产品制造费用＝生产工时×小时费用率

单位产品工时变动对单位制造费用的影响＝(8.2－8.5)×1.77≈－0.53(元)

小时薪酬率变动对单位制造费用的影响＝8.2×(1.59－1.77)≈－1.47(元)

两因素影响程度合计＝－0.53＋(－1.47)＝－2(元)

以上分析计算表明：B 产品单位成本中，制造费用节约 2 元，是由工时消耗节约和每小时制造费用减少所致，工时消耗节约是提高生产率的结果，制造费用的节约是加强日常制造费用控制的结果，应当结合制造费用构成情况分析，查明制造费用节约的真正原因。

在进行产品成本计划完成情况的分析中，还要注意以下问题：

第一，成本计划的正确性。如果计划不正确、不科学，就难以作为衡量的标准和考核的依据。尤其是不可比产品。

第二,成本核算资料的真实性。即使成本计划是正确的,而成本核算资料不真实,也难以正确评价企业成本计划的完成程度和生产耗费的经济效益。

第三,为了分清企业或车间在降低成本方面的主观努力和客观因素影响,划清经济责任,在评价企业成本工作时,应从实际成本中扣除客观因素和相关车间、部门工作的影响。

单位产品制造费用的分析方法,取决于车间生产的产品品种的多少。

【单项选择题】

1. 成本报表分析中,采用连环替代分析方法时,各因素的顺序为 ( )

A. 可以任意排列

B. 应按一定原则排列:先质量后数量

C. 应按一定原则排列:先从属后基本

D. 应按一定原则排列:先数量后质量

(2010 年 10 月高等教育自学考试《成本会计》真题)

2. 成本报表分析方法中,最基本的分析方法是 ( )

A. 比较分析法　　B. 比率分析法

C. 因素分析法　　D. 经验分析法

(2010 年 10 月高等教育自学考试《成本会计》真题)

【多项选择题】

反映企业为生产一定种类和数量产品所支出的生产水平及其构成情况的成本报表包括 ( )

A. 商品产品成本表　　B. 主要产品单位成本表

C. 管理费用明细表　　D. 销售费用明细表

E. 财务费用明细表

(2011 年 1 月高等教育自学考试《成本会计》真题)

知识延伸

西方国家企业产品成本报表的编制

一个企业的生产是连续的，在其整个生产流程中包括了购料和用工、生产、储存、销售四个阶段。随着生产作业的流动循环，生产成本也平行流动，成本流动正好反映了成本的形成过程，有利于建立成本会计制度的操作程序。如果成本的核算与生产流程脱节或滞后于生产流程，则会扭曲成本会计的反映和监督职能，更不用说为管理者决策服务了。

西方国家企业成本中的“原材料”、“在产品”、“产成品”和“销售成本”是生产流程的主要环节和成本流动的主要项目，它用三个账户进行单独核算。这三者随产品生产而连续结转，最后成为产成品成本，代表着三项实物形态的流动资产。它们在控制成本和资产管理上都具有很重要的意义。

与我国企业的成本报表相比，西方国家企业的制造及销售成本表（见下表）采用了表结法，即将整个生产流程和成本流动集中在一张表中反映出来，内容更加丰富，反映的成本信息比较全面，对使用者具有很强的指导价值。同时，它将成本流动中的“原材料”、“在产品”、“产成品”和“销售成本”归集在一张表中，可以清楚地计算出原材料周转率、在产品周转率和产成品周转率，责任划分明确，分别对应着供应科、生产技术科和销售科，对管理者的决策有很好的帮助。

西方国家企业的制造及销售成本表

企业名称：　　　　　　　　年　月　日　　　　　　　　单位：美元

项　目	金　额
期初在产品存货，1月1日	
本年制造成本	
直接材料	
期初存货，1月1日	
加：购货	
供生产用直接材料	
减：期末存货，12月31日	
投入生产直接材料	

续表

项　　目	金　　额
直接人工	
制造费用	
本年制造成本总额	
本年在产品总成本	
减:期末在产品存货,12 月 31 日	
本年制造产品成本	
期初产成品存货,1 月 1 日	
供销售产成品存货	
减:期末产成品存货,12 月 31 日	
制造及销售成本	

实训一

班　　级		姓　　名		学　　号		实训日期	
实训项目	编制商品产品成本表						

实训目的：

1.掌握商品产品成本表的结构。

2.掌握商品产品成本表的填制要求。

实训要求：

北方工具厂设有两个基本生产车间，一车间生产甲产品，二车间生产乙、丙两种产品。其中甲、乙产品为可比产品，丙产品为不可比产品。该厂20××年12月份有关成本资料见表所示。

商品产品生产资料

20××年12月　　　　单位：元

可比产品(甲)	可比产品(乙)	不可比产品(丙)	
单位生产成本(元)			
上年实际成本	600	420	
本月实际	555	414	276
本年累计实际平均	573	417	273
本年计划	580	400	270
生产量(件)			
本月实际	90	105	60
本年累计实际	765	960	630
本年计划	720	890	650
销售量(件)			
本月实际	75	105	60
本年累计实际	780	870	48
年初结存数量(件)	120	90	135

①可比产品本年计划降低额 32 200 元；

②可比产品本年计划降低率 4%；

③按现行价格计算的商品产值 1 698 450 元；

④本年计划的产值率 56 元/百元。

实训要求：

根据上述资料编制北方工具厂 20××年 12 月份商品产品成本表。

实训结果(不够纸可另附页)

产品名称	计量单位	实际产量		单位成本				本月总成本			本年累计总成本		
		本月	本年累计	上年实际平均	本年计划	本月实际	本年累计实际平均	按上年实际平均单位成本	按本年计划单位成本	本月实际	按上年实际平均单位成本计算	按本年计划单位成本计算	本年实际
		(1)	(2)	(3)	(4)	(5)=(9)÷(1)	(6)=(12)÷(2)	(7)=(1)×(3)	(8)=(1)×(4)	(9)	(10)=(2)×(3)	(11)=(2)×(4)	(12)
可比产品合计													
1.甲产品	件												
2.乙产品	件												
不可比产品合计	件												
丙产品													
全部商品产品成本													

教师简评					
评定成绩		指导教师		日　　期	

实训二

班　　级		姓　　名		学　　号		实训日期	
实训项目	成本核算的会计准备工作						

实训目的：

1. 掌握主要产品单位成本表的结构。
2. 掌握主要产品单位成本表的填制要求。

实训要求：

北方工具厂甲产品 20××年 12 月份有关资料见表所示。

甲产品成本资料

20××年 12 月　　单位：元

单位生产成本(元)	直接材料	直接工资	制造费用	合　计
历史先进水平	279	135	114	528
上年实际平均	315	156	129	600
本年计划	300	150	130	580
本月实际	285	147	123	555
本年累计实际平均	294	153	126	573

甲产品其他资料

20××年度

项　目	单位	上年实际	本年实际
单位产品售价	元	900	930
单位产品税金	元	120	123
产品计划销售量	件	765	770
产品实际销售量	件	750	780

实训要求：

根据以上资料和实训一的有关资料编制该厂甲产品的主要产品单位成本表。

实训结果(不够纸可另附页)

主要产品单位成本表

编制单位:北方工具厂　　20××年12月　　单位:元

产品名称			本月实际产量			
规格			本年累计实际产量			
计量单位			销售单价			
成本项目	行次	历史先进水平 19××年	上年实际平均	本年计划	本月实际	本年累计实际平均
		(1)	(2)	(3)	(4)	(5)
直接材料 直接工资 制造费用						
产品生产成本						

教师简评					
评定成绩		指导教师		日　　期	

附　录

《成本核算》课程标准

一、学习领域职业描述

二、学习领域课程定位

三、学习领域目标/关键能力

四、学习领域情境划分与时间安排

五、学习领域情境设计

六、学习领域能力测试与考核方式

七、教学条件与媒体资源

八、设计思路

一、学习领域职业描述

成本会计是财会类岗位群中的一个重要岗位，在工业类企业当中一般都设置这一工作岗位。成本会计的主要工作内容是对企业生产经营过程中所发生的耗费，运用专门的会计方法进行计量、记录、归集、分配、汇总，计算出各成本对象的单位成本和总成本，同时用积累的成本资料反映企业的实际生产耗费和补偿价值的情况，进而为判断企业经营情况的优劣提供依据。

二、学习领域课程定位

成本核算学习领域课程是以成本会计工作岗位的典型工作任务为依据设置的。成本会计学习领域是会计类职业岗位(群)学习领域中操作技能要求较为突出的学习领域，是会计专业职业能力的重要模块。成本会计实务是高职会计类专业主干课程之一，通过本课程的学习，学生应能掌握典型工业企业产品成本核算的基本技能与方法，毕业后胜任中小企业成本会计工作岗位。

三、学习领域目标/关键能力

1.知识目标：

(1)知道产品成本的内涵、成本核算的一般程序及成本计算基本方法的特点；

(2)理解成本、费用与支出之间的关系；

(3)应用各类成本核算方法，熟知每种方法的特定用途；

(4)综合成本核算信息，掌握编制成本报表的要求；

(5)分析及评价企业成本核算的工作结果。

2.技能目标：

(1)能分解产品成本的构成要素，确定成本项目；

(2)能正确划分企业的类型，选择恰当的成本计算方法并设计成本核算工作流程；

(3)能正确进行各种生产费用的归集与分配工作；

(4)能编制与审核原始单据并正确登记凭证及账簿；

(5)能将生产费用在完工产品和在产品之间进行分配；

(6)能采用恰当的成本计算方法核算出产品成本；

(7)能编制日常的成本报表；

(8)能对成本报表进行一般性的分析，撰写成本分析报告。

3.态度目标：

(1)有良好的职业道德、高度的责任心；

(2)思维严谨,逻辑清晰;

(3)工作细致耐心,善于沟通,具有协调能力;

(4)能够承受工作压力。

四、学习领域学习情境划分与时间安排

《成本核算》学习领域情境划分与时间安排表

学习情境	学习子情境		课时分配(课时)	
1 核算面包成本	1	分解产品成本	3	33
	2	设计成本核算工作流程	3	
	3	核算费用要素	15	
	4	核算废品损失与停工损失	3	
	5	分配完工产品与在产品成本	6	
	6	应用品种法计算面包成本	3	
2 核算牛仔裤成本	1	分批法核算牛仔裤成本	2	3
	2	简化分批法核算牛仔裤成本	1	
3 核算电脑主板成本	1	逐步结转分步法核算电脑主板成本	3	6
	2	平行结转分步法核算电脑主板成本	3	
4 撰写成本分析报告	1	编制全部产品生产成本表	3	12
	2	编制主要产品单位成本表	3	
	3	成本报表分析	3	
	4	撰写成本报告	3	
合计				54

五、学习领域情境设计

《成本核算》学习领域由4个学习情境及其所属的14个子情境组成。学习情境的设计应主要考虑以下因素:

1.学习情境的设计符合浙江区位经济发展的特点。成本核算的对象设计为面包、牛仔裤与电脑主板,贴近浙江省内食品饮料、轻纺、电子信息产业的三个经济发展特色,使学生将来有较强的行业岗位适应性。

2.学习情境的设计覆盖了成本会计学所要求掌握的知识与技能。

学习领域 1　成本核算	总学时:54
学习情境 1.1　核算面包成本	学　时:33

学习目标	主要内容	教学方法和建议
1. 能领会成本的概念与内涵。 2. 能设计成本核算工作流程。 3. 能正确对各类费用要素进行归集和分配。 4. 能将废品损失与停工损失正确记入产品成本当中。 5. 能将成本在完工产品与在产品之间进行分配。 6. 会编制与审核各类原始凭证。 7. 能正确记录成本信息。 8. 能应用品种法核算产品成本。	1. 成本、费用与支出之间的关系。 2. 成本核算的一般程序。 3. 费用要素的分配方法。 4. 废品损失与停工损失的核算方法。 5. 产品成本在完工产品与在产品之间的分配方法。 6. 成本账户的设置。 7. 品种法的特点。 8. 应用品种法核算产品成本。	教学方法: ·案例教学法　·项目教学法　·实践教学法 建议: 1. 将该学习情境分成分解产品成本、设计成本核算工作流程、核算费用要素、核算废品损失与停工损失、分配完工产品与在产品成本、应用品种法核算面包成本等 6 个子情境,将项目带入课堂,要求每位学生对项目中的内容进行设计、计量、记录、计算。项目完成后,同学进行交流,老师进行评估和总结。 2. 学生根据给定的资料,通过工作实践,能深刻理解成本的内涵,能根据企业特点,选择恰当的成本计算方法,设计成本核算工作流程,应用品种法完成成本核算工作。 3. 教师应提前准备好各种教学材料、工具和媒体资源。

教学材料、工具与媒体	学生知识与能力准备	教师知识与能力要求	考核与评价	备　注
·教学整体设计 ·教学单元设计 ·教学课件 ·多媒体教学设备 ·学生电脑 ·凭证装订机 ·会计科目章 ·业务印章 ·资料柜 ·各类原始凭证 ·各类记账凭证 ·各类账簿	·规范填制原始凭证的能力 ·应用借贷记账法的能力 ·规范填制记账凭证的能力 ·规范填制账簿的能力 ·通过网络获取信息的能力	· 熟知成本核算计工作领域的基本内容 · 熟悉成本核算工作方法的最新趋势 · 熟悉成本计算的各种方法 · 能根据教学法设计教学情境 · 能按照设计的教学情境组织教学	评价内容: ·各类成本计算方法应用正确性评价 ·成本核算资料填制与装订的规范性评价 · 团队合作能力评价 · 工作态度评价 评价方法: · 小组成员互评 · 教师评价	· 通过该学习情境,学生应深刻体会成本核算在企业财会工作中的重要性,能针对特定的企业进行成本核算流程的设计,能应用品种法,独立完成产品成本的计算工作。 · 老师通过项目及所属工作任务,合理引导学生完成成本核算工作。 · 项目教学过程中,教师要有意识培养学生良好的职业素养和职业道德。

学习领域 1　成本核算		总学时:54
学习子情境 1.2　核算牛仔裤成本		学　时:3
学习目标	主要内容	教学方法和建议
1.能领会分批法与企业类型的对应关系。 2.会编制与审核各类原始凭证。 3.能正确记录成本信息。 4.能应用分批法核算产品成本。	1.分批法的主要特点。 2.分批法的优缺点。 3.分批法的计算步骤。 4.应用分批法核算产品成本。	教学方法: ·案例教学法　·项目教学法　·实践教学法 建议: 1.将该学习情境分为分批法核算牛仔裤成本、简化分批法核算牛仔裤成本等 2 个子情境,将项目带入课堂,要求每位学生对项目中的内容进行设计、计量、记录、计算。项目完成后,同学进行交流,老师进行评估和总结。 2.学生根据给定的资料,通过工作实践,能正确选用恰当的成本计算方法进行产品成本的核算,能理解不同成本计算方法在企业中的应用条件,能采分批法完成成本核算工作。 3.教师应提前准备好各种教学材料、工具和媒体资源。

教学材料、工具与媒体	学生知识与能力准备	教师知识与能力要求	考核与评价	备　注
·教学整体设计 ·教学单元设计 ·教学课件 ·多媒体教学设备 ·学生电脑 ·凭证装订机 ·会计科目章 ·业务印章 ·资料柜 ·各类原始凭证 ·各类记账凭证 ·各类账簿	·规范填制原始凭证的能力 ·应用借贷记账法的能力 ·规范填制记账凭证的能力 ·规范填制账簿的能力 ·品种法的应用能力 ·通过网络获取信息的能力	·熟知成本核算计工作领域的基本内容 ·熟悉成本核算工作方法的最新趋势 ·熟悉成本计算的各种方法 ·能根据教学法设计教学情境 ·能按照设计的教学情境组织教学	评价内容: ·成本计算方法选择正确性评价 ·分批法应用正确性评价 ·简化分批法应用正确性评价 ·成本核算资料填制与装订的规范性评价 ·团队合作能力评价 ·工作态度评价 评价方法: ·小组成员互评 ·教师评价	·通过该学习情境,学生应能依据企业的不同环境选择相应的成本计算方法,深刻理解企业类型与成本计算方法之间的对应关系,并能应用分批法,独立完成产品成本的计算工作。 ·老师通过项目及所属工作任务,合理引导学生完成成本核算工作。 ·项目教学过程中,教师要有意识培养学生良好的职业素养和职业道德。

学习领域1　成本核算		总学时:126
学习子情境1.3　核算电脑主板成本		学　时:6
学习目标	主要内容	教学方法和建议
1.能领会分步法与企业类型的对应关系。 2.会编制与审核各类原始凭证。 3.能正确记录成本信息。 4.能应用分步法核算产品成本。	1.分步法的主要特点。 2.分步法的优缺点。 3.分步法的计算步骤。 4.应用分步法核算产品成本。	教学方法: ·案例教学法　·项目教学法　·实践教学法 建议: 1.将该学习情境分为逐步结转分步法核算电脑主板成本、平行结转分步法核算电脑主板成本等2个子情境,将项目带入课堂,要求每位学生对项目中的内容进行设计、计量、记录、计算。项目完成后,同学进行交流,老师进行评估和总结。 2.学生根据给定的资料,通过工作实践,能正确选用恰当的成本计算方法进行产品成本的核算,能理解不同成本计算方法在企业中的应用条件,能采分步法完成成本核算工作。 3.教师应提前准备好各种教学材料、工具和媒体资源。

教学材料、工具与媒体	学生知识与能力准备	教师知识与能力要求	考核与评价	备　注
·教学整体设计 ·教学单元设计 ·教学课件 ·多媒体教学设备 ·学生电脑 ·凭证装订机 ·会计科目章 ·业务印章 ·资料柜 ·各类原始凭证 ·各类记账凭证 ·各类账簿	·规范填制原始凭证的能力 ·应用借贷记账法的能力 ·规范填制记账凭证的能力 ·规范填制账簿的能力 ·品种法的应用能力 ·通过网络获取信息的能力	·熟知成本核算计工作领域的基本内容 ·熟悉成本核算工作方法的最新趋势 ·熟悉成本计算的各种方法 ·能根据教学法设计教学情境 ·能按照设计的教学情境组织教学	评价内容: ·成本计算方法选择正确性评价 ·逐步结转分步法应用的评价 ·平行结转分步法应用的性评价 ·成本核算资料填制与装订的规范性评价 ·团队合作能力评价 ·工作态度评价 评价方法: ·小组成员互评 ·教师评价	·通过该学习情境,学生应能依据企业的不同环境选择相应的成本计算方法,深刻理解企业类型与成本计算方法之间的对应关系,并能应用分步法,独立完成产品成本的计算工作。 ·老师通过项目及所属工作任务,合理引导学生完成成本核算工作。 ·项目教学过程中,教师要有意识培养学生良好的职业素养和职业道德。

<table>
<tr><td colspan="3">学习领域1　成本核算</td><td colspan="2">总学时:54</td></tr>
<tr><td colspan="3">学习子情境1.4　撰写成本分析报告</td><td colspan="2">学　时:12</td></tr>
<tr><td>学习目标</td><td>主要内容</td><td colspan="3">教学方法和建议</td></tr>
<tr><td>1.能理解成本分析的意义。
2.能理解成本分析各项指标。
3.能编制基本的成本报表。
4.能根据特定成本资料完成基本的成本分析工作。
5.能根据成本分析结果撰写成本分析报告。</td><td>1.成本分析的意义。
2.成本分析的方法。
3.成本报表的编制要求。
4.成本指标的计算。
5.成本分析报告撰写规范。</td><td colspan="3">教学方法:
·案例教学法　·项目教学法　·实践教学法
建议:
1.将该学习情境分为编制全部产品生产成本表、编制主要产品单位成本表、成本报表分析、撰写成本报告等4个子情境,将项目带入课堂,要求每位学生依据特定的成本核算资料,进行成本报表的编制、成本指标的计算与分析,并撰写成本分析报告。完毕后,同学进行交流,老师进行评估和总结。
2.教师应提前准备好各种教学材料、工具和媒体资源。</td></tr>
<tr><td>教学材料、工具与媒体</td><td>学生知识与能力准备</td><td>教师知识与能力要求</td><td>考核与评价</td><td>备　注</td></tr>
<tr><td>·教学整体设计
·教学单元设计
·教学课件
·多媒体教学设备
·学生电脑
·资料柜
·各类原始凭证
·各类记账凭证
·各类账簿
·各类报表</td><td>·财经应用文写作能力
·报表编制的能力
·财务指标计算能力
·财务指标分析能力
·通过网络获取信息的能力</td><td>·熟悉成本分析的各类指标的内涵
·熟悉成本指标的计算方法
·熟悉成本报表的编制方法
·熟悉成本分析的各种方法
·熟悉成本分析报告的撰写规范
·能根据教学法设计教学情境
·能按照设计的教学情境组织教学</td><td>评价内容:
·成本分析指标计算正确性评价
·成本分析正确性评价
·成本报表编制正确性评价
·成本分析报告撰写的规范性评价
·成本分析报告撰写客观性评价
·团队合作能力评价
·工作态度评价
评价方法:
·小组成员互评
·教师评价</td><td>·通过该学习情境,学生应深刻体会成本分析对于企业的重要意义,充分掌握成本指标计算的方法、成本报表编制的方法及成本分析报告撰写的规范。
·老师通过项目及所属工作任务,合理引导学生完成成本本报表的编制及成本报告的撰写工作。
·项目教学过程中,教师要有意识培养学生良好的职业素养和职业道德。</td></tr>
</table>

六、学习领域能力测试与考核方式

1.考核原则

在课程考核中体现以学生为中心，将任课教师由课程分数评判者的角色转换为学生自主学习促进者的角色。通过考核不仅达到正确、科学评判学生各项能力的提高程度，同时在评价过程中注重挖掘学生的潜能，帮助学生认识自我并建立自信，推进其自主学习能力、创造力，使其成本核算技能、会计实操技能、会计职业素养不断得到提升。

2.考核模式

本课程推行和任务驱动教学相配套的、教师考核评价与学生考核评价结合、形成性评价与终结性评价相结合的方式。实现“以完成课堂任务质量为基础，以完成个人作业任务与小组作业任务为拓展，以期末考评为重要依据，同时兼顾学习态度等全方位、多角度”的考核评价模式。

《成本核算》课程考核评价表

考核项目	考核形式	考核内容	项目权重	总权重
课堂任务	学生自评	任务完成质量及创新性	40%	30%
	学生互评	任务完成质量及创新性	40%	
	教师评价	任务完成质量及创新性	20%	
小组作业	教师评价	小组作业正确率	50%	10%
	学生互评	小组作业参与度	50%	
个人作业	教师评价	任务完成质量及创新性	100%	10%
学习态度	30%	学生互评	课堂纪律	10%
	教师评价	出勤率	30%	
	学生互评	课堂活跃度	40%	
期末考试	教师评价	闭卷笔试成绩	100%	40%
总　评	100%			

七、教学条件与媒体资源

1.教学条件

(1)会计分岗位手工实训室、会计电子化实训室；

(2)有一定数量的紧密型工学结合的校外实训基地；

(3)校内有一支结构合理、素质优良、具有良好职业修养的“双师素质”教师队伍；

(4)校外有一批既具有丰富的会展设计职业工作经验，又具有一定理论基础的设计行业专家参与学习领域课程标准的制定。

2. 媒体资源

(1)《成本核算》课程主教材和配套实训教材；

(2)教学课件和视频教学资料；

(3)电子书籍、电子期刊和数字图书馆；

(4)Internet 互联网和展示设计论坛等信息资源。

八、设计思路

整门课程，由核算三个典型的工业企业产品成本贯穿始终，将每个企业的成本核算工作分解为若干个任务，交由学生完成，充分体现“做中学”这一教学理念。授课过程中特别强调师生互动及学生之间的团队合作，重视学生的主动性和积极性。

图书在版编目(CIP)数据

成本核算 / 冯江涛主编. —杭州：浙江工商大学出版社，2012.4

ISBN 978-7-81140-509-5

Ⅰ. ①成… Ⅱ. ①冯… Ⅲ. ①成本计算—高等学校—教材 Ⅳ. ①F231.2

中国版本图书馆 CIP 数据核字(2012)第 059455 号

成本核算

冯江涛 主编

责任编辑 许 静
封面设计 朱 丽
责任校对 周敏燕
责任印制 汪 俊
出版发行 浙江工商大学出版社
(杭州市教工路 198 号 邮政编码 310012)
(E-mail:zjgsupress@163.com)
(网址:http://www.zjgsupress.com)
电话:0571-88904980,88831806(传真)
排 版 杭州朝曦图文设计有限公司
印 刷 杭州嘉业印务有限公司
开 本 787mm×960mm 1/16
印 张 16.25
字 数 400 千
版 印 次 2012 年 4 月第 1 版 2012 年 4 月第 1 次印刷
书 号 ISBN 978-7-81140-509-5
定 价 34.00 元

版权所有 翻印必究 印装差错 负责调换

浙江工商大学出版社营销部邮购电话 0571-88804227